嘉善历史文化名人丛书

中共嘉善县委宣传部
嘉善县名人与乡贤文化研究会 编

吴镇传

吴静康 著

上海三联书店

编 委 会

主 编

郭 真

副主编

龚跃华　李剑明

编 委

金治平　金林峰　丁 艺

吴镇像

吴镇墓

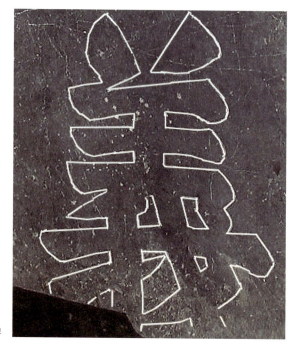

吴镇出生地陶家池吴氏宗祠义字碑

双桧平远图

竹枝图

苍松图

红叶村西图

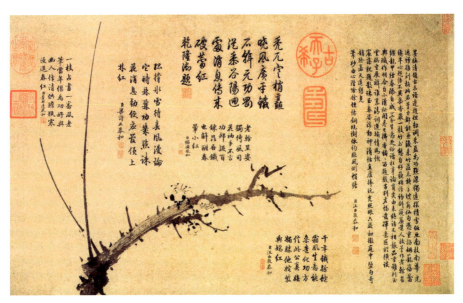

梅花图

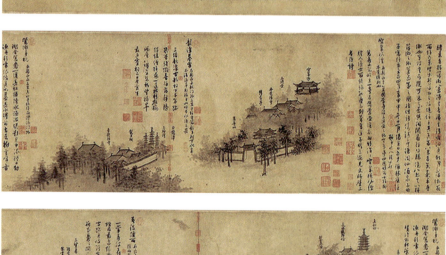

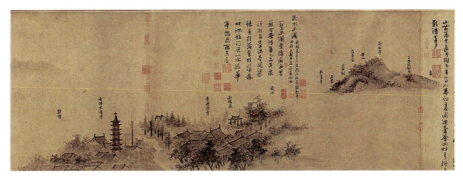

嘉禾八景图

溪山高隐图

总　序

嘉善地处吴根越角，为马家浜文化发祥地之一，在文化发展方面，有着十分丰硕的成果。

嘉善人杰地灵、人才辈出，是全国有名的"巍科大县"。根据历代府志县志记载，唐、宋、元、明、清五个朝代，嘉善共出状元2人、进士213人、举人491人。有著作者626人，书画家162人。明清历代县志收入的文苑人物多达788人，被《四库全书》收入或存目的著作达到70多种。其中就有唐陆贽的《翰苑集》《古今集验方》，宋娄机的《汉隶字源》、陈舜俞的《都官集》，明钱士升的《周易揆》、袁黄的《历法新书》，以及清曹廷栋的《老老恒言》等。在书画方面则有吴镇、盛懋、姚绶、项圣谟、许从龙等一大批震古铄今的大家。这些前辈乡贤，为嘉善留下了丰富的文化遗产，值得后辈永远尊敬。

出版名人丛书，意义重大。这次由中共嘉善县委宣传部和嘉善县名人与乡贤文化研究会组织出版的"嘉善历史文化名人丛书"中，传主有被誉为"中国十大贤相"之一的唐陆贽，有"元四家"之一的吴镇，有被谥为"忠节"的明魏大中，有明万历"嘉兴三大家"之一的袁黄和劝善江南的丁宾。他们或忠贞报国、恪守清廉，或视死如归、忠于职守，或淡泊名利、书画传世，或布道天下、光前裕后。在这些乡贤前辈的风骨深处，蕴含了鲜明的地域文化特征，也为今日的嘉善地域文化建设提供了"善文化"的基因。为此，对"嘉善历史文化名人丛书"的出版表示祝贺,对长期从事地方名人与乡贤文化研究的专家学者表示敬意。

嘉善所处的地理区位,在先秦时为吴越争雄之地。当年的吴、越,大致相当于今天的江浙沪,即长三角核心区域。吴是以今天的江苏省苏州市为中心的区域,越是以今天的浙江省绍兴市为中心的区域。吴、越在历史的大融合过程中,分别产生了以"上善若水、兼容并蓄"为标志的吴文化和以"卧薪尝胆、经世致用"为主要内容的越文化。嘉善接受吴越文化的辐射,"长久地镶嵌在吴越两地的边界线上,得两地之气,交融汇淬,千年安详"。进入近代以来,随着上海开埠,西风东渐,以"海纳百川、开放包容"为特点的海派文化,又与吴越文化相互交融,不但深刻地影响历史发展的进程,而且也丰富了嘉善地域文化的内涵,逐渐形成了具有自己特色的"坚韧不拔、敬业争先"的嘉善精神。这也说明古今文化之间具有延续性和传承性。所以,古代的嘉善产生了众多优秀的前辈乡贤,今天的嘉善同样也拥有以中科院院士为代表的一大批优秀儿女。

历代志书告诉我们,曾为吴越争雄之地的嘉善,在两汉至三国时期已经得到开发,渐成江南鱼米之乡。文化建设也逐步展开。但嘉善文化繁荣的最佳发展机遇期,则是在宋室南渡以后。

绍兴八年(1138)起,南宋定都杭州近140年,其间浙江全省的经济、社会、文化都获得飞速发展。其中文化发展主要反映在三个方面,即教育发达、书籍刊印业发展和藏书楼增加。紧邻杭州的嘉兴(当时嘉善尚未建制,隶属于嘉兴府)是畿辅重地,又是宋孝宗赵眘的诞生地,更是直接接受了京城的文化辐射,取得了先发的优势。因此,不仅仅是教育发达、科举鼎盛,还带动了整个社会文化的繁荣。以嘉善的历史文化名人为例,除陆贽等少数人外,大多数都是在宋以后出现的,到明清时形成高峰。这除了说明京畿文化辐射的重要性外(其他方面也同样),也表明嘉善善于抓住这个千载难逢的历史发展机遇,从而促进了自身的文化繁荣。

文化现象的出现从来就不是孤立的。回望过去,除了向前辈乡贤表示敬意,也是为了更好地总结前行。展望未来,嘉善站在新的历史起点上,切实扛起两大国家战略的重大历史使命，以红船起航地的忠诚和担当，迭代升级、再造嘉善，奋力推进"双示范"建设，努力争创社会主义现代化先行示范区，以优异的成绩庆祝中国共产党成立100周年。

是为序。

2021 年 5 月

（作者系中共嘉兴市委常委、嘉善县委书记）

目　录

第一章

丞相苗裔，大船吴家之子

耕读之家

陶家池，太湖东南方一个小小的村落，面对着日夜奔流不息的大明港，东首是小河浜，西首是池塘。池西是宋代陶家祖茔，当年因掘土垒坟，形成水域，乡人称之为陶家池，周围一片荒芜。直到南宋开禧（1205—1207）年间，吴家在池东安顿下来，才见炊烟缭绕。

陶家池今属浙江省嘉善县陶庄镇陶西村，位于陶庄镇镇政府西约五百米，聚落呈方形分布，全村四十二户，皆为吴姓。

元代，嘉善县尚未从嘉兴县析出建制，陶家池隶属嘉兴县思贤乡下保西区。元至元十七年庚辰七月十六日子时，即公元1280年8月12日，吴镇诞生在陶家池这个小小的村落。

父亲吴禾，居家耕读。祖父吴泽，蛰居乡间。时值大宋初亡，吴家悲愤难已，吴镇的出生，给吴家带来许些慰藉。

陶庄原名柳溪，南宋绍兴（1131—1161）年间保义郎陶文干自苏州迁此建庄园，商贾辏集成市，遂更名为陶庄镇。

吴氏落户是处，与陶氏自有关联。

南宋开禧二年（1206），吴璘二房孙吴曦因叛国伏诛，皇上下令，凡吴璘子孙一概迁出四川。吴璘四房孙吴煜遂迁住陶家池。

吴煜之父吴抡，南宋初仕随军转运使，时与陶文干相识，陶氏好义，于吴抡后人落难之际辟地以延吴氏香火。开禧三年（1207）吴煜奉母亲刘氏举家落户嘉兴王江泾以东之思贤乡陶家池。

吴煜其子吴龙，其孙吴位胜，皆以武艺效劳南宋王朝，吴位胜因驻防淮北宋金前线时，得长子吴洙次子吴泗，吴洙传吴檇荣，吴泗传吴檇华。

嘉兴古称檇李，因此这堂弟兄二人名字均带一个檇字。吴家大约当时突然遭遇什么变故，檇荣、檇华两家竟同时绝传，因此，吴煜一支在陶家池仅传五世。

既然陶家池吴煜只传五世，那么吴镇一脉又从何而来的呢？

吴姓，一般以吴泰伯为世祖，但因泰伯无嗣，故吴氏又以泰伯弟仲雍后裔德高望重的吴季札为始祖，从吴季札算起，至吴檇荣吴檇华已是七十七世。公元 2001 年 5 月 4 日，笔者与陶家池八十二岁老人吴品奎交谈时，他说："老祖宗是泰伯公。"他还多次提到"七十七世"和"老弟兄两个"，但始终说不清其内涵，后查《义门吴氏谱》始得其解。

贵胄门第

有关吴镇的史料极其匮乏，以往的美术史家只能根据点点滴滴的印象来勾勒他的行状，因此便有出身贫寒终身潦倒的描述。自从 20 世纪 60 年代《义门吴氏谱》在浙江平湖发现以后，方才对吴镇门第有了确切的了解。

据《义门吴氏谱·宗枝图》记载，就吴镇直系来说，三世吴廷祚（？—971）系大宋开国元勋，死后被追赠为"侍中"。《宋史》有其传。史家常误"廷"为"延"，今西安存有他手书之《篆书千字文序》石碑一通，落款"二品行京兆尹上柱国濮阳郡开国公食邑二千七百户食实封八百户吴廷祚建大宋乾德五年九月二十八日立"可为佐证。

吴廷祚之第四子名元扆。太平兴国八年（983）宋太宗将其第四女蔡国公主下嫁给吴元扆为妻，吴元扆封驸马都尉，官七州节度使，检校太傅。

五世、六世、七世，任内殿崇班之类小官，住在京师开封。

八世吴用效，仕武经郎，因官居华阳。华阳为古地区名，即今陕西秦岭以南及四川一带。

九世吴革，仕武功大夫、阁门宣赞舍人。时金兵攻破大宋京城开封，虏走徽、钦二帝，即为靖康（1126）之难。嗣后，金国扶植傀儡张邦昌，吴革欲杀张，事败被擒，不屈而死。吴革有两个儿子，长子吴祐，因父亲被杀，愤而自焚。

吴祐传吴玖，吴玖传吴掟，吴掟传吴望。

次子吴祈传吴玠、吴璘。

吴璘传吴扬、吴挺、吴抦、吴抢。

吴抢传吴煜，吴煜是陶家池始迁祖。

十三世吴望与吴煜都是吴革玄孙，但非同枝。

吴煜在陶家池传至十七世，无嗣。

吴望居南宋京城杭州传吴衢，吴衢因教授迁宣州居宁国，传吴柔胜，吴柔胜侨居德清新市镇，传吴潜，吴潜官丞相居杭州，传吴寔，吴寔被寄养河南汝南，传吴泽。

那么十八世吴泽又是怎样来到陶家池的呢？

祖父立嗣

吴镇的太祖父吴柔胜，安徽宣州人。举南宋孝宗淳熙八年（1181）进士。太学博士，直文华阁，工部郎中，秘阁修撰。尝为嘉兴府学教授，以朱熹四书教诸生颂习。

时士大夫们对大学者朱熹的态度分为褒派和贬派。由于宋宁宗站在贬派一边，于是把一大批褒派官员列入朱熹伪学逆党，且于庆元三年（1197）公布集团人员五十九人，吴柔胜也在其中。宋宁宗下诏，要他们改视回听，如再遂非不悔，必罪无赦。

吴柔胜于事先得知此事，庆元二年（1196）悄悄辞去嘉兴府学教授官职，买舟西去，欲回宣州老家，谁知船到半路德清新市镇，因妻子身怀六甲，临近分娩，不得不暂作安顿，后来竟定居下来，潜心研究程朱理学，严于课子。待至伪学逆党案平反，赖吴柔胜教化，三子吴渊、五子吴潜相继于嘉定年间荣登进士榜，两人皆官至丞相。

吴镇高祖父吴潜（1196—1262），字毅夫（夫，《家谱》作"父"），号履斋，嘉定十年（1217）中进士，且状元及第。吴潜虽生长于德清，籍贯则仍作宣州，以至后辈一直以宣州人自许。

吴潜官江东安抚留守，主张对金用兵，为力主议和的右相史弥远所忌。吴潜预感到世事将变，为防不测，遂将次子吴寔送往河南汝南县（一世祖吴天全系汝南人）族弟吴坚处寄养。

淳祐七年（1247）吴潜历官淮东总领、兵部尚书、浙东按抚使之后，升任签枢密院事兼权参知政事，即副丞相。是年，吴潜得皇上恩准，敕建履斋书院于新市镇，淳祐十一年（1251）履斋书院主体建筑衮秀堂落成，宋理宗赵昀赐匾额。

时吴潜拜右相，翌年，乞解职，辞去右相职务。

开庆元年（1259），蒙古军南侵，丁大全隐匿军情不报被弹劾罢相，宋理宗重新启用吴潜为左相兼枢密使。

对蒙古军逼近，皇帝问丞相吴潜怎么办，吴潜一句答话，却被宋理宗误会，就此得罪了皇帝，最终客死他乡。

吴潜当时回答说："当迁幸。"

皇上又问："卿何如？"

吴潜回答："臣当守此。"

吴潜的意思是皇上应当迁往一个比较安全的地方，此处就交由我守着。谁知宋理宗把吴潜这席话作了另一番理解，皇上寻思，让我走，你守着，你这不是想代替我当蒙元的傀儡皇帝吗！你跟靖康年间张邦昌有何两样？此时宋理宗竟在百官面前失态，哭道："卿欲为张邦昌乎？"吓得吴潜不敢解释。

后来蒙古军暂时撤退，宋理宗跟大臣们说，当时要是听信吴潜搬迁，岂不耽误大事？

宋理宗余怒未息，再加上被主张投降的右相贾似道排挤，吴潜罢相，贬谪循州（今广东惠阳）。钦定吴潜一派，永不录用。

景定三年（1262），受贾似道派遣之武人刘宗申，三次下毒，终将吴潜害死于贬所。传说他预知死期，作遗表，题诗坐化，其时风雷大作，殊为悲壮。

封建社会，伴君如伴虎，吴潜如此勋戚，亦难逃厄运。

吴镇曾祖父吴寔，字寔之，自幼被寄养在河南汝南吴坚家，以国多难，弃文习武，仕进义校尉，晋升水军上将（据《义门吴氏谱》，而赵孟頫《义士吴公墓铭》则作"正将"）驻防建康（今江苏江宁）之龙湾。宋理宗端平二年（1235），蒙古军分兵三路攻宋，其中一路攻江淮，三年冬攻真州（今江苏仪征），宋军英勇抗击，打败了蒙古军，吴寔却不幸阵亡，留下三个儿子：吴泽、吴沛、吴渚。

吴镇祖父吴泽，字伯常，约生于宋理宗绍定四年（1231），在他十几岁时，陶家池吴煜一支绝传，急需一位本家侄儿来立嗣，于是找到状元出身的兵部尚书吴潜，求其孙子吴泽继嗣，这样吴泽便来到了陶家池。

今天陶家池吴品奎辈约是吴泽二十一（或二十二、三）代裔孙，他说："老辈是'乌主'造反时搬来的，……老家是徽州。"

当年吴泽延用祖上为"宣州人"的说法，告诉儿孙，代代相传至今，大徽州包括宣州在内，所以粗通文字的吴品奎说的是徽州。假如吴品奎是吴煜后裔，那么他应说从蜀中搬来才是。

他说的"乌主"造反，生活在长江以北的人，当然明白"乌主"就是"兀术"，可江南人是绝对不明白的，尤其是操吴侬软语的嘉善县农民，在说"兀术"时，一般人发音听起来便是"阿染"，可见"兀术"发音"乌主"，还是吴泽口音。这是非常难能可贵的。

再则把金国入侵说成造反，也是南宋人遗留下来的观点。吴煜开禧三年（1207）到陶家池，兀术已死多年。说吴煜在兀术造反时搬到陶家池，吴泽在此只是用了一个约数而已，这个说法世代相传至今。

吴泽从建康（今南京）来到陶家池，已是十七岁，很快便到了吴家男丁大婚的年龄。

陶家池南去三十里麟溪，有沈氏，书香门第。北宋年间，沈燏凿池垒石，手植九松，开辟之私家园林，曰北山草堂，名传浙北。园中一太湖石耸立如美人翩翩起舞，人称舞袖峰。主人为避宋徽宗征花石纲，自己将舞袖砸碎，舞袖峰成了无袖峰。

沈氏延绵二十余代式微。今嘉善县杨庙假山头村尚有土山，周三十余米，高三米，有巨石弃之山东之田中，当是舞袖峰所遗。

南宋淳祐七年（1247）吴泽娶麟溪沈氏女结秦晋之好。

为准备这场婚事，吴泽重新建造家宅，坐北朝南，面阔七间计十八米，前后两进，中有天井，进深八米五，天井南为仪门。后进屋基和仪门壁基形迹至今尚依稀可辨，屋基上后辈三十年前建有三开间二层楼房。屋东首是河浜，河埠石阶及左右石驳岸其石材极为规正。河埠完好，至今还在使用。

这些屋基及河埠石驳岸，据吴品奎说，是明代吴文山、吴文祥弟兄的吴家大屋。他说吴文山是举人。吴文祥是进士，官至松江府道台。但是，这弟兄俩的名字及行状，明清两代《嘉善县志》均无记载。

淳祐八年（1248），吴泽得长子吴禾，淳祐九年（1249）得次子吴秋，淳祐十年（1250）庚戌六月廿九日得季子吴森。尽管儿女成群，但吴泽是个心怀家国的人，有列仕封侯之志，当然不会在陶家池沉寂下去，他要做一番事业。

抗元受挫

吴镇的祖父吴泽，虽说居住在水乡那个小小的村落陶家池，然而作为水军上将血洒疆场吴寔的儿子，作为当时兵部尚书吴潜的孙子，眼看元大军虎视眈眈，他哪能心安理得享受风平浪静的居家生活呢？他决心练好武艺，保卫大宋江山，不辱没列祖列宗的功勋大业。吴泽练武有成，约在淳祐年间中武举。此时便作从军的打算，时刻准备听从召唤。

他知道，一旦走上战场，须从最坏处着想，故决定在陶家池建造吴氏宗祠，一是作为吴潜嫡孙，他要扬扬门风；二是临行前须隆重祭拜列祖列宗；三是孩子们尚年轻，一些事情难以交代清楚，虽已有了家谱，还须有家庙才成。

吴氏宗祠紧贴大明港，坐落于吴家大宅西南方（属白虎方位）。面阔三间，硬山顶，共三进。第一进进深四米，隔天井五米为第二进，进深八米，再隔天井六米为后厅，后厅进深八米有余。第一进大门上方正对大明港有一匾额，上书"吴氏宗祠"四个大字。

第一进是祠堂账房，第二进是每次参与祭祀者宴席场所，第三进置放列祖列宗神位。后厅东墙上镶嵌着一块圆头石碑，碑高1.2米，宽0.6米，厚0.24米，碑上面只刻有一个大大的"义"字。这块碑是明景泰七年（1456）修缮家庙时添加的。

国人吴姓，据明代杨继宗考述，共分为文、武、德、功、忠、孝、信、义、祯、祥、和、顺十二大宗，并说："吴璘属义字宗。"汝南吴氏属"义"字宗，族谱冠以《义门吴氏》，故立此"义"字碑。该青石石碑今横躺于陶家池东头第9号的院子门外大明港河埠，权充吴家后裔洗衣板。2015年7月，经金身强手入藏县档案馆。

吴氏宗祠屋舍完整，第一进匾额遗失，二进三进为一小工厂占用。后厅神主牌位早在20世纪50年代化为灰烬，大堂上原有"耕读传家"大匾和原来在大明港上老远就可以看到的第一进门头上"吴氏宗祠"匾额，一同遭此厄运。

吴品奎说，他小时候见到的宗祠，除了祭祀之外，还见到有尼姑居住，民国后改为小学堂。

南宋咸淳初年，宋、元战事吃紧，值此国家危亡之际，吴泽祭拜祖宗，离妻别子，欣然从戎。

吴泽从军仕承信郎，随淮东统帅李公曾伯，驻戍盱眙。后被派往元军占领下的开封，寻即又移驻襄阳，在襄阳守将吕文德麾下参与抗元保卫战。咸淳五年（1269）吕文德病逝，朝廷另派吕文焕镇守，咸淳九年（1273）二月，

7

吕文焕难以支撑局面，终于降元，襄阳沦陷。

李曾伯、吴泽因襄阳失守被问责，遂解甲归田。

吴泽回归思贤乡陶家池，韬光养晦，自号雪樵居士。从此过着耕读传家的日子。吴泽生有七子。

德祐元年（1275），朝廷为了动员更多力量抗元，于是给吴潜等一大批被贬黜官员平反，吴潜虽早已去世，但对吴泽来说，的确很受鼓舞。

李曾伯复官，仕沿海制置使，经管海防军务，使衙设于海盐县澉浦镇，当即邀约赋闲在家的吴泽应差。吴泽再次离开陶家池，南下百里到澉浦，再事李公曾伯。

解甲归田

南宋德祐元年（1275），一批被贬废黜官员重新启用。

吴泽受原上司之邀来到李曾伯设在海盐县澉浦镇的沿海制置使司，做李曾伯助手。

澉浦在杭州湾北岸，唐开元五年（717）始置澉浦镇，五代吴越国时设镇遏使，北宋时为鲍郎盐场所在，南宋定都杭州后，朝廷置澉浦水军，额一千五百名，是时之澉浦乃海防要塞。后又设市舶官，立市舶场。澉浦在南宋既是军港，又是商埠，十分繁华。

吴革玄孙吴望（十三世），其胞弟吴星，仕宣慰使，护驾南渡，居杭州，后屯兵澉浦，卒葬其地，因名吴家山。所以说，吴家与澉浦早有渊源，并非从十八世吴泽开始。

宋理宗赵昀景定五年（1264）驾崩，年六十一岁。传位宋度宗赵禥，赵禥耽于酒色，不理朝政，咸淳十年（1274）驾崩，年三十三岁。传位宋恭帝赵显，时年四岁，由宋理宗皇后谢氏太皇太后临朝听政。翌年（1275）改年号为德祐。南宋德祐二年（1276）正月，知嘉兴府刘汉杰以城降元。元军逼近南宋都城杭州。

德祐二年（1276）正月，太皇太后献传国玉玺及降表于元军首领伯颜帐前。南宋宣布灭亡。三月，伯颜奉旨分别押送宋少帝赵显及其母全氏和太皇太后谢氏北上。

太皇太后将降表传给各路守军，要求他们归降元朝。

澉浦沿海制置司也接到了归降懿旨。

澉浦旋即被元军占领。

令李曾伯和吴泽意外的是，代表元军前来接收的大员不是别人，竟是昔日同朝为官的故旧范文虎。

这范文虎是南宋丞相贾似道的女婿，咸淳六年（1270）以殿前副指挥使援救被元军包围中的襄樊，他却日恣淫乐，不思进兵，被弹劾，贾似道竭力庇护。在襄樊时，范文虎曾到李曾伯幕府，故与吴泽也相识。

襄樊失守后，范文虎改知安庆，元兵顺长江东侵，他不战而降，得元世祖信任，被元廷委任为两浙大都督。

对范文虎变节，李、吴二人颇有成见，但到今天这个份上，已无话可说。范文虎倒还算客气，并且告知二位，只要愿意为元效劳，尽可留下。

一些宋朝官员抗旨，他们不听太皇太后归降元懿旨，扶幼主赵昰嗣位，曰宋端宗，年号景炎。景炎二年（1277）赵昰死，复立幼主赵昺，年号祥兴，一路向南逃奔。祥兴二年逃至广州海外崖山，元兵追逼，陆秀夫负幼主沉海。

赵匡胤于960年建立的大宋王朝，到南宋祥兴二年，即1279年，历经三百一十九年，终于画上句号。

吴泽义不仕元，退回思贤乡。

吴泽生当南宋末年，他那为大宋江山建功立业的宏伟理想，到底也没有遂愿。

父祖航海

吴泽退居思贤乡，一家人过着提心吊胆的日子。为了安全起见，他关照吴禾、吴秌、吴森等子女，若有人问起，就说祖上是汝南人，你们的曾祖父是汝南人吴坚公，莫说德清履斋公（即吴潜）。他怕南宋丞相吴潜嫡孙这个身份日后带来麻烦。从此，这个事一直隐瞒着。所以，元皇庆二年（1313）赵孟頫在为吴森写的《义士吴公墓铭》中说"其先汝南人，曾大父讳坚"，连赵孟頫都深信不疑。直到元朝灭亡（1368）进入明朝之后，在续修家谱时，始得以从实改正。

吴镇的父亲名吴禾，字君嘉，号正心，是吴泽的长子。嘉兴又称嘉禾，吴泽把嘉、禾二字放进长子名字中，这种命名方法，在吴氏是有传统的。

吴禾等弟兄几个都经过塾师训导，吴泽抗元从军后，吴禾早早地担负起了一家之主的责任。农耕是家庭主业，因此对江南四季农事了然于胸，他与二弟吴秾一直躬耕乡间，闲暇时读些书，以九思立身，即视思明、听思聪、色思温、貌思恭、言思忠、事思敬、疑思问、忿思难、见得思义。过着耕读传家的日子。

这期间，弟兄们一直盼望着父亲的归来。直到襄阳事毕，咸淳九年（1273），吴泽终于回乡，一家人好歹团圆了。可只过了三年，吴泽又应召离家赴澉浦公事，哪料到形势急转直下，顷刻之间，江山易姓，大好江南，一统为元天下。偏僻的陶家池，同样经受着改朝换代的煎熬。尽管心灵饱受折磨，日子倒还算安稳。

随着范文虎于元至正十八年（1281）到访，吴家的平静终于被打破。

原来范文虎等三人受元世祖之命，带兵征东省（即日本），让其招募官兵，于是想到老相识吴泽，欲动员他出山，故特地登门造访。

此事让吴泽十分为难，去吧，怎对得起列祖列宗；不去吧，违犯皇命，有杀头之祸。三子吴森为父亲解围，推说父亲年事已高，且近年来身体欠佳，愿自己代父从军。范文虎一看吴森虽说显得有些文弱，却是武进士出身，主动请缨，倒也觉得未尝不可。于是推荐吴森为管军千户。是年吴森三十二岁。

吴泽送走三儿吴森后，心情久久不得平静。这个范文虎，今后可能还会因某些徭役之类再来纠缠，家里那一群年轻力壮的小伙子让他不安。再说，这个范文虎对自己家庭背景，多少有些了解，隐瞒吴潜嫡孙身份，若被范告发，哪还有好果子吃。因此，他要寻找出路。

早在元至元十四年（1277），元廷在澉浦置市舶司，海运业蓬勃兴起。有关海运方面的消息，几年来不断传到陶家池。

吴泽决定再上澉浦，参与海运经商，时间大约在至元二十一年（1284）。他带了长子吴禾当助手。

吴禾成家后十三年方得长子吴瑱，又三年得次子吴镇。

吴泽把家中事务全部托付给次子吴秎和刚从军中告病休假回来的三子吴森。

元朝的漕运自至元二十年（1283）由朱清、张瑄创通漕粮北运的海路以后，从江南运到北方的漕粮，就由不到十万石剧增至一百五十万石。大德后期，海运粮更达到一百七八十万石。至大二年（1309）尚书省理财的重要措施之一，就是把海运粮数量，再次大幅度地提高，当年自江南启运二百四十六万石。至大三年（1310）增至二百九十二万石。海漕的运输成本比陆运节省十至七八，比之河漕也节省十之五六。海漕粮主要来源于南方官田岁入。

正是由于漕运业不断发展，吴家的船队规模愈来愈庞大，《义门吴氏谱》记载吴禾"家巨富，人号大船吴"，"大船吴"名闻遐迩。

吴泽过世后，吴禾将其葬在澉浦吴家山。为尽孝，在墓旁结草庐守之三年。航海事务交由侄儿吴汉英（吴森长子）担当。"大船吴"名号后来由吴禾长房的两个曾孙吴雨粟和吴麟粟继承。

吴禾晚年，在澉浦设义渡（不收摆渡费）于赭山。赭山隔钱塘江与今上虞市虎山（临山）相望，两地直线距离三十多公里，是名闻天下海宁潮生发处，风急浪高，惊心动魄。当年秦始皇南巡至此，欲渡不能而沿江上溯改至富阳，故有能力在此设义渡者，绝非寻常人家。只有"家巨富，人号大船吴"的吴禾才有可能。

吴禾去世后安葬于吴家山其父之侧。

陶家池吴氏原本家境殷实，而今富上加富。吴镇在这巨富家庭中成长。

第二章

魏塘学易，弃武改习丹青

从师读易

吴镇六七岁时，父亲吴禾随祖父吴泽到海盐县澉浦港从事海运业。他和他哥吴瑱就一直在老家陶家池，由二叔吴秌和三叔吴森照料。

少年吴镇喜欢剑术。由于受家庭影响，总想恢复大宋江山，因此暗下决心，要练就一身武艺，以便有朝一日为国效劳，驱逐元军。

元初，官方不准公私人等擅自办学课子，吴森便权充启蒙导师，教诲子侄辈从认识方块字开始，直到辅导诵习四书五经。

四书五经是儒家经典著作。四书即《大学》《中庸》《论语》和《孟子》。《大学》是《礼记》中的一篇，约为秦汉之际儒家的著作。内容提出格物、致知、诚意、正心、修身、齐家、治国、平天下等条目。成为南宋后理学家讲伦理、政治、哲学的基本纲领，是塾师执教课子首选篇章。

吴镇正是为了治国平天下才操练剑术，只是后来绝无复宋可能，才退而求其次：修身、齐家。

《中庸》是《礼记》中的一篇，相传战国时子思作。中庸是儒家伦理思想，是说处理事情不偏不倚执中，既不能过，也不能不及，认为是处世的最高标准。吴镇在后来的艺术实践中，充分利用无过无不及原则，在构图谋篇，墨色浓淡等处理上，处处显得恰到好处。《论语》是孔子弟子及再传弟子关于孔子言行的记录。内容有孔子的谈话、答弟子问及弟子间相互谈论，为研究孔子思想的主要资料。其中的一些篇章吴镇直至晚年记忆犹新，常信手拈来录于画面之上，可见儿时印象之深。

《孟子》系战国时孟子及其弟子万章等著，内容记载孟子的政治活动、政治学说以及伦理教育思想等。

五经，是指五部儒家经典《诗》《书》《礼》《易》《春秋》。其中保存有中国古代丰富的历史资料，长期成为莘莘学子启蒙教本。

《诗》即《诗经》，中国最早的诗歌总集，编成于春秋时代，内容涉及祭祀、政治、爱情等，语言朴素优美，它对中国二千多年来的文学发展有深远影响。

《书》是《尚书》的简称，"尚"即"上"，中国上古历史文献和部分追述古代事迹著作的汇编。《书》中保存商周时一些重要史料。

《礼》记录古代为表敬意或表隆重而举行的各种仪式，如祭祀、丧葬、朝聘、征伐和宴享、婚冠等。

《春秋》系编年体春秋史，起于鲁隐公元年（前722），终于鲁哀公十四年（前481），计二百四十二年，是后代编年史的滥觞。

《易》即《周易》，非出一时一人之手，萌芽时期可能早在殷周年代，大抵系战国或秦汉之际的儒家作品。是占卜书中的一种。共有六十四卦，每卦有六爻，计三百八十四爻。每一卦有卦辞，每一爻有爻辞。按照爻的当位不当位等复杂关系，从而看出轻重不同的吉凶。六十四卦代表天地间万事万物，每一卦都处在变化之中。

研究《易》经，就是研究万物变化之道，观察天地、日月、四时、昼夜、寒暑、男女等自然界现象，懂得一切都在变化。变化的发生，是在于阳、刚、动与它们的对立面阴、柔、静两种相反的性质在相摩、相推，主动的力量是阳、刚、动。相摩相推即为变动。变动结果，得利是吉，失利是凶。吉凶并非固定不变。易家认为阴与阳周而复始的循环、重复。天与地相附着，男（雄）

与女（雌）相交媾，化生出万物来。日与月相互来去成昼夜，寒与暑相互交替成年岁。去的是暂屈，来的是暂伸，一屈一伸，相互感动，生出利益来。

每一卦的卦辞，说明本卦的性质。每一爻的爻辞，说明这一爻在本卦中的性质。卦辞、爻辞文字极简单而又隐晦难懂，卜人巫人可以作多样解释来宣告吉凶。所以莘莘学子若要弄懂《易》经，不但要花许多时日，而且非要《易》家指导不可，一般塾师也是望而却步。

吴镇自幼聪慧，过目成诵，且能融会贯通，然于《易》经，则还须名师指点。正值此时，办学解禁。至元二十八年（1291），元廷令江南各路、县设小学，号召江南各地办私家学堂。

吴镇三叔吴森趁势在魏塘镇北门街宋宗室赵若诵大宅北侧，出资建造魏塘义塾，并捐田二顷（二百亩），所得租米，悉数归学校用作延师等费用。

吴森又得知毗陵（今江苏武进）柳天骥精《易》理，于是将他请到魏塘。

吴镇十二岁那年，与兄长一起从思贤乡陶家池来到离家三十四里的魏塘镇读书。白天就读于魏塘义塾柳天骥门下，晚上寄居在陈家墙门陈景纯府上。

陈园弹剑

吴瑱、吴镇兄弟俩尊称陈景纯为外公，尊称陈景纯儿子为舅舅。实际上他俩与陈家无血缘关系，陈景纯是吴森岳父，吴汉英、吴志纯(女)、吴汉杰的外祖父，吴瑱、吴镇是随堂兄吴汉英他们，才这样称呼陈景纯的。

陈景纯在宋末仕承信郎，与吴泽官职相同。承信郎属初级军官。入元后，陈景纯用钱买了个万户长。当时魏塘镇中心在卖鱼桥，陈家在卖鱼桥以东营造私家花园。

陈、吴两家门当户对，所以成了儿女亲家。南宋末年，陈景纯的女儿嫁给了吴泽三子吴森。吴森早年曾聘费氏，费氏不幸早亡。复聘陈氏，得二子一女。吴森尚有吴汉贤、吴汉臣两个儿子和吴志淑、吴嗣胜、吴志柔三个女儿均属庶出。

陈景纯在魏塘属首富。陈家花园在浙北数一数二。当时有位文人叫陶宗仪，他在《辍耕录》一书中列著名私家园林时提到陈园，说它"春二三月间游人如织"。陶宗仪在该书中还讲了这么一件事，说当年陈景纯造园时，从败落的顾氏旧园，购得假山一座，移至自己家园，并且得意地邀请顾氏族人顾渊白来观赏，指着太湖石堆叠起来的假山道："此公族中之物。"顾笑答："东搬西倒。"陈听后颇觉没趣，竟无言以对。

陈园分东西两部分，号称百亩之广，实际东园不足五十亩，西园三十多亩，总共不过八十来亩，西园是苗圃，建筑物集中在东园。

陈园东起花园路，当年称花园东弄，明代称花园巷，自清代以来称花园弄。此弄宽三米，1976年拓宽改名花园弄路，今称花园路。

陈园南达东西大街，今称中山路，路南沿人行道便是当年大街原来路基。

1937年，县城遭日寇战机狂轰滥炸，炸平了县衙，炸塌了民房，后将道路拓宽成现在的样子。

陈园西至寺弄。寺弄得名，是因弄北头有三国（220—280）年间东吴所建的慈云禅寺。进入明代，在原陈氏西花园建县衙，即为县治所，把处在县治西墙外的小弄改写为治弄，方言中"寺"与"治"发音相同，故长期以来两字混用。

陈园北至魏塘河。今丝绸路是魏塘河西段，向东南方延伸进入一片开阔水面，称为魏家漾，即人民广场北端一学校处，魏塘河收束向东折北绕梅花庵北墙东去而南，在吴镇纪念馆大门处向东注入菖蒲泾。

浦弄，县志称总铺巷。铺，即邮驿，建县后于县治东侧建总铺。浦弄如今被一学校拦腰堵住，不能贯通。此巷原为陈园西弄，东西园以此为界。

陈园，王国器曾作文记述。王国器是赵孟𫖯女婿，"元四家"王蒙的父亲。

东园内建有楼、堂、馆、所、亭、阁、台、榭计七十二处。其中以雪月楼最为气派，建成于元至元二十五年（1288）。竣工之日，陈景纯大宴宾客，笙箫管乐,热闹非凡,直至深夜未休。

此时有异人月下敲门,咏诗一首:"戊子年间多快乐,丙申之岁少留连。公公莫作绵绵计,花圃终须变野田。"那意思是说,别看你现在很得意,不出十年(1288是戊子年,1296是丙申年)你那园林必将败落,照旧变为野田。

陈景纯第二天打发人四处寻找,哪里还有异人踪影。

吴瑱、吴镇哥俩在陈家寄读那两年,是陈园最为辉煌时期。直到明嘉靖年间,陈园已败落一百几十年,但尚能窥见当年风韵。邑人陆垹在凭吊荒园时这样描写道:"石齿齿兮濑泠泠,树苍苍兮云冥冥。路轮轮兮九折,崖阁阁兮万层。翠微杳兮露华滴,银河划兮瀑布倾。谷风起兮日凄,丹气舒兮霞蒸。孤松倒倚兮绝壁,山魈灭景兮霄峥……阒无人兮寂寥,时有鸟兮呦嘤。"[①]虽只是荒榛草莽一无人影,只闻鸟鸣,仍感叹为神仙之窟。可见当年陈园应是多么的骄人。

吴镇十分喜欢陈园,读书舞剑,与园林朝夕相处,那富含诗情画意的环境,唤起吴镇对山水的热爱,以至于走上绘画道路之后,钟情于山水。

吴镇在柳天骥先生指导下学习《易》经,使他渐谙世事,面对现实,放弃不切实际的恢复大宋之类想法。从此收敛锋芒,隐藏才能,一意韬晦,进而便想寻找陈园那样的去处,隐而居之。吴镇十四岁那年学业结束,告别陈园,重回思贤乡陶家池故乡。

在故乡闲居三年中,开始接触非儒家的老庄学说,但主要精力还是放在诗词与书法上。

这三年,魏塘陈家花园突然从全盛时期迅速走向衰败。

乔迁魏塘

据元代陶宗仪《辍耕录·浙西园苑》篇记述:"当爱山(陈景纯字爱

---

① (明)陆垹《爱山亭赋》,见马积高、曹大中主编《历代词赋总汇明代卷第7册》,湖南文艺出版社2014年版,第6183页。

山。爱山，此处代指陈园）全盛时，春二三月间，游人如织。后其卒未及数月，花木一空，废弛之速，未有若此者。"陈景纯去世后，陈家花园几个月之内迅速败落。

陈景纯女婿吴森此时在陈家西花园建造居宅。吴瑱于同时同地建别业。吴家宅院建成后，吴森把思贤乡陶家池家当全让给二哥吴秌，自己带着家眷和大哥的两个儿子吴瑱和吴镇，一起搬住魏塘镇新居。

吴家有个不成文的规矩，即弟兄们在一块居住时不分家，共同生活于吴家大屋，直到其中某一支远走他乡，开辟新的生活道路。树挪死，人挪活。吴氏的这一做法，使得吴家始终保持着家族旺盛的生命力。

元贞二年（1296），以吴森为首的吴氏乔迁魏塘。此时吴瑱已成婚，长子吴坦三岁。

那年，吴镇十七岁。这个年龄在吴家的男子当该大婚。吴镇是否确有妻室儿女，至今仍然是一个不解之谜。

按明代董其昌的说法是有妻子的。董其昌在他所著《容台集》一书中说过这样一件事："吴仲圭本与盛子昭（盛懋，字子昭，著名画工）比门而居，四方以金帛求子昭画者甚众，而仲圭之门阒然，妻子颇笑之。仲圭曰：'二十年后不复尔'。"

董其昌说吴盛两家毗邻，当时盛懋画名大，所以经常有人手持钱币上盛懋家求画，但吴镇家门可罗雀，于是吴镇妻子便嘲笑吴镇画艺不精。吴镇却十分自信地说，二十年之后就再也不会是现在这个样子了。

按此说法，吴镇是有妻室的。盛懋出身画工世家，从小饱受绘画工艺熏陶，又比吴镇年长几岁，绘画技艺早被外人道及，因此求画者络绎不绝。吴盛两家均居住在魏塘镇，有可能还是对门邻舍。大街南侧一埭，历来有民房一家挨着一家，家家坐南朝北，房子南屋，窗下即市河，所谓前靠街后靠河者便是。这个格局，一直保留到2004年。

吴镇与盛懋深有交往。盛懋曾经画过一小幅绢本山水纨扇赠送给吴镇，这幅画至今尚在民间。

董其昌生于明嘉靖三十四年（1555），离吴镇去世相距二百年，他说吴镇有妻子，也不知根据何在。若从家乘《义门吴氏谱》来检索，更使人迷惑：吴镇有子嗣线通下一页，但下一页已被撕去。

吴镇七十一岁时曾画《竹谱》给佛奴儿，后人因此断定佛奴儿即是吴镇之子。然而，佛奴当时只是初诵《论语》的十来岁小儿郎。

搬住魏塘镇之后，十七八岁的吴镇开始学习绘画（也有说是十五岁左右）。他走上绘画艺术这条道路，一个重要原因是受了三叔吴森的熏陶。

吴森，字君茂，号静心。县志说他"家饶于资"。爱好收藏古董和古书画，因家境富裕，故赵孟頫说他："唯嗜古名画，购之千金不惜。"

吴森家藏有相当多的历代名画。如晋代顾恺之《秋江晴嶂图》、唐代吴道子《五云楼阁图》《秋山放鹤图》、李昭道《春江图》、阎立本《西岭春云图》、王维《春溪捕鱼图》《终南草堂图》《雪溪图》《辋川图》《秋林晚岫图》、卢鸿《仙山台榭图》《嵩山草堂图》、李成《江村秋晚图》，五代荆浩《渔父图》《秋山问奇图》、关全《秋山凝翠图》、董源《山阁谈禅图》《寒林重汀图》、巨然《秋山图》、黄荃《蜀江秋净图》和辩光的草书。宋代直接元代，因此吴森藏画不乏范宽、王诜、赵伯驹、赵令穰、郭忠恕、米友仁、马远等诸家真迹以及文同《风篁萧瑟图》和苏东坡墨迹皆备。吴森与赵孟頫是至交，因此收藏子昂多幅佳作。可惜，吴家在元末遭受战火，片瓦无存，价值连城的历代书画化作灰烬，令人扼腕。吴森藏赵孟頫《霜柯系马图》，幸而被人从瓦砾中挖出得以流传至今，今藏台北故宫博物院，火迹斑驳，画上有吴森收藏章：静心堂书画印。

吴镇整日荡漾于法书名画之中。他要寻找一种慰藉，无疑绘画是极好的选择。于是从墨竹开始，开发内在的潜能。

闻道杭州

吴镇祖父吴泽的上司李曾伯，原籍蓟丘（今北京市），祖上于靖康之难南渡。李曾伯在南宋末年曾出任沿海制置使，司衙设在海盐县澉浦镇，宋亡不臣元，隐居海盐苞溪，有子名李衎（1245—1320），字仲宾，号息斋道人，元初在太常寺任事，累官至集贤大学士。元贞二年（1296）请求到地方任职，元廷将其安排"除同知嘉兴路总管府事"。

李衎是画竹大家。他在嘉兴任上时作《竹谱详录》一书，大德三年（1299）端阳节他自己为此书作序。由于吴李两家系世交，素有往来。所以李衎《竹谱详录》虽尚未付印，吴镇却得以先睹为快。吴镇对此书印象极其深刻，在他晚年写竹时常常大段大段地书于画面上。

吴镇学画全凭天赋感悟，并没有专拜某家为师。但李衎确实是第一个把他引进艺术殿堂的长者。

吴镇把李衎的书尽数抄录。然后一遍一遍摹写，如何谋篇，如何立竿，如何留节，如何出枝，如何撇叶。雨如何，风如何，雪又如何。老竿如何，新笋如何。墨何处须浓，何处须淡。水何处须润，何处须涩，等等。把最高要领"成竹于胸"熟记在心。

魏塘这个小镇地理位置比较优越，东邻上海，西接杭州，北毗苏州，相距均在七八十公里，舟楫往返颇为便利。上海在元前只是小桥边六户人家的小渔村，而杭州在宋代已是首屈一指的国际大都市了。

吴镇三叔吴森雅爱书画，不惜巨资，若鉴赏不济，难免走眼，故欲善其事，非请教精鉴家不可。好友赵孟頫、李衎谈画论艺之宏论，每使他获得教益。

吴森为了收藏古董，经常西去南宋废都杭州。得赵、李介绍，吴森拜访时在杭州的高官高克恭。

高克恭时居杭州，古致萧然，誉驰朝野，其名望仅次于赵孟頫。

吴镇约在大德三年（1299）随三叔吴森去杭州拜谒名师，并幸得高克恭指授。吴镇在自题《竹谱册》中说："古今墨竹虽多，而超凡入圣，脱去工匠气者，唯宋之文湖州一人而已。近世高尚书彦敬（高克恭）甚得法，余得其指教者甚多。此谱一一推广其法也。"

吴森、吴镇在鲜于枢家还观赏了难得一见的苏东坡墨竹真迹。

这次杭州之行，吴镇眼界大开，又得高人指点迷津，从此驰骋于文湖州竹派的天地之间。

杭州之行的另一收获是有幸聆听雷所尊师布道,对道教的兴趣由此加深,其后悉心研究,终于对道教有所领悟。道教对他的影响几乎左右了他的后半生。

先秦伟大的哲学家老子创立道家学说,庄子加以继承和发展。

雷思齐(1231—1303),字齐贤,宋末元初临川(今属江西抚州)人,中国道教著名学者。宋亡独居空山,著书立说。

元世祖定江南后,召三十六代天师张宗演入朝掌道教,礼请雷思齐为玄学讲师。时杭州玄妙观重修落成不久,聘雷思齐主讲玄学。

吴山玄妙观,道教宫观,在西湖东南吴山南麓。据《武林玄妙观志》记载:唐代天宝二年(743),奉诏创建,时名紫极宫。宋高宗绍兴六年(1136),得旨重修。理宗绍定四年(1231),毁于大火。不久再得旨重建。元代元贞元年(1295)九月,诏改为元妙观,并得敕重修。

雷思齐对《老子》《易经》深有造诣。他研究之《易》学自成体系。认为圣人作《易》本于河图,图说与筮法不可分,图中有筮,筮中有图,图筮合一。图为象,象为图。象中有数,数中有象。象之于数,如形之于影,形影相随,构成整体。为宋元道教象数学代表之一。著有《易图筮通变义》《老子本义》《庄子旨义》凡数十卷及诗文等二十多卷。

老庄哲学的天人合一说、顺其自然说对吴镇深有启迪。

私淑松雪

在吴镇成长道路上,赵孟頫对他有举足轻重的影响。

赵孟頫(1254—1322),字子昂,号松雪,别号鸥波、水晶宫道人等。吴兴(今浙江湖州)人。宋宗室。年十四以父荫补真州司户参军。宋亡后,他作为南宋遗逸被征召出仕元朝,累官翰林院学士承旨、荣禄大夫。他生前被遇五朝,官居一品,名满天下。

赵孟頫博学多才,诗词、书法、绘画、音乐造诣均深,特别是书画成就最为突出。有元一朝,赵孟頫是文人画领军人物,其艺术成就和对后世的影响远过于"元四家"。四家皆得赵孟頫教益。

赵孟頫虽然身为京官，但自大德元年（1297）至至大二年（1309）这十几年间，常驻江南，有江浙地区儒学提举之官衔。

由于赵孟頫与吴森交谊甚笃，两人对文人画时时有所谈及，赵孟頫书画同源说、画贵古意说、师法自然说往往在不经意交谈间，却被一旁吴镇切记在心，奉为圭臬。

大德六年（1302），赵孟頫为钱德钧作《水村图》。

钱德钧是通州人，隐居陶家池以北五里汾湖之南岸，与吴家不远，时有走动。钱德钧是年十一月十五日向赵孟頫描述汾湖景色之如何明媚。其实赵孟頫对汾湖太熟悉了。自打与管道升至元二十六年（1289）成婚后，每年看望岳父，坐船从家乡德清出发，向东一百五十里穿过汾湖，再向东三十里便是蒸淀镇（今属上海市青浦区），管夫人是蒸淀人。管公楼直至清末民国年间尚有形迹可寻。

当赵孟頫乘兴在宣纸上勾、皴、擦、点、染一气呵成时，汾湖水村风光跃然纸上，意境清旷深远，笔法洒脱自如。其技法渊源于董源和巨然，山石多用披麻皴，但有所变化。用枯笔皴点，表现出文人画秀逸的笔墨风韵，改变了唐宋人刻意求工的画法。

这一旷世杰作令初出茅庐的吴镇大为震撼，作《水村图》时吴镇虽不在场，但事后听人描述当时作画情景，以及赵孟頫所作题跋，使他领悟到士大夫作画的真谛：士大夫作画，逸笔草草，以意为之，不求形似，但求传神，与画工大相径庭。

原来赵孟頫一挥而就的汾湖《水村图》，仅为游戏之作，并不太过在意。在钱德钧当然奉为至宝，精心装裱，再示赵公。子昂一见，颇感意外，遂提笔在已装裱过的画上，复又写道："后一月，德钧持此图见示，则已装成轴矣。一时信手涂抹乃过，辱珍重如此，极令人惭愧。子昂题。"

信手涂抹，并非全是谦虚之辞，士大夫作画权当游戏，尽情挥洒，便是苏东坡所言"无意于佳乃佳"，个中况味，难为外人道及。吴镇传世墨迹，题跋中常书戏墨或墨戏二字，其来历便是信手涂抹。

赵孟頫是吴森知交，吴镇遂得以谛听大师宏论，得以观赏大师杰作，此乃仲圭之一大幸事也。梅花道人实为赵子昂私淑弟子。

吴森过世后，赵孟頫为其作墓志《义士吴公墓铭》，对其评价甚高。

当年赵孟頫因私密事致函托吴森，信札保存至今，全文曰："孟頫顿首再拜，静心相干心契，足下孟頫经率有白，今遣小计去，望收留之，切告，勿令此间觉可也。专此数字，唯加察不宣。孟頫顿首再拜。"从中可窥二人关系绝不寻常。此件今名《经率帖》，香港陈先生珍藏。

吴镇行书从王羲之《兰亭序》定武本入手临摹。这定武本《兰亭序》也是吴森藏品。

至大二年（1309），赵孟頫江浙地区儒学提举秩满，翌年九月初归朝复命。

吴森持《定武兰亭》陪同赵孟頫坐船自湖州直往元大都（今北京）。船至南浔（今属湖州）暂泊，稍事休息。此时有长老独孤淳朋（1259—1336）和尚者，馈赠赵公一卷五字已损本《宋拓定武兰亭序》拓本，同舟的吴森亦携有《定武兰亭序》帖。

天赐良机，偶然得以赏玩二本《兰亭序》的赵孟頫，喜之不尽。于是，二人在舟次途中对读《定武兰亭序》。一月有余之舟行中，赵孟頫逐日临书《兰亭序》全文。且在独孤本记有十三跋，故后世称此为《兰亭帖十三跋》。

独孤本《兰亭序》拓本拖尾，已有宋之吴说、朱敦儒，元之钱选、鲜于枢等跋，以及柯九思得《兰亭序》佳本而所书二跋。继之为自九月五日至十月七日赵孟頫所书十三跋，不但书法精妙，且在了解赵孟頫的书法理论方面，亦成为极其重要的史料。

赵孟頫最后把所书兰亭十三跋如数赠送给吴森，吴森遂携带回魏塘，珍藏于静心堂。后传给长房长孙吴瓘，吴瓘将其珍藏于自己重新营造的吴氏家宅竹庄。元末，竹庄焚于战火，《赵孟頫兰亭十三跋》从火后瓦砾中抢出，火迹伤痕累累，面目全非。乾隆年间，该件归谭组绥所藏。谭殁后，流传至日本，为高岛菊次郎所藏，高岛氏捐赠给日本东京国立博物馆。2006年春见于上海博物馆《中日书法珍品展》。

吴镇多次临摹《兰亭序》。后人将吴镇摹本经其友人倪瓒鉴定，刻石。此碑今存杭州一个叫梅花碑的地方。

临摹古画

吴镇自十七八岁起，临摹古画，一直临摹到三十七岁前后，因此基本功非常扎实。

三十七岁后外出游览观光，历经十年。十年间他敏于观察大自然万物，为后来创作获得取之不尽的灵感。四十八岁进入临创阶段。四十九岁以后，进入创作的黄金时期。吴镇积三十年功力，方得修成正果。艺术殿堂，原本不是容易进入的。

临摹，是画家出道前必经之路，其好处是利用前人经验，省却自个摸索，少走弯路。其不足是，若临摹者天分平平，则恐怕一辈子难以脱出蓝本藩篱，了无成就可言。

临是将纸置于蓝本旁，对着画。摹是将纸置于蓝本之上，照着描。

临摹就像婴儿扶墙学步，路，最后还得靠自己走。选择蓝本，尤为重要。人道是，取法乎上，仅得其中；取法乎中，仅得其下。你若学上品，所得只是中品；你若学中品，所得只是下品。好在吴镇家藏有历代名画，因此起步就不一般。

吴镇晚年临摹董源的《寒林重汀图》。临完后，在临本上自题跋识："董源《寒林重汀》，笔法苍劲，世所罕见其真迹。因观是图，摹其万一，与朋友共，元用当为着笔。"[1]这段话收录于明代嘉善钱棻所编的《梅道人遗墨》一书中。吴镇这个临本是给他的朋友元用的，这个元用，便是沈彦实，是吴镇祖母娘家人。

---

[1] 见《梅道人遗墨》，黄宾虹，邓实编《美术丛书三集第四辑》中《梅道人遗墨·山水吟》，浙江人民美术出版社 2013 年版，第 54 页。

董源的《寒林重汀图》今藏日本黑川古文化研究所，吴镇的临本自钱菜之后，恐怕已经失传。

董源的《寒林重汀图》对吴镇的影响是深刻的，以至于后来创作《芦花寒雁图》时，参照了董源的布局。

吴镇《维本渔父图》跋文中，提到他仿荆画一事。"余素喜关全山水清遒可爱，原其所以，出于荆浩笔法，后见荆画唐人《渔父图》，有如此制作，遂仿而为一轴……"。说他喜欢关全山水，原来关全是向荆浩学的笔法，于是注意荆浩的画，终于见到了荆浩画的人物穿着唐代服装的《渔父图》，于是便临仿一轴。

临仿与临摹不同，临摹要求逼似原作，而临仿只要求写其大略。实际说来，一些名为仿某家的作品，常常出于己意，吴镇此图，便属此类。

传世《秋山图》今藏台北故宫博物院，本幅纵150.9厘米，横103.8厘米。诗塘纵28.6厘米，横103.7厘米。画面为秋江中一峰突起，中隔一水，溪桥洲渚，遥峰远岑，一舟横渡。山石全用披麻皴，圆笔中锋，层层皴染，墨色淋漓，画树也出以中锋，虽细小处仍具酣畅之势。此幅并无名款，诗塘董其昌定为巨然作品，然与吴镇《清江春晓图》并列比对，两幅之笔墨构图、山石树木造型，皆有近似之处，似乃出于同一机杼之作。（黄涌泉函告笔者：画本幅有吴镇"梅花庵"印）。上方诗塘有董其昌跋文，开头便是"僧巨然画"，但据中国工程院院士、国家文物鉴定委员会常务委员傅熹年先生考证为吴镇作品，他在《元代的绘画艺术》一文中说："吴镇……他的作品《秋山图》长期被前人误为巨然作品。"

董其昌留在传世《秋山图》诗塘跋识全文如下："僧巨然画，元时吴仲圭所藏，后归姚公绶，姚尝临此图，予并得之。雪川朱侍御之弟见余所藏云东（姚公绶）临本，因以古画易去，即巨然关山小景也，二轴皆入神。董其昌识。"

原来巨然《秋山图》为吴氏藏品，吴镇曾临摹过。吴的临本，就是我们现在所见到的《秋山图》。巨然《秋山图》明代归姚公绶，姚也有临本，董其昌曾得巨然原作和姚氏临本。所以他在诗塘作此题跋。后好事者将此诗塘从巨然真本上割下，移裱于吴镇摹本上方，商贾可以以一真一赝充俩真本获利。由于吴镇摹本与巨然母本极为接近，非高手难分伯仲，所以商贾能以赝品加真题蒙混。这，应该就是董其昌的跋文出现在吴镇临本上的原因，巨然真迹和姚氏临本则未见传世。董氏乃一代鉴赏大家，当然不可能在非巨然原作上作此跋文。

凡是吴镇临本大抵有如下几个特点，一是画在绢上，二是笔法工致，三是不落名款，不钤盖印鉴，不题诗文，临董源《寒林重汀图》题识，则是特例。

吴镇所用绢，出产于魏塘一姓宓的人家，世称宓机绢，名扬天下，犹为丹青高手盛懋、王若水们所追捧，吴镇早年巨幅均用绢地，中年绢纸兼之，晚年改用宣纸，尤其是写竹。

后人评吴镇画有两个面目，"与人合作者极佳，余者率略"。所谓"合作"，并非指吴镇与另外某一位画家，同时作一幅画，就像现代常见的你画一棵松树，他画一块石头之类。吴镇一辈子从未作过这样的游戏，唯有一次与侄子吴瓘合画《梅竹双清图》，但仍然各画各的。因此"合作"之说，实际指的是吴镇的临本而已。说他的临本极佳，原创者则率略，意为原创不及临本，粗率而又简略。

艺术鉴赏，各有趣味不同。还是听听傅熹年老先生怎么说："吴镇在中年以后作风趋于粗豪不羁，喜用秃笔泼墨作画，笔势豪纵，墨沈淋漓。……吴镇的作品都是雄浑沉郁一派，愈老笔墨愈简练粗豪。"

吴镇正是以雄浑粗豪屹立于中国画坛，假如一味工致，元四大家恐怕就没有吴镇的位子了。

吴镇临本，皆不落款，不掠人之美。即使出现名款或印鉴，也往往是后来补加。补款补印，甚至不是吴镇所亲为。大约在四十八岁后临仿的作品，也大多只落一个穷款而已。

第三章

十年卖卜，畅游楚水吴山

新市谒祖

吴森自于思贤乡迁住魏塘以后，办义学，修道路，筑庙宇，赈饥荒，穷人病施药，死施棺材，他的义举，深得乡民赞叹。

至大三年（1310），吴森陪伴挚友赵孟頫自浙江湖州德清坐船前往大都（今北京），在京停留一些时日，原水路返回，行程四十日方回至魏塘。是年，吴森义举一事，被元廷派出的廉访使如实上奏武宗皇帝，皇上表彰吴森为"义士"，从此，吴家堂上便挂有一块旌表"义士"的匾额。

吴森身体一向欠佳，加上旅途劳顿，自分别赵孟頫后，吴森更觉形单影只，落落寡欢，身体每况愈下，不幸于皇庆二年癸丑（1313）五月二十日病故。赵孟頫应吴森长子吴汉英等请求撰书《义士吴公墓铭》。九月，吴森棺柩下葬于魏塘镇西三里之麟瑞乡。

吴森墓石棺椁至2015年尚存，方位在今魏塘镇庄港村豆腐浜浜口以东五十米，北距320国道一百米，朝南方正对安桥港，此港民国以前称灵塔泾。灵塔泾至墓前三十米转向东去，河南岸是沪杭铁路。墓上堆土被取去筑铁路双轨，暴露巨石围成的双穴，东穴当是吴森，西穴当是其夫人陈氏，农民已填土种菜。墓志铭石未曾见得，据乡人见告，墓上所有石块，全部倾卸于东首三十米河泥浜内，经仔细察看，浜西岸果然乱石嶙峋，墓志石或者沉入河底，具有宝贵历史价值和书法价值之文物，未得面世，遗憾。2015年后，墓全毁，建住宅。

吴森病重去世，对吴镇来说，其悲痛难以言说。吴森吴镇情同父子，因而吴镇守孝三年。三年中动笔不是很多，只是偶尔与侄子吴瓘在整理三叔藏品时，谈论一些典故或探讨艺术真谛之类而已。

吴瓘是吴森长房吴汉英之长子，吴汉英随祖父吴泽、伯父吴禾航海，及至父亲病重，才从澉浦回魏塘。吴瓘在祖父吴森照拂下，完全继承了吴氏雅爱古董文脉，且天资聪明，自习丹青，竟可与乃叔吴镇一决雌雄。

三叔丧事完毕，吴瑱和吴镇哥儿俩，商量着去一趟湖州德清县新市镇，一来是寻根，新市是高祖父吴潜和曾祖父吴寔、祖父吴泽生身之地；二来借此散散心，驱散心中的郁闷。

吴氏兄弟虽是巨富"大船吴"吴禾之子，然受长辈们勤俭持家家风熏陶，生活低调，凡事不张扬。当下雇一小船，两舟子，略带一些盘缠便一直向西而去。

时值深秋，金风送爽。忽见临河一农家宅旁竹园好生面熟。吴镇终于想起十几年前那桩旧事。

那年，吴镇正迷恋画墨竹。嘉兴同知、画竹名家李衎李大人，一日造访吴府，与三叔交谈甚笃，后提出实地察看竹子生态，吴镇引李大人所到正是这人家。

主家为保护所植蔬菜免遭鸡食，将园边幼竹弯折做成"虎笋"，李大人怜悯幼竹，亲自为其松绑。一月后李大人重访此竹，生长仍然良好。李衎为此曾多次画过《纡竹图》，其形象俯而仰，有劫后重生昂首凌云之气概。跋文所记嘉东释竹一事即此，其中一幅今存广州美术馆。

吴镇当时深为李大人因画竹而悯竹、对竹子给予的人文关怀所感动。竹子经霜雪而不凋零，虚心直节、刚正不阿等种种美德，堪比君子，适可成为读书人之楷模。吴镇与竹，终身形影不离。

睹物思情，三叔父已经作古，恩师李大人也不知今在何方，是否安好，不胜惆怅。

吴镇和兄长在新市拜谒吴家故园。

高祖父吴潜当年政务繁忙，后又被贬岭南，吴氏家园难得一到，故乡常魂牵梦绕。吴潜《望江南》一词云："家山好，负郭有田园。蚕可充衣天赐予，耕能足食地周旋。骨肉尽团圆。旋五福，岁岁乐丰年。自养鸡豚烹腊里，新抽韭荠荐春前。活计不须添。"

吴家园自从吴潜被贬黜后日见萧条，已不是"岁岁乐丰年"的家山景况了。

吴家园虽说满目荒凉，墙角那株老梅，据说还是当年履斋公手栽，居然一派生机，含苞待雪。吴镇吟起了以往曾经读到过的履斋公《酹江月·梅花》词："晓来窗外，正南枝初放，两花三蕊。千古春风头上立，羞退浓桃繁李。姑射神游，寿阳妆褪，色界尘都洗。竹扉松户，平生所寄聊耳。堪笑强说和羹，此君心事，指高山流水。陇驿凄凉，却怕被、哀角城头吹起。此外关情，为他凝伫，淡月清霜里。巡檐何事，发寒相誓而已。"

此时吟诵，别是一番情意，百花归尘土，唯君特傲然，只求松竹相伴，迎寒怒放。高祖的心声深得吴镇共鸣，梅花清高如许，自此吴镇与梅花结下不解之缘。

新市吴姓宗亲眼下已寥寥无几，人事沧桑，不免慨叹，令人唏嘘不已，好在当年高祖吴潜出资重修的玄武桥还在，于是他俩在桥上盘桓多时。乡人为念吴潜功德，遂将玄武桥更名为"状元桥"，且铭石置于桥端，状元桥幸存至今。

吴家园故址元末建慧通寺，明万历寺毁，建常平仓，明天启年改吴丞相祠，清毁。其方位在新市北栅状元桥以南酱园浜。

皋亭戒俗

吴瑱、吴镇离了新市来到县城德清。德清，是赵孟頫故里。三叔在时，经常雇一叶小舟造访赵府，哥俩不时陪伴前来。吴镇在赵府曾观赏过管夫人的《渔父图》。

赵孟𫖯夫人管道升，工诗，善画，亦能小词，尝题《渔父图》云："人生贵极是王侯，浮利浮名不自由。争得似，一扁舟，弄月吟风归去休。"那意思是说，做官的不及隐居的渔父得意。赵孟𫖯当即和词曰："渺渺烟波一叶舟，西风木落五湖秋。盟鸥鹭，傲王侯，管甚鲈鱼不上钩。"这些题句皆套用唐代张志和《渔父词》，吴镇印象极深，平生一再以渔父为题材作画，且多题写《渔父词》。

故地重游，赵府墙门紧闭。二人过寿昌桥，向前至石井山云岫寺进香，只见山门外一字排开测字、看相、算命、卜筮等诸多摊位，生意不错。他俩驻足片刻，吴瑱选择一卦摊卜了一卦，摊主翻看一下《易》经，然后察言观色，作一番讲解，虽难说中切，却也有几分道理。哥俩相视一笑离去。

利用《易》经来测算人的命运古已有之，全凭筮师理解水准分高下。

吴镇说，咱不妨到前面桥头也设个问卜摊如何? 吴瑱说，陌生之地，不须顾忌，但设无妨。

他俩虽得名师柳天骥传授天人性命之学多年，却从来未曾为他人论休咎。吴瑱于今一展风采，果然每得主家点头称是。所得筮资，悉数施于路边乞丐。

翌日吴镇告别兄长，只身赴杭州，吴瑱随手将身上一把钞票递于吴镇，吴镇笑着拍拍肩上背袋里的《易》经说道，有它，到哪也不愁吃住。于是吴镇一路前去，一路设摊卖卜筹集川资。

吴镇卖卜，推人休咎十分精准，即预先推测事主或凶或吉，每"矶祥多中"，因此《嘉善县志》说他"言多惊世，有严君平之风"。严君平，西汉隐士，曾卜筮于四川成都，日得一百钱即闭门读《老子》，高士也。

吴氏弟兄乃澉浦"大船吴"吴禾之子，家巨富，当然无生活困顿之虞，卖卜，主要在于发表惊世言论而已。

吴镇离了德清，进入莫干山。传说莫干山是春秋时代干将和莫邪铸剑之地。此处原本清凉世界，于今秋深，却无萧瑟之意，然漫山万篁碧绿间突然露出一株金灿灿的银杏黄叶，那便是莫干秋意了，直把吴镇看得迷眼。秋雨秋雾中只见塔山飘浮于云层之上，虚无缥缈如入仙境。荫山的竹子品种多的数不过来，吴镇最欣赏凤尾竹之类比较矮小的那种，以为它们最可入画。

在余杭，吴镇上了皋亭山，这是杭城北郊最高峰，皋亭积雪为湖墅八景之一。珍珠坞有珍珠泉，方广三丈许，清泠澄泓，可鉴毛发，以足蹴地，则泛涌如珠。魏塘虽有幽澜泉、老人泉、梅花泉，皆不及此等奇妙。

皋亭山下，吴镇游了古刹龙居寺，且借宿寺中，在僧舍诗牌上意外读到恩师息斋公的画竹墨迹和题句，吴镇注视半天，随即将诗句工工整整抄录一遍。诗云："我观大地众生，俗病易染难去。由然兴起慈云，霈为甘露法雨。"时僧人们正做法事，只听钟鼓齐鸣，众僧高颂佛经，幽幽翠谷，梵音缭绕。吴镇向来信佛，为此气氛所感染，总感觉自己不过是芸芸红尘中俗众之辈，何时得慈云法雨一洗尘俗呢？不免伫立良久。

皋亭山有崇光寺，寺内有浴龙池，宋高宗尝在此池洗手。如今物是人非，不堪回首话当年。吴镇不忍久留。

皋亭山濒临一条开凿于隋大业六年（610）的上塘运河，为往来嘉禾间的要冲。时有航班行营于区间，吴镇遂坐船进入杭州。眼望着隐隐青山向船后退去，吴镇默诵着北宋诗人林和靖"吴山青，越山青，两岸青山相送迎"的佳句，心想此去一定得好好看看孤山。

孤山探梅

古人有诗云："人间蓬莱是孤山，有梅花处好凭栏。"孤山，碧波环绕，山间花木繁茂，亭台楼阁错落有致。孤山位于西湖的外湖和里湖之间，孤立湖中，又因多梅花，一名梅屿，西湖群山数它最低。东接白堤，西由西泠桥与陆地相连。宋理宗在此曾建西太乙宫。北麓之放鹤亭，北宋隐逸诗人林和靖梅妻鹤子的故事便发生在这里。

林逋（967—1028）字君复，北宋著名诗人。大里黄贤村（今属浙江奉化市裘村镇黄贤村）人。幼时刻苦好学，通晓经史百家。他性孤高，喜恬淡，勿慕荣利。长大后曾漫游江淮间，后隐居杭州西湖，结庐孤山。常驾小舟遍游西湖诸寺庙，与高僧诗友相往还。每逢客至，门童子纵鹤放飞，林逋每见白鹤翱翔云天，必棹舟归来。善绘画，工行草，书法瘦挺劲健。诗自写胸臆多奇句，风格澄澈淡远。以《山园小梅》著称于世：

> 众芳摇落独暄妍，占尽风情向小园。
> 疏影横斜水清浅，暗香浮动月黄昏。
> 霜禽欲下先偷眼，粉蝶如知合断魂。
> 幸有微吟可相狎，不须檀板与金樽。

诗中"疏影横斜水清浅，暗香浮动月黄昏"两句，被誉为咏梅的千古绝唱。他作诗随就随弃，从不留存。有人问："何不录以示后世？"答曰："我方晦迹林壑，且不欲以诗名一时，况后世乎？"那意思是说，我隐迹于山林之间，写诗原本不求闻达，更不求青史留名，区区小稿留它作甚？亦有有心人暗暗记下他的诗作，久而久之，共搜得三百多首，结成集传于世。林逋未娶，种梅养鹤，自谓"梅妻鹤子"。当时杭州郡守薛映爱其诗敬其人，常至孤山与之唱和。宋真宗闻其名，赐给他粟帛，并关照地方官员逢年过节务必慰问一番。既老，自造墓于庐侧，作诗云："湖上青山对结庐，坟前修竹亦萧疏。茂陵他日求遗稿，犹喜曾无封禅书。"卒年六十二。卒后州官上奏朝廷，宋仁宗嗟悼，赐谥"和靖先生"。

林逋以梅花诗闻名，自苏轼、黄庭坚等人的唱和，林逋几与梅花不可分，后世一提及梅花，莫不以林逋的孤洁作为梅花的精神象征。

吴镇拜读过和靖先生诗，十分佩服先生之为人。以至于后来在家宅四周遍植梅树，且自选墓地于宅旁，几与和靖先生声息相通。

山巅有宋建四照阁，令吴镇唏嘘不已的是先生孤山墓庐已于至元二十二年（1285）被杨琏真伽盗掘，一直没有恢复，山馆倾圮，梅树凋零。吴镇于江南初雪纷飞中凭吊处士荒冢，更多了一番潇疏，一番惆怅。

吴镇当下寻思，我将来当自备短碣，上书"和尚"二字，百年后或可避免宵小之辈劳神耳。吴镇晚年，果然自题墓碑曰：梅花和尚之塔。

至元五年己卯（1339）由江浙儒学提举余谦和西湖书院山长陈泌等倡修重建林逋墓及亭轩，植梅数百株，疏仆夫泉，修玛瑙坡、处士桥。这是后话。

林逋有《小隐自题》诗：

> 竹树绕吾庐，清深趣有余。
> 鹤闲临水久，蜂懒采花疏。
> 酒病妨开卷，春阴入荷锄。
> 尝怜古图画，多半写樵渔。

吴镇激赏林处士的隐逸生活，晚年作《草亭诗意图》自题：

> 依村构草亭，端方意匠宏。
> 林深禽鸟乐，尘远竹松清。
> 泉石供延赏，琴书悦性情。
> 何当谢凡近，任适慰平生。

二者有同工异曲之妙。林和靖对吴镇后半生的影响，起了决定性的作用。

元妙了悟

"江南忆，最忆是杭州。山寺月中寻桂子，郡亭枕上看潮头。何日更重游？"吴镇喜欢唐代大诗人白居易的这首《忆江南》词。

古籍记载："杭州灵隐寺多桂。寺僧曰：'此月中种也。'至今中秋望夜，往往子坠，寺僧也尝拾得。"看起来白居易也曾多次去灵隐寺赏桂，正好领略三秋月夜的木樨花香。

诗人徘徊月下，时而举头望月，时而俯首细寻，看桂影，这情致是何等的浪漫，这诗情画意更令人神往。

月中桂子，不过是传说，但那钱塘潮却是实在不虚。吴镇那年在澈浦看望父亲后，转道海宁盐官镇，正逢八月十八，大潮如卷云拥雪，似千军万马，汹涌澎湃，惊心动魄。事过多年，却仍然记忆犹新。那次在盐官镇还见到两株高大的桧树，苍虬凌云，似蛟龙出海，气势夺人，足可入画。

吴镇在吴山玄妙观又见到一株古桧，树梢盘结似雏凤，人皆以为祥瑞，纷纷驻足观赏。

吴山玄妙观唐代天宝二年（743）奉诏创建，后屡毁屡建，元代元贞元年（1295）九月，皇上命改名为元妙观，并得以重修。吴镇于大德三年（1299），随三叔前来进香，是时宫观新修刚刚落成，特邀道学家雷思齐前来布道，吴镇有幸聆听道家经论。这次与大师不期而遇，大约是冥冥之中早有料定，竟从此影响吴镇一生。

吴镇自幼在家熟读儒家十三经，儒家教人入世，男儿当立志，以修身、齐家、治国、平天下为己任，后来经业师柳天骥点拨，一意韬光养晦。原来这韬光养晦便是把声名才华掩藏起来，收敛锋芒，隐居待时的意思。然吴镇年少气盛，终究郁闷难抒。

吴镇把自己圈于书画领域，不断向纵深开掘，倒也自得其乐。及至听雷大师一番言教之后，如醍醐灌顶，茅塞顿开。道家的"顺其自然"，于世，若即若离，不同于儒家。这些年的生活经验，让他对道家产生了更多亲切之感，今番故地重游，由是深深地怀念雷所尊师。他思忖，改天得给已经驾鹤仙去的尊师作幅画，就画那观中的桧树，桧树与吴镇当年一起聆听过大师布道，画此以寄托思念之情。

在元妙观，吴镇见到了息斋道人墨迹。吴镇七十一岁时记述了这件事："昔游钱塘吴山之阳玄妙观，方丈后池上绝壁，有竹一枝，俯而仰，因息斋道人写其真于屏上，至今遗墨在焉。忆旧游，笔想而成，以示佛奴，以广游目云。"

李衎在嘉东为竹子松绑，竹子俯而仰，体现了顽强的生命力，他因此一再画《纡竹图》，吴镇无缘拜读，在元妙观见到悬崖竹，也作俯而仰，息斋公且将其写真在画屏之上，可谓《纡竹图》姊妹篇。吴镇此时便想到息斋公借此表达的寓意，竹子尚且有俯身之时，何况人乎！

回忆雷所尊师教导，看着息斋公画的悬崖竹，吴镇颇有所思，韬光养晦终身。吴镇从儒家步入道家。晚年研究佛教，四大皆空，虽未遁入空门，终究多了许些出世的影响。

皖南寻根

吴镇与其兄长吴瑱在德清分手后，原本打算到杭州即回，然不比兄长有家小，他孑然一身，了无牵挂，因此逍遥自在，整日在杭州山山水水间游荡，直到秋蝉唱晚，才寻思告别西湖，向西进发，目的地是徽州。吴家之根在彼，太祖父吴柔胜出生安徽宣州，占籍德清后而生吴镇高祖吴潜。吴柔胜归葬宣州城东小劳山。吴潜饮恨逝于循州贬所，最后归葬宣州城南潢山。

皖南是吴氏先人埋玉地，他要前去凭吊一番，由此，饱览了浙西、皖南山水，巨然、董源笔下山水的灵感，莫不来源于此。吴镇画中对钟灵毓秀山水的感受，大多来自于皖南之行。

这是一条由青石铺成的山道，弯弯曲曲地从岭脚向着大山深处延伸，路边长满了高大的松树、杉树、栎树、毛竹和灌木。春天山花烂漫，鸟语花香；夏天浓阴蔽日，水流蝉鸣；秋天林木红黄相间，各种不知名的浆果点缀在灌木丛中；冬天雪后的丛林间，野兽的足迹依稀可辨。

那古道上的关隘，历经千百年风霜雨雪，仍巍然屹立，石头门楼上雕琢的"天险重开"四个大字依然那么清晰。秋雨过后，神清气爽。如此景况，直令吴镇激情奔放，摆脱尘嚣缰锁，尽情啸傲。林泉之志，烟霞之侣，梦寐在焉。

吴镇后来曾以关山为题材作画，传世墨迹《关山秋霁图》便是对浙、皖关隘的写照。

吴镇山水画中少不了松树。皖南山中多奇松，当时的皖南山中有的是古松，一株株皮老苍藓，翔鳞乘空，蟠虬之势，欲附云汉。若是成片之松林，则显爽气重荣。若单独成长于山崖或溪岸者，则抱节自屈。或回根出土，或偃载巨流，挂岸盘溪，披苔裂石。吴镇因惊其奇异，每驻足良久，仔细观赏一番，有时携笔写之。传世吴镇作品有几幅专画松树，尤对孤松情有独钟，且皆生长于悬崖峭壁或石角嶙峋恶劣环境之中者，顶枝皆作蟹爪状，一副不屈不饶的神态，实为画家自我心态之自遣。

吴镇画松针，每以尖细笔出之，细直而长，与别家自有不同。《苍虬图》是他早年之作，写天目松，构图也与后来的不类，用印也尚未程式化，但松针特点已显露无遗。

一日，吴镇过许村。许村，大约有一千来户人家，清一色的黑瓦白墙，全部为徽派风格的马头墙建筑，村子里一律青石板铺路，曲径通幽，古宅老院错落有致，厅中的中堂条案八仙桌，收拾得干干净净，一尘不染。

时见有老翁手捧书本，即使来人也浑然不觉，一派且读且耕的古朴风气。人们都下地去了，整个村子静悄悄的，村中央处有一四角牌坊，全部花岗岩制成，雕刻得玲珑剔透，从碑上"崇光恩典"的字迹看来，一定是村上曾经出过光宗耀祖的人物，做了高官并受到了朝廷的恩宠。

到伏岭，吴镇向路边的老者仔细打探了上山的路径，向着大山进发。走着走着约摸一个时辰，耳边传来阵阵轰鸣，离山越近，轰鸣越响，到了山脚下时，才发觉大山仿佛被刀劈开般形成一道峡谷，峡谷中怪石嶙峋，汹涌的涧水奔腾而下，撞在石上，涛声震天。

一座石桥横跨涧上，桥身刻有五个大字：江南第一桥。过桥是一石亭，上书：径通江浙。两个挑夫在亭内休息，担子搁在一旁。石阶古道如羊肠般地沿着崖壁顺着峡谷山涧向上伸延。

峡谷里植被茂密，大树参天，由于山势陡峭，又刚下过暴雨，平时的涓涓细流，这时都变成了大小不一的瀑布，如同白练般的汇向深涧。

吴镇一路行一路观赏，古道观瀑，目不暇接。古道最高处是一关隘，号称江南第一关，过关是一茶亭，亭内立有记载古道历史的石碑。

过亭不久，忽然前方水花四溅云雾蒸腾，近前只见又一道瀑布，宽约二三丈，白花花一片，灌顶般地从近百丈的悬崖高处跌落在眼前，煞是壮观。掬一捧喝下，清冽甘甜，沁人心脾，精神为之一振，心里不由得赞道：

好水，好水！

天空飘起雨来，雨中的峡谷里，显得更加清翠，吴镇打开伞继续前行，细雨，瀑布，古道，清流，构成了一幅天然的《秋山古道行》山水长卷，人行其中，仿佛走进了画一般的境界，此情此景，若非亲自体验，断不能领略其中意境之美妙。此时吴镇像云间的野鹤，世外的散仙，得大自在，忘记了一切尘世俗虑。

吴镇皖南寻根，终因年代久远，先人遗迹，实难寻觅，只是对着小劳山和潢山躬身作揖而已，不免惆怅，好在畅怀一睹佳山灵水，也不虚此行。《苕溪图》《南陵水面》四幅皆是他晚年对那次游历的回忆之作。

吴镇当初沿杭徽古道，过昱岭关，至徽州（歙县），沿徽泾古道向北，至泾县，再向北到南陵县，折向东至宣州（宣城），转向东南至宁国，进千秋关，上天目山，而后沿苕溪直达湖州。

天目山拥有璀璨夺目的宗教文化，是儒、道、佛融于一体的名山。东汉道教大宗张道陵，出生于天目山，并在此修炼多年，存有遗迹张公舍。梁代昭明太子萧统，隐居于天目山，分经读书，留有洗砚池、太子庵等景点。唐代李白、宋代苏轼等文人墨客，上天目山游览，留下有太白吟诗石等人文景观。天目山佛教自东晋传入，至元代已有八百年历史，向有"天目灵山"之称。建于元至元十六年（1279）的狮子正宗禅寺为江南名刹。天目山是韦陀菩萨道场。

天目山融儒、道、佛于一体，吴镇寻思，自己虽诵读儒家经典，不也同样可以将道教融会贯通吗？ 天目山让吴镇与道教靠得更近了。

太湖盟鸥

"闲云流水静无尘，几曲溪山占好春。识得人间仙迹在，一双芒屩好寻真。"这是吴镇在《鹤溪图》上的题诗。《鹤溪图》虽未见传世，诗句却流传至今。

吴镇云游四海，孤云野鹤，独来独往，借用民国初年留学法国文学博士张凤先生"布袜芒鞋天下士，春风杖履地行仙"这两句诗，或可形容。凤丈精鉴鼎彝，工诗善画，亦吴氏后裔。

吴、张何以一家？原来明代魏塘张源娶吴氏，无子，以内弟吴东泉第三子吴晃继嗣，晃遂改姓为张。张晃，字镜水，即后人奉之为"镜水吴公"者是也。凤丈，晃之后人焉，曾任太子庵的天目书院院长多年，仲圭公当年在彼也小隐有些时日，吴门两高士相隔六百年而同隐一仙山，亦一佳话也。

吴镇离开了天目山，沿苕溪北上，直下湖州。

湖州又名吴兴，地处太湖南岸，是苏浙皖的交汇之地，因濒临太湖而得名。有铁佛寺、潮音桥、西塞山、道场山、万寿寺诸名胜。

据传，观世音是在浙江湖州法华寺得道成佛的。法华寺是南梁古刹，几经兴衰，香火仍很旺，吴镇断不能错过。道场山旧名云峰，在湖州城南，系天目山之余脉。道场山峰峦郁秀，水石森爽，殊为吴兴佳绝处，古今游览者皆集焉。山顶有始建于宋代的多宝塔、万寿寺气势雄伟。道场山自唐中和年（881—884）起即为江南著名佛教圣地。

苏轼游道场山，曾由官奴执蜡烛照明，写风雨竹一枝于壁间。后人将其刻于石。

吴镇访吴兴，曾一再摩挲此碑，七十一岁时背临一通，吴镇《仿东坡风竹图》，梅花庵存有刻石，墨迹原件今存大洋彼岸华盛顿佛瑞尔艺术博物馆。

吴镇在湖州游遍大街小巷。

莲花庄位于湖州市区东南隅，唐代这一带叫白蘋洲，因梁恽《忆江南》一词中"汀洲采白蘋"句得名。唐白居易有《白蘋洲记》。杜牧也有咏唱之作。风光旖旎，景色幽绝。四面陂水环绕，水中多莲花，莲开似锦云百顷，遂为江南之胜。赵孟頫在此建置别业，始名莲花庄。时被誉为吴山一绝。吴镇当时虽得知赵公已荣归故里，不巧往德清旧居避暑去了，遂无缘拜谒。

吴镇坐船去太湖洞庭西山。太湖广三万六千顷，周围八百里，湖中四十八岛七十二峰，湖光山色，相映生辉。令吴镇心旷神怡。

西山古称禹迹山，世称洞庭西山，是太湖中第一大岛，太湖名胜精华之所在。缥缈云场、林屋晚烟、消夏渔歌、甪里犁云、玄阳稻浪、毛公积雪、石公秋月、金铎松篁、大沙观帆、罗汉古刹、鸡笼梅雪等景点，无一不引人入胜。

西山主峰缥缈峰位于西山岛西部，为太湖七十二峰之首。自古以宏伟秀丽的湖光山色闻名于世。里面有座山叫林屋山，因山中有林屋洞之故。而林屋洞，是因为洞顶平如屋，立石多如林而得名。俗称龙洞。据《仙经》记载，人间三十六洞天，最著名的有十大洞天，林屋洞为左神谦虚之天，居十大洞天之第九位。

林屋洞周围，可谓是梅天梅地梅世界，虽不及邓尉香雪海，却也颇为可观。林屋山曾住一位高人俞琰（1253—1316），宋亡不复有仕进意，隐居林屋山著书立说，故自号林屋山人，又称林屋洞天真逸。一生熟读经、史、子、集，以辞赋闻名，雅好鼓琴，尤精于《易》学。他自幼承其家学，刻苦研《易》三十余年，著有《周易集说》四十卷，《读易举要》四卷，《易图纂要》二卷，《易古占法》一卷，《易外别传》一卷，《大易会要》一百三十卷，还有《易经考证》《易传考证》《读易须知》《六十四卦图》《卦爻象占分类》《易图合璧连珠》等书。

《周易集说》系集解性《易》著。是在《大易会要》基础上完成的。他说："历考诸家《易》说，撷其英华萃为一书，名曰《大易会要》，凡一百三十卷。不揣固陋，遂自至元甲申集诸说之善而为之说，凡四十卷，因名之曰《周易集说》云。"此书以宋代朱熹学说为本，参以程氏，又集其他学说之善者。他指出："予自德祐后集诸儒之说为卷一百二十，名曰《大易会要》，以程朱二公为主，诸说之善者为辅，又益之以平昔所闻于师友者为《周易集说》四十卷。"其书历时二十余年，凡更四稿，从广东归吴下始成。"或有勉余者云：日月逝矣。《系辞传》及《说卦传》《序卦》《杂卦》犹未脱稿，其得为完书乎。予亦自以为欠。至大辛亥自番禺归吴，憩海滨僧舍，地僻人静，一夏风凉，闲生无年用心，因取旧稿《系辞传》读之，不三月并《说卦》《序卦》《杂卦》改窜皆毕，遂了此欠。"自至元甲申到至大辛亥（1284—1311），为时二十七年。

这日，吴镇在林屋洞外设摊卖卜，主家占得"艮下震上"，辞曰："山上有雷，小过。君子以行过乎恭，丧过乎哀，用过乎俭。"吴镇解曰："山上面有雷在轰鸣，构成小过卦。君子看到这个卦象就要行为更恭敬一些，居丧更悲哀一些，用钱更节俭一些。"主家点头称是。

此时，旁边站着一位小伙子，听得出神，便与吴镇攀谈起来。原来他是吴县名医葛应雷之子葛乾孙，字可久。少年时拜俞琰夫子为师，因恩师染肺痨而谢世，遂随父学悬壶济世之道，专攻肺疾。

俞师过世数载，遗稿乏人整理，可久便挑起此一重任。适才因出门稍事休息，恰与吴镇邂逅，听得吴镇一番《易》家高论，便认作师辈，执弟子之礼，着意让仲圭先生进屋畅谈求教。葛氏好击刺战阵之法，兼通阴阳律历、是命之学，学识渊博。

吴镇为人一向涓介，非常人可以交往。可久出身书香门第，谈吐不俗，又精剑术，很得吴镇青睐。一来一往，竟成忘年之交。

吴镇复又指导可久，这些遗稿如何分门别类，如何誊清纲目等等。后来可久向家父禀明原委，葛应雷遂礼聘吴镇代子整理俞公所有文牍书稿。

吴镇仰慕俞公对《易经》论述之精辟，正可借此机会研习，一住三年，竟将各种书稿通读一遍，且认真研究。可久则忙中抽闲不时过林屋洞促膝长谈。

某日，可久带周元真同来造访。元真，字元初，道士，嘉兴人，时居苏州玄妙观。与吴镇一见如故。

元代神霄派道士最著名者为湖州人莫月鼎（1222—1290），其人从儒入禅，复从禅入道，常放浪于酒，时人呼为莫真宫。门人王继华得其秘。继华授张善渊，善渊授步宗浩，宗浩授周元真，皆解钤雷致雨，而元真尤号伟特。明宋濂曰："予游江南，见元初于凤凰台上，方瞳煜然，长眉耸然，傲睨于万物之表。窃意缑山仙人乘鹤吹笙而下也。"[1]宋濂所见元真，俨然仙家模样。吴镇与其交往时，元真年岁尚轻。

吴镇、葛乾孙、周元真有时则雇小舟悠游于太湖各岛间，直至无锡鼋

---

① 见《宋文宪公仓集》卷九《周尊师小像》，中华书局聚珍仿宋版印，上海中华书局。

头渚，众人一时诗兴大发，吴镇遂有太湖组诗《明月湾》等留传至今。

至正二年（1342）春，吴镇在苏州玄妙观小住旬日，曾于东轩作山水画《平林野水图》馈赠周元真。

在太湖停留期间，吴镇游遍了附近所有道观和佛寺，结交羽士高僧。一次与苏州太守品茗时即席赋诗，吴镇自谓道"老僧还解觅诗篇"，俨然以僧人自居。

这期间最令吴镇心动的莫过于以渔为业的太湖渔夫，他羡慕他们过着悠游岁月，和沙鸥为盟、世外桃源般的生活。吴镇后来把渔夫升华为与三闾大夫屈原在江边对话的一个睿智的渔父，一再以这样的形象出现在他的画笔下。

第四章

笔精墨妙，双桧一举成名

蛰居陋巷

吴镇在游太湖明月湾时，忽见明月东升，不禁动了思乡之情。吟诗道："月华滟滟水悠悠，圆月沉时曙色浮。自笑驱驰亦如月，东来西去几时休。"于是决定结束这十来年"飘飘何所似，天地一沙鸥"（杜甫句）的生活。

他从西山坐船到东山，从东山摆渡到松陵镇，径直向东南方而去，不一日傍晚，吴镇来到芦墟，与陶庄隔汾湖相望。决定明天早上坐船前往港甸上。吴镇在太湖明月湾时，曾收到兄长伯珪来信，说三叔父家老四汉臣弟，前几年已迁出魏塘陈氏西花园，造新居于陶家池北三里汾湖南岸港甸村，如此正好探访。船家很热情，说港甸吴家前些年建大墙门，从芦墟买走许多盆栽，那个老梅桩四个小伙子抬着上的船。

在港甸，吴镇与堂弟季良（汉臣字季良）时隔十年后相会，其愉悦之情自不必说。季良领着仲圭宅里宅外参观一通。这吴家大屋格局，与陶家池一样五开间门面。后厅新匾"学稼堂"高挂，熠熠生辉，好不气派，东西厢房窗明几净，一尘不染。果然见天井里摆了不少盆景，那百年梅桩，苍老虬曲，一身铁骨，可以想见北风呼啸大雪纷飞中含苞待放孤傲之气。仪门西首的罗汉松则别有一番风致，细叶如柳却四季不凋。主干有碗口那么粗，其年岁当与老梅桩相仿。吴镇问汉臣，此松也是从芦墟梅家湾买来的么？汉臣摇摇头说，不是。原来当初汉臣购买田地营造吴家大屋，那罗汉松就在地头上生长着，何人何时所栽一概不知。造屋时，作头师傅嫌它碍事，欲将它与其他杂树一道砍去，幸得汉臣之子伯颙阻止才得保住，方见与西花园冬青翠竹遥相呼应。

罗汉松具有旺宅、安康、吉祥的良好寓意，吴镇十分喜欢，且对着写生了一通。从此人们把这罗汉松唤作画松，此画松美名流传至今。吴镇这张写生画稿一直留着，多年后，他把自己画在松下，还添了一羽白鹤，仙风道骨，跃然纸上。自画像最后收进了家谱。清康熙七年（1668）吴光瑶在手抄《义门吴氏谱》时，描摹了此像，其谱今藏平湖图书馆。

岁月荏苒，遥遥七百年，前厅后厅相继坍塌，西园荒芜，好在吴家后裔人丁兴旺，这画松至今安然，须两人合抱，枝繁叶茂，阅尽人间沧桑，幸为斤斧弃，得老雪霜中。

吴镇告别堂弟汉臣，当日到陶家池，在二叔吴秌家小住两日，便回了魏塘镇。

吴家这些年有了很大变化。

早年三叔吴森病重，吴汉英自澉浦回魏塘，长子吴瑾很早持家，汉英便让吴瑾张罗家中一切事务。吴瑾将吴宅命名为竹庄。

吴镇与兄长吴瑱在德清分别后，吴瑱回家继续研究易学，有时炼丹，闻知当湖镇（今平湖市），有东晋炼丹名家葛稚川后裔，便欣然前往寻访。

数年后，家里人口越来越多，孩子们都长大了，住房紧张，于是吴瑱外迁，落户南去三十里的当湖镇北庄桥，建别业，名曰南竹庄。

吴瑱迁走之后，吴瑾又寻思将竹庄扩大，于是，买进北邻一块水陂地，请人设计图样，购买木料砖瓦，择日开工，建造房屋。

园中之水心亭，是依据家藏界画《水殿图》构筑，精美绝伦，工程浩大，直到吴镇回来，尚未完工。

吴镇喜欢清静。第二天进陈园一看，荒芜更甚，连道路也难以寻找，好在梅花庵数间旧屋还在，自打陈家老家人走后一直无人居住，屋外梅树也是东倒西歪。

吴镇征得堂兄吴汉英及陈家人同意后，便决定搬进梅花庵居住。

吴镇决意住梅花庵，吴瓘便找工匠们，把梅花庵上上下下里里外外精心收拾一遍，屋漏补漏，地不平重铺方砖，墙圮推倒重砌，窗朽配料新制，髹漆粉刷，旧庵焕然一新。吴镇喜不自胜，复又将屋外东南西三面（北临魏塘河）杂草铲除干净，给老梅树培土，又在空地补种梅树好几十棵，将梅花泉井水重淘一遍，梅花亭也略作整理。南边橡林下道路也重新铺上步石，沿着这步石向西与竹庄联结。吴镇虽入住梅花庵，一日三餐仍在竹庄与汉英一家人共用。

吴镇居林屋洞，窗外一片梅林，三过寒暑，花开花落，而今住梅花庵，窗外也是梅林一片，好似旧梦重现，故将书斋南窗称之为"梦复窗"，似乎又生活在太湖林屋山中一般。

吴镇安顿下来，便吟诗作画，打发日子。

一日又想起了俞琰先生雅号"林屋山人"，是隐居林屋山而得，于今自己蛰居梅花庵，何不仿效高人，且号"梅花道人"，不也妙哉。于是吴镇有时作画落款"梅华道人"，"华"与"花"通用，而书斋斋名当然便是现成的"梅花庵"了。

吴镇又将家藏文房四宝和上等宓机绢整理出来。

笔、墨、纸、砚文房四宝，历来是文人钟爱之物，且力求精良。

吴镇在皖南除了领略秀丽山川、遥拜先人外，还亲自察看了徽墨、宣纸、歙砚的制作工场。

徽墨，是我国制墨技艺中的一朵奇葩，因产于古徽州府而得名。它是书画家至爱之物。古人曾云："有佳墨者，犹如名将之有良马也。"歙县为徽墨制造中心，高级漆烟墨，是用桐油烟、麝香、冰片、金箔、珍珠粉等十余种名贵材料制成。

宣纸，产地是安徽宣州府的泾县，起于唐代，到宋代造纸业相当发达。

歙砚，为中国四大名砚之一，与端砚齐名。石质坚韧、润密，纹理美丽，敲击时有清越金属声，贮水不耗，历寒不冰。

吴镇家文房四宝皆属上品，不仅有优质徽墨，尚有北宋京城开封潘衡旧墨。他一直舍不得研磨，那锭旧墨直到七十一岁时还在使用。

吴镇接着把昔日临摹的习作整理出来。

在饱览大自然真山真水之后，自觉笔墨过于拘谨。于是再把巨然《秋山图》悬挂于厅堂，从位置经营到勾、染、擦、点、皴种种笔法，仔细揣摩巨公传达的意蕴。绘画之难即在于此，技法可以锤炼，但画意则非靠技法可奏效，人须养得心中之逸气，气流笔端，意思悦适，其意便流淌于笔下矣。

吴镇天天读书，日日临池，笔墨愈见空灵，虽寥寥数笔，或树或山，形非而神似。笔行绢素如人行山阴道上，只觉愉悦而毫无疲累之色，甚至忘却一笔在手焉。

光阴荏苒，匆匆春尽，江南莺飞草长，转眼间已近清明寒食时节。

双桧祭师

元泰定五年（1328）二月廿五清明节，吴镇早早起床。

近日有去杭州进香者，回来说起元妙观桧树树冠结成凤凰模样，观者如云，人皆以为祥瑞之事。

元妙观桧树吴镇早年见得，老干攫拿，叶荫郁如幄。缘于此，他想为尊师雷思齐作画的念头这几天特别强烈。

苏轼咏桧树七绝云："凛然相对敢相欺，直干凌空未要奇。根到九泉无曲处，世间唯有蛰龙知。"吴镇受此启发，遂打算以刻划桧树来寄托心意。桧树亦称圆柏，是一种常绿乔木，雌雄异株，果实球形，木材有香气。

早上，他把画桌收拾干净，准备作双幅面的拼图，故裁割两尺面阔宓机绢，两个六尺长度，并在一起。拼幅作画下笔难度较高，尤其是接缝处，须衔接自然，浑然一体。

好在吴镇已多次尝试作拼图，如《高山溪隐图》和《清江春晓图》。吴镇这两件传世作品也是宏幅巨制，但有蓝本参照，故算不得自己独创，因此画成后不著一字，既不落名款，亦不用印鉴，仅以练笔之作留存于箱柜，直到晚年才把它们翻拣了出来，补加一个行草穷款，或标以画名，使惯常双印鉴，钤法也属晚年程式。遂付以装裱而面世。

吴镇在竹庄用过早餐后，回到梅花庵，盥洗一过，焚清香三炷，正襟危坐堂上，沉思片刻，荡涤尘虑，起立俯身画桌，援笔濡墨，以淡墨略作勾勒，不大工夫，主干虬根劲干蟹爪枝一一跃然绢上，主干倚侧，伴株笔立。

人道是木贵高乔，苍逸健硬，又有环转，若怒龙虬屈，如腾蛟伏虎，一味刚直，则了无生意，不可取。桧树是松身柏皮，会于松柏，故名曰桧。古桧其枝横肆而盘屈，其皮转扭，捧节有纹，节眼嵌空。枯梢老槎，得幽韵之清气也。

吴镇深谙个中之奥秘。

俄顷，古桧两株，造型盘曲遒劲，参天耸立于平坡之上，气势雄秀挺拔。下临坡石溪流，溪流渐渐向后推延，几户房舍坐落在溪岸旁边，空间深邃。远山平冈层层叠叠，具有平远之势，使远处山峦、林木、村居、蹊径，尽在其俯视之下。

画中所描绘的秀丽的低峦平冈，丰茂的杂木丛林，满布湖泊溪涧和略起丘陵的平原，皆属他熟悉的浙西皖南景色，一派旖旎的江南风光。

图中桧树，用勾勒染墨法，描绘精工，表现出桧树枝干的挺秀、刚硬。树冠则高高耸立，姿态虬曲，若苍龙在天。远树简略双钩树干，枝叶用淡墨草草点成，旷远幽深。远山用淡墨轻染，若隐若现。下坡置矾石，水墨密点小石的阴凹处，再用淡墨晕染，使山坡湿润融合，带湿点苔，五墨齐备，天机一片。

统观全图，笔墨圆润，多渲染，少皴擦，凹凸分明，层次细腻，可见吴镇湿笔重墨、大气磅礴的画风始以凸现。

笔力坚实，桧树的枝丫纠结，仍然保存了李成、郭熙画树的风貌。树皮以长披麻皴来表现，笔法又和董源、巨然相似。坡岸多作矾头也是董巨山水画的重要特色。全作的笔力雄劲，墨气沉厚，有一种平淡天真的韵致。

画毕，在画左侧用行楷书题款云："泰定五年（1328）春二月清明节，

为雷所尊师作 吴镇。"雷所尊师即雷思齐，宋元间江南著名道学家，吴镇有幸聆听过他的教诲。

这件作品是吴镇流传画迹中署有年款最早的一幅。行楷在后来极少使用，吴镇二字后来也很少再用。其后多用草书，名款则仅书"梅花道人"、偶尔用"梅道人"，或具一"镇"字。此画于吴镇名下钤："中圭"、"蘧庐"二印。后来几乎每画必盖的常用印，其一朱文，曰"梅花庵"，其二白文，曰"嘉兴吴镇仲圭书画记"，此二印当时尚未置备。

吴镇此件专为雷所尊师而作，故神态谦恭，其画气势磅礴，元气淋漓而不入野。如果说他其后作品追奇险，多以粗头乱服出之，此件则不明显。下一步才有此种景象，从所谓的"率略"画风到奔放不羁的草书书风中，使人感到蓄积于画家胸中的逸气。

吴镇不久将此《双桧平远图》装裱，在装裱工场吸引了众多的目光，以至于名声愈传愈远，不少人慕名前来交友、求画，其中便有倪瓒。

倪瓒在至顺元年（1330）到梅花庵拜访吴镇，吴镇设家宴款待。切磋画艺，十分投缘。后来倪瓒在题吴镇的一幅画时写道："道人家住梅花村，窗下松醪满石尊。醉后挥毫写山色，岚霏云气淡无痕。"

《双桧平远图》是吴镇辛苦耕耘三十年之后第一次收获，临摹、读书、阅历，促使其艺术的成熟，这是从临创阶段进入创作时代的分水岭，由此开始跻身元代四大画家的行列。

品茗幽澜

吴镇蛰居陋巷，终日与梅相对，吟诗作画之余，便往东步行里许去景德教寺与长老叙谈。

这景德教寺与大胜寺为唐代天宝初年盛姓兄弟俩舍宅兴建，兄之大胜寺在东，宋建有泗洲塔；弟之景德寺在西，内有幽澜泉。民间则以大寺小寺相区分。两寺常有高僧住持宣讲佛法，故称讲寺或教寺，又以景德名盛。

吴镇时过寺与高僧探讨佛家经典。"留意内典，与二三高僧为友"是三叔吴森遗风。

儒家，主张入世；道家，主张顺世；释家，主张出世。吴镇一一加以研究，合三为一。有元一代，像吴镇那样融儒、释、道三种学说于一家者，在文人中相当流行。

吴镇研究道学，对道家的天人合一观念笃信不疑，他常说，画画的时候往往不知道笔拿在手中，下笔时仿佛有神相助。

吴镇研究佛学，是研究其禅理。

禅，是佛教用语禅那、禅定的简称，静思之意，是佛教的一种修行方法，如坐禅。谓住心于一境，冥想妙理也。禅定可分四种，具足智慧：一曰常乐独处；二曰常乐一心；三曰求禅及通；四曰求无碍佛智。

景德教寺属禅宗。禅宗直指人心，见性成佛，不立文字。历代学禅者都是依靠师傅开导而悟，因为禅"不立文字，不能言语，动口即破，动念即乖"，所以关键是靠师傅的开导和自己的努力程度，这也就是我们通常所说："只可意会，不可言传。"禅宗认为佛就是自悟。一旦灭除妄念，便能内外明澈，顿见清净本性，自成佛道。

绘画艺术，也讲究一个"悟"字。在业师开导下，幡然顿悟。若个天分平平，总是不能觉悟，到了也无成就可言。吴镇学画，虽偶尔得到名师指授，更多时候是自己摸索，便更显得悟性之重要。所以说，学画和学佛，同讲一个禅字，两者自可相通。

峰影不随流水去，鹤声犹带夕阳飞。随缘自在，心境湛然，不为境移，不受物扰，这便是禅味。静者心多妙，心妙，绘画才成。

大雄宝殿有一楹联曰："极清静地是兰若，观自在身为竹林。"从联语的禅味到书法的韵味堪称极佳，吴镇每入寺必驻足细品。

但凡寺院内，无论是青青翠竹，郁郁黄花；或朝云暮雨，碧海青天；或暮鼓晨钟，打坐参禅；或泥塑木雕，红烛香烟；或莲花开合，净土庄严；都或多或少体现着佛性，闪烁着般若之光，凝结着佛门对宇宙、社会、人生的深层次的思考。吴镇每当身临其境，何尝不是浮想联翩呢。

吴镇与竹叟讲师常在幽澜泉畔亭子里相对而坐，亭子有楹联曰："时有客来，烹茶烟暖浮新竹；闲无俗累，洗钵泉香带落花。"往往一坐便是半日。

一天，竹叟讲师向吴镇索画，吴镇于至元四年（1267）冬十月廿七日写《一叶竹图》相赠。画面一竿下伸，除细枝外，只画一叶。吴镇此画令人想起达摩一苇渡江的故事。

达摩，全称菩提达摩，南天竺人，婆罗门种姓，自称佛传禅宗第二十八祖。南朝梁武帝时航海到广州。梁武帝信佛。达摩至南朝都城建业会梁武帝，面谈不契，遂一苇渡江，北上北魏都城洛阳，后卓锡嵩山少林寺，面壁九年，传衣钵于慧可。一苇渡江，说的是达摩祖师的事情，传说达摩祖师就凭借一片芦苇渡过了长江。吴镇画此一叶竹，带有浓浓的禅味。

吴镇复又为古泉讲师作《松竹兰梅四友图卷》、为松岩禅师作《竹卷》相赠。在《竹卷》拖尾，另一位释子在题跋中说："予与仲圭、松岩皆故人也。"可见吴镇与景德教寺高僧们交往之深。

景德教寺后来之高僧名在山。幽澜泉畔亭子年久失修将圮，在山师无力修缮，吴镇在画《嘉禾八景图》题诗曰："一甏幽澜，景德廊西苔藓合，茶经第七品其泉，清冽有灵源。亭前梁栋书题满，翠竹萧森映池馆。门前一水接华亭，魏武两其名。"跋中说："幽澜泉乃嘉禾八景之一，而亭将摧，在山师欲改作而力不暇给，惟展图者思有以助之，亦清事也。梅花道人镇劝缘。"吴镇还帮着寺院化缘呢。

吴镇，他一生中礼佛始终是件大事，即便在行旅途中，也念念不忘。路遇佛寺，必趋步前往进香膜拜，从未懈怠。居太湖几年更甚，甚至以老僧自命。回到魏塘，礼佛更勤，凡初一月半，逢年过节，二月十九观音圣诞日，六月十九观音成道日，九月十九观音出家日皆如期诵《心经》。

《心经》全称《般若波罗蜜多心经》，是佛教经论中文字最为简练而内容又极为丰富的经典。吴镇六十一岁时曾将《心经》用草书书写一遍，为他赢得了元季书坛一大家的盛名。

吴镇六十八岁起乔居嘉兴四年，下榻春波客舍，每日必去精严寺礼佛、会友、作画，且自称梅沙弥。沙弥原本是初入寺院小和尚通称，吴镇竟以为号。

吴镇临终前，为自己题墓碑，直呼自己梅花和尚，看来，生前未曾剃度出家，身后则唯望入梵界了其遗愿焉。

　　吴镇当年与高僧们品茗悟道的幽澜亭，早已形迹全无，景德教寺和大胜寺曾多次毁于兵火，现如今略有基石依稀可辨。所幸幽澜井泉尚存，望后生们好生保护，待来日此一名胜景点重放光华。

渔父情结

　　吴镇在画了《双桧平远图》后的又一件大作品是《秋江渔隐图》，绢本双拼巨幅。所画为太湖石公山一带景色。

　　石公山，位于太湖西山之东南角，因山前有巨型太湖石，状若老翁，故名石公山。石公山不高，以石为奇，少土，柏树居多，三面临水，岩石奇秀，翠柏葱郁。山上亭台楼阁，高低错落，轩树桥廊，疏密有致，有归云洞、浮玉北堂、来鹤亭、断山亭、一线天、明月坡等景观，湖光山色举目入画。

　　石公山的西南湖面隐约可见天目山余脉巍峨起伏，构成一幅岛中有岛，湖中有湖，山外有山，天外有天的壮丽景象。

　　吴镇在太湖期间，经常上山观望湖光山色。他为造物主的鬼斧神工所叹服。离开太湖后还时时在脑海中浮现石公形象。这次他要把石公山移上画面。

　　画面正中，危峰耸立，秋泉飞泄，山下草木萧瑟，长松拔地而起，松下亭台楼阁隐约其间，秋水微波荡漾。画面左侧，一渔翁划桨入画而来。左上方用草书题自作五言诗一首："江上秋光薄，枫林霜叶稀。斜阳随树转，去雁背人飞。云影连江浒，渔家并翠微。沙鸥如有约，相伴钓船归。"题诗与画面相得益彰。此画吴镇未给画名，后人根据画面与题诗内容提炼得名。这是后人给古画命名的惯常作法，约定俗成，被认可后在社会流行。

　　吴镇描述的太湖渔归场景，令人想起"渔舟唱晚"那美妙的旋律，摄人魂魄。对渔夫生活的畅想，多半是受了陶渊明《桃花源记》的影响，是他笔下的渔夫发现了世外桃源。

　　再一个是《楚辞》名篇《渔父》。写一渔父因见屈原憔悴困苦，劝他随波逐流，与世浮沉，而屈原则表示决不妥协。篇中表达了两种处世哲学的对立，并明显赞同屈原的立场。一般认为是后人假托屈原之名所作，以表现屈原自己内心的一种矛盾，和在矛盾面前自己最终的一个抉择。

屈原与渔夫对答，绝不予以小看，自有处世一番宏论。屈原曰："举世皆浊我独清，众人皆醉我独醒。"渔父答曰："世人皆浊，何不淈其泥而扬其波？众人皆醉，何不哺其糟而歠其醨？"颇有顺其自然的老庄哲学味道。不得志文人们把渔夫视为智者，尤其是最后所歌："沧浪之水清兮，可以濯吾缨。沧浪之水浊兮，可以濯吾足。"渔父莞尔而笑鼓枻而去。正是这笑傲江湖的生活姿态，让吴镇那样的隐士们心动。不过《秋江渔隐图》中的渔夫，尚属点景人物，后来则渐渐以渔夫为主角，一再画《渔父图》。

此件《秋江渔隐图》约画于元统二年（1334），开创了他在画面上题诗的先例。文字使用草书，也是从此图开始。诗书画相映成趣，是"元四家"文人画一大特色。从风格来说，此件比《双桧平远图》更显个人面目，由工致而趋向"率略"。落款"梅花道人戏墨"。梅花道人这个号也是初见使用。钤印两方，上为朱文"楳华盦"，楳华盦与梅花庵相通。下为白文"嘉兴吴镇仲圭书画记"。这两方印鉴也是初次露面，以后一直使用，盖印程式也是一成不变。偶尔也单独使用。戏墨二字也是第一次使用。戏墨有时写成墨戏。文人把绘画看作一个人的游戏。

至元二年（1336）秋八月，吴镇作《渔父》四幅。仍然画在绢上。其中《芦花寒雁图》和《秋枫渔父图》今藏北京故宫博物院。《芦花寒雁图》的构图，显然从董源的《寒林重汀图》获得借鉴。

《芦花寒雁图》画远岫平溪、石滩丛树。溪中芦苇丛生，扁舟一叶。一人坐舟中抬头眺望，两只寒雁翱翔水面。芦苇渔舟，皆用细笔勾线而成，远树滩头随意点染，笔法灵活，水墨湿润，意境幽深。画法依然是用柔润的线条勾写，再加以披麻皴，罩一层淡水墨。淡水墨略分浓淡，以区分山石的凹凸向背。吴镇最为其明显特征是运用愈远愈高的构图手法。《芦花寒雁图》人物形象精到，传神至极，再也不是纯属点景可有可无的了。

至正元年（1341）吴镇作《洞庭渔隐图》，纸本。

那几年吴镇试着用宣纸书写和作画。《洞庭渔隐图》是他纸本立轴中最大一件。吴镇诗画中涉及的洞庭即指太湖。此画属上下结构。近岸有两松挺立，衬以杂树，佝偻身躯，探向左前方。这种杂树其姿态几乎为吴镇画面的独特标记，以后又多次出现。画上段为洲渚远山。湖上有渔翁划动小渔舟。两岸坡石均用披麻皴，矾头也仍然是巨然方法。两松有耸峭之气，凛凛难犯，精妙绝伦。

上方正中用草书题诗曰："洞庭湖上晚风生，风搅湖心一叶横。兰棹稳，草衣新，只钓鲈鱼不钓名。""只钓鲈鱼不钓名"是吴镇的名句，这是他对人生态度的明确宣示。后来，他又多次使用此诗，可见他自己也十分喜欢。人道是身不到名利场，心没有风波惊，吴镇隐居陋巷，不涉足名利，沐浴湖上晚风，坐钓渔舟。

吴镇画成此图后，开始并未题词，只在左下边落款梅花道人戏墨，用"梅花庵"和九字印。大概过些日子觉得意犹未尽，于是在上方题词，再题年款名款"至正元年秋九月梅花道人戏墨"。因一画双款，故有鉴家以为欠真，或疑为上下原本两件，后被接合而成。其实不然。

至正二年（1342），吴镇复用绢本为地作拼幅巨轴《渔父图》。此图取景于江南一带水乡。典型的元人一江两岸构图法，中间水面开阔，高树两本耸立湖畔，树下置一茅棚，有小径穿越敞棚可达湖边，湖坡沙渚蒲草萋萋，随风吹拂，对江平沙曲岸，远岫遥岑，更远处一峦秀起，山色入湖，扁舟一叶，水波涟漪之中，一渔翁坐木兰舟中回望江面，渔童轻拨船桨，顺水漂流，生动地描绘出"放歌荡漾芦花风"的意境。上方题诗："西风萧萧下木叶，江上青山愁万叠。长年悠优乐竿线，蓑笠几番风雨歇。渔童鼓枻忘西东，放歌荡漾芦花风。玉壶声长曲未终，举头明月磨青铜。夜深船尾鱼拨刺，云散天空烟水阔。"此诗写出了吴镇对太湖生活的深切感受。款识："至正二年春二月为子敬戏作渔父意。梅花道人书。"笔法圆润，意境幽深。画风师法巨然而又有变化。此图是吴镇六十三岁时的作品，已形成其代表性的风格，风情闲逸，清光宜人。从画面来看，渔翁实际是一位高士形象，他纵目远眺江上秋光，且作吟诵之状，可以看作是吴镇隐居生活写照。

《渔父图》受画人陆祖恭，字子敬，陶庄人，宋江浙儒学提举陆大猷孙。陆大猷与宰相贾似道意见相左，遂拂衣而去，居苏州，宋咸淳间始营别墅于汾湖滨。子陆行直，元翰林典籍，四十一岁见赵孟頫为钱德钧画《水村图》因作水村居之。陆行直第六子陆子敬，因元季丧乱，子敬尝举其家田、宅财，悉数界沈万三，更号采芝翁，与其妇云游而去。

吴镇对渔夫情有独钟，他的传世作品中约三分之一是画渔夫的，仅传世长卷《渔父图》就有两件，《瑾本渔父图》今藏上海博物馆，《维本渔父图》今藏美国华盛顿佛瑞尔艺术博物馆，两件都是五米以上的巨卷。

渔父，是遨游江湖不受世俗羁绊的士大夫生活理想的寄托。吴镇笔下的渔父，皆在明净清寂的山水中或垂钓，或酣睡，或鼓枻而歌，或停舟闲坐，神态怡然自得。两本渔父图卷笔墨纵横挥洒，构思别致，舟中人物仅寥寥数笔，却神情生动，题词也清新可喜，诗词、绘画和书法相互映衬，表现了不慕荣利、与世无争的志趣。

世人以为《维本》胜于《瑾本》，因为《瑾本》无款，《维本》有款和长跋。跋文是晚年重新添加的。跋文曰："余昔喜关仝山水清遒可爱，原其所以，出于荆浩笔法。后见荆画唐人《渔父图》有如此制作，遂仿而为一轴，流散而去，今复观之，乃知物有会遇时也。一日维中持此卷来，命识之。吁，昔之画，今之题，殆十余年矣！流光易得，悲夫！至正十二年（1352）壬辰秋九月廿一日梅花道人书于武塘慈云之僧舍。"而《瑾本》画就后一直留存于侄儿吴瑾处，吴瑾也一直没有让叔父补款。两件布局大致相同，笔墨辞章均出自吴镇一人之手。因此可以肯定吴镇所画的两卷《渔父图》当时都是未落款的，只是十年后其中一件重新加款而已。两者无高低或真赝之别。

吴镇的封笔之作也是一件画渔夫的作品《红叶村西图》。这是画给沈彦实的。沈彦实居麟溪（今嘉善县杨庙），是北山草堂后人，吴镇祖母娘家侄孙辈，字元用。这是四开册页，所画为皖南南陵水面风光，其余三幅在明吴其贞著录《书画记》后失散，未见传世。据吴其贞记载，《红叶村西图》是第二页，第四页书画名曰《南陵水面图》，有年款和受画人。

《红叶村西图》上留下了吴镇最后一首渔歌词作："红叶村西夕影余，黄芦滩畔月痕初。轻拨棹，且归欤，挂起渔竿不钓鱼。梅花戏墨。"吴镇那年七十四岁，大概是身体欠佳之故，从此"休渔"。落款只书"梅花"，故意省却"道人"二字，意味深长，因为此时他已经为自己书写完了墓碑，曰：梅花和尚之塔。

以"渔"作为隐居方式加以宣扬，在江南文人中是有悠久传统的。

陶渊明的《桃花源记》，通过渔父的眼睛，使我们看到一个恬淡自然、没有纷争的人间天堂：土地平旷，屋舍俨然。有良田、美池、桑竹之属。阡陌交通，鸡犬相闻。其中往来种作，男女衣着悉如古人，黄发垂髫，并怡然自乐。在这里的渔父，给人们带来世外桃源的消息。渐渐的渔父成了理想世界中不可缺少的人物。渔父的生活是充满诗情画意的，超然世外的神仙式的生活。

歌颂"渔"的诗歌，有王维的"竹喧归浣女，莲动下渔舟"；有李白的"人生在世不称意，明朝散发弄扁舟"；有张志和的"青箬笠，绿蓑衣，细风斜雨不须归"。张志和隐而不仕，往来于江河之间，以乘一叶扁舟垂纶捕鱼为乐，自号烟波钓徒。他以独创的格律写了著名的《渔父词》，创作了描绘其隐居生活的《渔父图》，从此渔隐作为绘画题材经久不衰。

在音乐中有《渔舟唱晚》《渔樵问答》。凡有渔父出场的艺术品总是充满着令人向往的诗情画意。南宋高宗赵构也写有十五阕渔父词。其第一阕曰："一湖春水夜来生，几叠青山远更横。烟艇小，钓丝轻，赢得闲中万古名。"其第十一阕曰："谁云渔父是愚翁，一叶浮家万虑空。轻破浪，细迎风，睡起篷窗日正中。"连皇帝都羡慕渔父生活呢。

南宋宫廷著名画家马远有闻名于世的《寒江独钓图》，此图大面积留白，以造寒江独钓之境，大有"千山鸟飞绝，万径人踪灭"之意，是中国绘画史上不朽的作品。

历史上的渔父代表了具有大智慧的隐士，渔父的生活代表了一种理想生活。而在吴镇的渔父图中，渔父也具有这样的内涵，是吴镇的自我写照。

在吴镇的渔父图中，渔父所自乐的山川湖泊，正是一个超脱尘世喧嚣的理想世界。在元朝的现实生活中，吴镇与张志和所倡导的隐士精神产生共鸣，是不难理解的。一个失去入世为苍生社稷效力机会的知识分子，也许最好的归宿就是陶醉于这样的世界中。

松陵论道

松陵之名，最早见于后汉赵晔所纂的《吴越春秋》，其中有"吴王大惧，夜遁。越王追奔攻吴，兵入于江阳松陵"之句。"江阳松陵"，即指吴淞江北岸今吴江地区。

而使松陵名闻遐迩者，当数后来南宋著名诗人姜夔在《过垂虹》中所咏"曲终过尽松陵路，回首烟波十四桥"了。

松陵镇东门外垂虹桥，木结构，始建于宋庆历八年（1048），元泰定二年（1325）易石重建，为七十二孔，有江南第一长桥之称。远远望去，环如半月，长若垂虹，其壮丽秀美独步江南。自宋代始建起，即被誉为"三吴绝景"，王安石、苏东坡、张先、米芾、苏舜钦、姜夔等名人为其吟诗作画。吴镇曾在桥畔仔细观察。

我们在吴镇画的《清江春晓图》上，可以领略江南木桥动人的风采。

吴镇再一次看到垂虹桥已改为石头结构。那是元统三年（1335），苏州名医葛乾孙出诊到魏塘，说起常熟名士黄公望在吴江三教堂讲全真教事，并邀吴镇一同前往拜访。

黄公望（1269—1354），字子久，号一峰、大痴道人等。元代大画家，年轻时做过小吏，因受连累入狱，出狱后隐居于江湖。一度以卖卜为生。五十岁始画山水，师法赵孟頫、董源、巨然、荆浩、关仝、李成等，晚年大变其法，自成一家。其画注重师法造化，常携带纸笔描绘虞山、三泖、九峰、富春江等地自然风光。得之于心，运之于笔。他的一些山水画素材，就来自于这些山林胜景。他居松江时，观察山水更是到了如痴如醉的地步，有时终日在山中静坐，废寝忘食。

黄公望创浅绛山水，画风雄秀、简逸、明快，对明清山水画家影响甚大，奉为楷模，乃"元四家"之魁首，后人把他与吴镇、倪瓒、王蒙合称"元四家"。

传世作品除《富春山居图》外，尚有《溪山雨意图》《快雪时晴图》《九峰雪霁图》《丹崖玉树图》《天池石壁图》《九珠峰翠图》等。

元惠宗至正七年（1347），黄公望准备画一幅富春山全图，此时黄公望已是近八十岁的老人了，前后经历三四年的经营，始告完成。此图以长卷的形式描写富春江两岸初秋的秀丽景色，峰峦叠翠，松石挺秀，云山烟树，沙汀村舍，布局疏密有致，变幻无穷，以清润的笔墨、简远的意境，把浩渺连绵的江南山水，表现得淋漓尽致，达到了山川浑厚、草木华滋的至高境界。笔法上取董巨，又自出新意，多用披麻皴，干笔皴擦，丛树平林多用横点，林峦浑秀，似平而实奇，整个画面，似融有一种仙风道骨之神韵。它是黄公望作品之冠。

此图后来为吴志矩从董其昌手中购得，吴志矩传其子吴洪裕，吴洪裕爱之如命，临死前曾令家人将其殉之于火，幸被侄子吴静庵（字子文）从火中抢出，但已被烧成两段，现在此图的主要部分藏于台北故宫博物院，余者被后人称之为《剩山图》，藏于浙江省博物馆。

黄公望以书法中的草籀笔法入画，笔墨简远逸迈，风格苍劲高旷，气势雄秀。这一点最为吴镇折服。吴镇有意无意地效仿，其雄旷苍劲有过之而无不及。

吴镇与黄公望神交已久，常有人持黄公望山水新作至梅花庵，让吴镇品赏。吴镇多次题诗，称赞"子久丹青好，新图更擅长"，"一峰胸次多磊磊，兴寄江山尺素间"等。吴镇一次画了棵白菜，黄公望在松江见了也题诗一首。

黄公望后来加入了主张儒、释、道三教合一的全真道教。全真教认为清静无为乃修道之本，除情去欲，心地清静，才能返朴存真，识心见性。主张修道者必须出家，并忍耻含垢，苦己利人，戒杀戒色，节饮食，少睡眠。全真教仿效佛教禅宗，不立文字，在修行方法上注重内丹修炼。

吴镇在松陵会见了大痴道人黄公望，两人秉烛长谈通宵达旦，言犹未尽，又结伴畅游垂虹桥和西山林屋洞。

道家讲阴阳调和，是一种包容。世间资源有限，人不可能凌驾万物，需要调和。

古人云"太极生两仪，两仪生四象，四象生八卦，八卦化万物"，五行也是由四象衍生出来的。可见我国古代之智者早就已经将阴阳调和放在万物中极其重要的位置了。

吴镇在回来的一路上，常想起黄公望的阴阳调和这一段话，这与绘画讲知白守黑原理是相通的。黄公望学识渊博，吴镇奉其为亦师亦友。

但是，吴镇终究未得加入全真教。在吴镇看来，实质高于形式，未必非出家不可。

吴镇回到魏塘，与侄儿吴瑾谈起了垂虹桥和三教堂。

那三教堂正殿为三教殿，面宽三间，进深四楹，单檐歇山顶，内塑儒、释、道三教像。三教殿及偏殿后墙、山墙皆绘有壁画。寺内建筑梁枋、斗拱、雀替等皆雕刻精美，整个殿宇遍施琉璃脊饰。是膜拜诵经谈天论道的好地方。

吴瑾这两天心情不佳，原因是，从水心亭完工后，美轮美奂，引来参观的人络绎不绝，啧啧称赞，还拿水殿图比对。有宵小者打算密告官方，说他在家私造宫殿，因此闷闷不乐。听了仲圭叔所说三教堂，心头一亮，于是手书"三教堂"匾额悬挂于水心亭前，常人也不敢趋前说三道四了。吴镇看了哈哈大笑。

曲松抒怀

元统三年（1335）初冬，吴镇到松陵拜会黄公望，两人结伴游览了垂虹桥和西山林屋洞、石公山等处。在石公山归云洞口，两人同赏太湖风光。

那归云洞坐北朝南，面向烟波浩瀚的太湖，遥天冥色，幻影恍惚，景致美丽动人。吴镇忽然被一株曲松吸引，觉得它很可以入画，于是默记在心间。回到梅花庵，便将此曲松画了下来。

中国文人依审美价值，发现了松的品格特性。一是高大挺拔的崇高美。松树挺拔直立的树身，郁郁葱葱高耸入云的巨大树冠，显示出它特有的伟岸。二是凌霜傲雪的坚贞美。大地冰封，万花纷谢，草木凋零。唯有松树枝叶青翠茂密不改色，卓然挺立依旧，充分显示出它耐得住酷寒，经得起摧残。三是顽强不屈的生命美。松树它不择地而生，即使在山巅石缝，它也能茁壮成长，越贫瘠险恶的逆境，它越能显出安身立命的本领，越显出旺盛的生机。悬崖陡壁一般的树木无法生存，但松树却能凌空横斜而出。

诗人、画家讴歌赞美松的这些品格，往往与自身的精神渴求相呼应，是对人格理想的追求和赞美。松，终于成为中华民族理想人格的象征。常作为艺术创作表现的对象。吴镇亦然。

《曲松图》绢本，五尺双拼巨轴。画面正中一巨松冲天而立，主干盘曲向右，复下伸。松枝倒挂，节痕累累，厚重雄强，无与伦比。

如果说《双桧平远图》的桧树营造了肃穆和庄严的氛围，那么《曲松图》曲松则以强悍和坚毅感染读者。

后人研究吴镇引用最多的一段史料是元人孙作《沧螺集》中的一句话："仲圭为人抗简孤洁，高自标表。"细细品味这句话，再来品赏《曲松图》，更令人肃然起敬。图中松树屈而不挠，高标独立，凌空傲岸，完全是吴镇个性的写照。

吴镇的画迹，可分三大类：第一类为山水，多作隐逸题材，也是他个人理想情操的体现；第二类为墨竹，用笔坚实挺健，不亚于前贤写竹大师文同（与可），后世六百年也无过之者，其根本的原因亦在于他禀性的刚正和心态的超脱；第三类便是伟岸之松树。如果将他的山水、墨竹和松树作一番比较，则可以说，他的山水体现了境界的旷远野逸，而墨竹则更多地反映他心境的刚毅亮直，只有松树才真正体现了他性格上的抗简孤洁。

《曲松图》的笔墨洒脱，用秃笔勾线、施皴和烘染，完全摆脱了工致习性，是一次质的飞跃，从此开创了振笔直遂、随心所欲不逾矩的、个人独特的、强烈的绘画风格，且一直走下去，直到封笔为止。没有这一步，吴镇要在林林总总的元代画家阵营中列入"元四家"恐怕不是那么容易的。

吴镇画过多幅古松图。《松泉图》画于五十九岁，至元四年（1338），纸本。吴镇从五十六岁到五十九岁几年间是纸绢兼用，五十九岁后则单一用纸。平心而论，绢地着墨难于纸，纸的墨韵更丰富，表现力更强，吴镇最擅长的湿墨绝招，主要是依托宣纸创造出来的。

《松泉图》纸本水墨，今藏南京博物院。此图画山间老松，遒曲挺立，一泓清泉奔流直泻。画上有画家的自题诗："长松兮亭亭，流泉兮泠泠。漱白石兮散晴雪，舞天风兮吟秋声。景幽佳兮足静赏，中有人兮眉常青。松兮泉兮何所拟，研池阴阴兮清澈底。挂高堂兮素壁间，夜半风雷兮忽飞起。"署款："至元四年（1267）夏至日，奉为子渊戏作松泉，梅花道人书。"钤有朱文"梅花庵"和白文"嘉兴吴镇仲圭书画记"二印。

此图精神来源于《楚辞·九歌·山鬼》中的诗句，诗曰："山中人兮芳杜若，饮石泉兮荫松柏。……君思吾兮然疑作。雷填填兮雨冥冥，猨啾啾兮狖夜鸣。风飒飒兮木萧萧，思公子兮徒离忧。"此图松与泉有一种感情的交流。着意于画古松，在布局上，松树占据了幅面的整个中段，松干自左下角向右上角伸展，并以主干昂首铺开，似承托着上部的空间，其中一小枝稍稍下垂，以与根部呼应。另一枝则折而向下，似向画面的另一主题"清泉"朝揖，同时在结构上使整体造型取得平衡。

《松泉图》之苍松枝干遒劲，用笔槎丫老辣，秃笔勾勒树石，干墨皴擦，其墨色温润而浑厚华滋，富有生气。既容纳了南宋骨体，又趋于温润，舍去一味的刚劲清味，别具一格。

图中山石皴笔不多，而以淡墨渲染为主，仅以少许浓墨点苔，醒出轮廓，使层次分明。针叶细线条勾勒，笔势曲转自如，空隙之间轻染，有滴翠之韵。

松针之描绘用笔细尖，乃画家的特有风格。图中的泉口，表现手法更具特色，全用淡墨烘托，而不着意刻画。泉水似在向下流动似的，却又是一片空灵静谧，与松树勃然向上的动感恰成鲜明对比。

正像画家在题画诗中所阐述的一样，全图无不渗透着清、静、幽、灵、平和与恬淡的气息。从容淡远，正是元画追求的气韵和逸趣。更值得注意的是，作者将画面的上部将近三分之一的地方空着，借以发挥元代文人画最重要表证之一的题款艺术。

在题款问题上，宋元之间的认识是相左的。宋人一般不题款，因为唯恐题款破坏画面的完整，即使写款也只在石上或树干不显眼处，写个姓名。

吴镇《松泉图》是一幅典型的集诗书画于一体的艺术佳作。

两宋时代虽已有诗书画，但未成熟，不自然，有生硬感。所谓有机结合，不仅需要诗文的内容有画龙点睛、发人深省之妙，更重要的是从构图布局上看，诗的书写部位已成为画面构图的有机组成部分，布局有天然侯款处之说。书体的美学风格则必须与绘画的风格相谐调。用某学者的话说："仿佛是把画中的线条拉出来写成的字。"从这一点看，吴镇堪为画史第一人。

在吴镇以前，题诗于画者，书体偏工整，往往占据画面上方的一角，比较刻板，与画面景致的起伏之状显得脱节。形式上没有明显突破宋人窠臼。也就是说，在吴镇以前，诗书画的结合仅是一种无机组合，从吴镇开始，才进入有机的融合。

吴镇画上常以草书作长题，而以此《松泉图》为始作俑者。飞动流走、体势纵逸，笔力雄健，浓淡干湿，有张有弛，疏放处如轻云出岫，茂密处如碎石劈空。布势虚实有致，落笔轻重得宜，上下牵连，顾盼有情，书与画具有同样优美的意韵，书法的直行长短参差错落，随画面构图的起伏而随机应变，画动书也动，风韵十分和谐。这样的书法配这样的画面真可谓珠联璧合，超尘脱俗，令人叫绝。

吴镇书法师唐代辩光，长于草书，在"元四家"中首屈一指，这是没有疑义的。书法之中唯草书最难最高，最多变而又最微妙，正是这种修养，使他在两宋诗书画无机组合的基础上，完成了诗书画有机融合的形式构成，这是吴镇对中国绘画程式建设的重大贡献。

吴镇传世《苍松图》作于六十五岁，《松石图》作于六十八岁，气势非凡。《苍虬图》属早期纸本，笔势豪雄。松鳞满布画法，在后来大大简约，细笔松针则一成不变。此图似有被裁割之嫌，但题诗落款均属吴镇无疑。

《双树坡石图》绢本。此图绘平冈坡石，双树（后者为松）丛草。笔势随意点染，用墨枯润有致，气格苍润高古，体现出元代文人画的意境。无署款，钤"仲圭""梅花道人"朱文方印。今藏宁波天一阁博物馆。2000

年 9 月 21 日，纪念吴镇诞辰七百二十周年时，此图曾回归梅花庵一昼夜。当年吴镇《渔父图》卷画就十年后曾重睹旧迹，而《双树坡石图》的重回，竟是将近七百年后的事了，可惜当时未得洽购。

吴镇另一幅真迹《多福图》，2020 年从天津借来展出于博物馆，万人争睹，盛况空前。

第五章

闭门谢客，寄情山水梅竹

山水清音

中国画分为人物、花鸟、山水三大类。

山水画以山川自然景观为主要描写对象，形成于魏晋南北朝时期，五代、北宋时趋于成熟，成为中国画的重要画科，国人情思中最为厚重的寄托所在。从中可以体会其意境、格调和气韵。

中国山水画虽起步较晚，但较之人物、花鸟却一直成为中国美学的主脉。这种天人合一的忧乐圆融意识，可望、可行、可游、可居的自然理想，是士人文化的一种精神，是朴素生命哲学的艺术体现。

自宋至元，中国山水画由大山堂堂而至野水孤舟，自然地将勾、勒、皴、擦、点、染、烘的皴法系统，深化到设意立境更为广延中来，使笔墨有了更大的表现舞台。

赵孟頫率起的托古改制，体现在山水画中便是"元四家"的野逸之气。以逸气冲破院体，不仅在于笔墨创新，而更在于图像意境创新，是风格与审美情趣的突变。以皴为美、以水墨为主体语汇的古风未有质变，而山水情怀却起了根本性的变化。

得赵孟頫指授的黄公望，出手便见野逸不平之气，遂成楷模。吴镇紧随其后，在笔墨技法、意境创造、诗书画的结合上都有新的发展，追求超然物外的意境，崇尚笔墨形式的意趣，强调寓意抒情的作用，故其所作皆具有典型的文人画特征，他的《渔父图》《洞庭渔隐图》《秋江渔隐图》《松泉图》和《渔父图》卷等作品，足以使其雄峙于元季文人画画坛。

吴镇四十九岁画《双桧平远图》一举成名。到五十六岁这七八年内所画《溪山高隐图》《清江春晓图》《秋江渔隐图》《曲松图》《关山秋霁图》《苍虬图》《双树坡石图》等作品，都是留给自己收藏的。

五十七岁为友人葛乾孙画《中山图》，这是吴镇第一次将自己的作品馈赠他人。以后凡有人向他索画，他画就后无偿赠送，从不卖画。据传说，一般人家想要他的画，只要备个好纸或好笔，放到他画案上，过个几天去取即可，千万别出画题。他将画送给你时关照你，拿去换成钱罢。他一般不喜欢给有钱人家画画。

葛乾孙既是苏州名医，也是著名道士。吴镇画《中山图》相赠，或含有中山采药、中山修炼的隐喻。

《中山图》所画为缥缈峰，此峰位于西山岛西部，太湖七十二峰之首。太湖风云多变，山峰常隐于云雾之中，缥缥缈缈，似仙山隔云海，如霞岭玉带连，有"缥缈晴峦"景观，登上缥缈峰顶瞭望，可将三万六千顷湖光山色尽收眼底。

吴镇《中山图》正是缥缈晴峦景象。他喜画晴山，从不画烟岚。图绘逶迤起伏的层峦叠嶂。画家横向展开了江南地区绵延不断的丘陵，群峰主次分明，起伏不一，山坡与山体的皴法皆为长披麻皴，笔法粗劲有力，皴笔的方向以从右向左为主，气韵畅达，林木随山势起伏，用浓墨点簇而成。画家以淡墨皴染群山，浓墨画丛树点苔，以湿墨横点点出远树树冠，勾皴时见干笔，笔墨雄浑厚重。吴镇擅长的湿墨法在此图上显得十分成熟。杉木丛深，通幅无一杂树，全宗董源，用粗披麻皴法，山头苔点，横竖相间，众山之坳，突以浓墨晕出低于四周二山峰尖，更为奇绝。按李竹懒《紫桃轩杂缀》引孙兴公《天台赋》，有"倒影重渊，匿峰千岭"之句，所谓匿峰者信然。此卷笔墨苍厚，气韵淳古，为仲圭杰作，是他使用宣纸作画成功范例。因此清代安仪周评赏此画云："不应作元人观，实得董源三昧。"是一件可与董源比肩的佳作。

全图的取景、布局得自宋代米芾、米友仁父子的"米氏云山"，皴法远宗五代董源、巨然，与黄公望的披麻皴十分相近。《中山图》传统上这样的构图并不罕见，但是却都是表现在宗教上的佛说法图，在山水画中却只得此一例：中央大山如佛，居正中说法，两旁边较矮的山峰，则如听法的众佛弟子菩萨。远望这件作品，这样的构图以厚重、苍古的笔墨，让人觉得这件作品除了是一件十分杰出的山水画之外，更隐隐含有一种宗教上的神圣性。

吴镇的《嘉禾八景图》、维本和瑾本两幅《渔父图》卷均为巨卷。

吴镇另一幅横卷山水，是六十八岁为元泽作的《草亭诗意图》。画面是清幽的园林，草亭中有二人对话，亭外，两个孩子在嬉戏，一条小径将两丛林木斜分开来，亭右是湖石堆叠成的假山。

《草亭诗意图》用笔比《中山图》轻松，更显随意。用墨淡雅，通篇用淡墨勾皴擦点染后，待至稍干，用浓墨复勾亭柱和前几株林木，用直点点苔，以突出岩石轮廓和房舍，知白守黑，惜墨如金，炉火纯青，是吴镇晚年山水画的代表作。

题款用行楷，诗曰："依村构草亭，端方意匠宏。林深禽鸟乐，尘远竹松清。泉石供延赏，琴书悦性情。何当谢凡近，任适慰平生。"落款"至正七年（1347）丁亥冬十月为元泽戏作《草亭诗意》，梅沙弥书"。这是第一次用"梅沙弥"号。沙弥是初入寺院刚刚剃度的年幼僧人。吴镇当时侨居嘉兴，下榻春波客舍，虽常去精严寺，但剃度怕不见得，梅沙弥仅是自号罢了，有时也自称沙弥老人。

如果说《中山图》多少有些霸悍，那么《草亭诗意图》就丝毫没有剑拔弩张的情势。此图给人以平和、蕴藉的意象，从而更富有诗意。

借《草亭诗意图》，吴镇阐述了他心目中的理想生活：在村子边上构筑一个草亭，坐在亭子里或抚琴，或读书，或听泉，或赏石，周围的树林子里小鸟在唱歌，那是个远离尘世的地方，苍松秀竹永远是那么青翠。吴镇以为，用不着远远的遁入山林隐居，只要适应其周围自然环境，便可获得慰藉。

古代文人隐居生活是处世方式的一种，或许认为故意作秀，以隐士名闻于世，然后等待官方的召唤。对吴镇，我们却不能如此评价，处在元代对南人特别歧视的社会环境下，隐居是完美独立人格的一种生活方式。吴镇确是个真正的隐士，不求闻达，只求"任适慰平生"而已。

吴镇在七十岁时画横卷《野竹居图》，此卷分野竹居、墨竹、野竹诗三部分。画给好友陶宗仪。野竹居画溪山亭室，丛竹茂密。无款，钤"嘉兴吴镇仲圭书画记"，竹下草亭造型与《草亭诗意图》草亭完全一致，屋舍也类似于《渔父图》。画面非常宁静。中段画的野竹有俯而仰之势，末段草书题句是对野竹的讴歌。此诗吴镇在之前曾题写于其他画上，这次重写时竟漏书最后第二句"寒稍千尺将如何"，恐怕是好友急着赶路因而仓促之缘故。

吴镇早年画过《秋山图》《关山秋霁图》《清江春晓图》等传世山水画，《秋山图》未见落款，致使长期以来，误认为是巨然的作品。《关山秋霁图》虽然也未落款，但公认是吴镇作品，《清江春晓图》其款似乎后来添加。这些作品或多或少有前人的影子，这大概就是不落款的原因。

沈周题吴镇《草亭诗意图》时称："我爱梅花翁，巨老传心印。……而今橡林下，我愿执扫汛。"表示愿以弟子的身份去为吴镇扫墓。

沈周是明代吴门画派的首领，晚年醉心吴镇画作，曾从苏州特意赶来梅花庵祭扫，他有诗云"梅花庵主是我师"。有如此知己，吴镇地下有知，当宽慰焉。

中国山水画自唐而元，历经三度变法，时经八百余年，形成了以禅道为立境，以诗意为喻示，以三远为空间，以皴擦为笔墨，以自然为观照，以心源为师法的一个完整的表述系统。可以说，自"元四家"之后，直至20世纪40年代，在长达五百余年的岁月中，再无质变。

书法唐贤

华夏书法，神拓古今，势及中外。苍茫爽健似瑟瑟秋风，遒丽秀润如朗朗珠玉。既施张人生之雅趣，亦凝聚浩宇之幽思。毫末奔雷走电，笔底倒海翻江，抑或媚妍温婉，也是花林卧虎，碧水藏龙。观之赏心悦目，书时养性怡情。可释满腹之俗念凡虑，可抒一腔之浩然逸气。它自立风貌，以其一枝独秀之姿态，冠绝世界艺林之群伦。

历代书法大师，秉承天地之灵性，于字里行间，各辟蹊径，终身精进，渐成法度。或浑穆超逸粗豪刚猛，或雅致精微清俊峭拔。既有纵横八荒吞吐山河之胸襟，又具反躬自省锋芒内敛之气量。观书如观人，书之格调，即人之品位，虽不尽然，却十之八九。

吴镇书法多见于题画，草书《心经》是其传世的唯一一幅独立的书法作品，作于元至元六年（1340）六十一岁。原作今藏北京故宫博物院。清刘墉（石庵）、皇（乾隆）十一子永瑆先后收藏并题跋。

此卷草书之冷隽清逸如料峭云崖之老梅干枝，给人以超拔苍秀的美感。

吴镇的画，以雄强的秃笔中锋勾、皴、点，线条凝重爽利，顿挫极富节律。而他的书法亦然，纯正的中锋，提按顿挫，法度森严，与画笔极相吻合。其草书貌似跳动，其实用笔沉着。

《心经》是佛教经名。大乘佛教宣称，对于受持、读诵、抄写佛经具有无量无边之功德，希望透过信众对佛经的抄写，使经典广为流通，进而促进教义的弘传。有受持一偈，福利弘深；书写一言，功超数劫之说。抄写经典具有如此殊胜，因此，写经、抄经成为信仰者普遍的修行方式而蔚然成风。

吴镇当年六十一岁，与魏塘景德教寺长老过从甚密，此件落款"梅花道人奉书"，想是应某高僧约请而为。

草书始于汉，狂草是在今草的基础上将点画连绵书写，形成"一笔书"，写起来一气呵成，始终一贯，保持一种气势，满眼是"意"，奔放不羁，气象万千，在章法上与今草一脉相承。代表人物是唐代张旭和怀素。

张旭字伯高，吴郡（今江苏苏州）人，平生嗜酒，性情放达不羁，往往酒醉后一边呼叫一边狂走，乘兴而挥毫。画史上记载，他曾经用头发濡墨书写大字，当时人们叫他"张颠"。张旭的狂草左驰右鹜，千变万化，极诡异变幻之能事。虽狂虽草但不失法度，一点一画，皆有规矩。

稍后一位狂草大书家怀素，字藏真，潭州（今湖南长沙）人，书法热情奔放，豪迈恣肆，如"飞鸟出林，惊蛇入草"。他在《自叙帖》中有"奔蛇走虺势入座""寒猿饮水撼枯藤"的诗句，以奔蛇和枯藤作比甚为贴切。

刘墉在跋识中说"梅道人书颇有萧澹之致，追步唐贤"。此处"唐贤"即指张旭和怀素，永瑆也说"此卷与所传《竹谱》中草法不类，饶有旭、素之致"。

就吴镇的草书，《书史会要》称"仲圭草书学辩光。"辩光系五代永嘉（今浙江温州）人，但辩光之翰墨不可见，无从得知。吴镇诗词中多次提及黄山谷。如题《米友仁画卷》中说："更爱涪翁清绝句，相携飞上蓬莱宫。"又如题《王晋卿画》中说："更喜涪翁遗墨好，草堂何必独称工。"因此，有理由相信《心经》的欹侧错落之美得益于涪翁者实不少。黄庭坚（1045—1105），字鲁直，号山谷道人，后世称他黄山谷，晚号涪翁，洪州分宁（今江西修水）人，北宋诗人，书法家。

吴镇所谓墨戏的态度，就是全神贯注，只有全神贯注，方能心灵自由，从吴镇的《心经》书迹来看，这件作品也是墨戏之作，是自由心灵的充分展示。其艺术特色较为鲜明，大致有如下一些特点。

其一，心无挂碍，一片神机畅然。

吴镇书《心经》时，对《心经》的要旨，可谓领悟已相当之深刻。写时，心情极其放松，没有一点拘束和犹豫，从开卷起至结束。笔，听凭心在纸上飞舞转动，真正做到了心手两忘，略无凝滞。全篇一气呵成，一片神机盎然。

然而仅仅看到《心经》书写的流畅还是不够的，佛教要旨毕竟也讲"静"。吴镇又如何实现这"动"中之"静"的呢？

刘熙载云："正书居静以治动，草书居动以治静。"又说："草书比之正书，要使画省而意存，可以于争让向背间悟得。"①《心经》中的动中之静，一是以用笔的凝重和收笔的干脆来实现。二是通过书写的节奏调节来实现。至

① 见刘熙载《艺概》之卷五《书概》，上海古籍出版社1978年版，第133页。

于用笔的凝重,例如首行的最后一个字"行",自首行首字开笔后,笔势奔涌流贯,然而"行"的最后一笔墨色已枯,涩势运行,极具张力,由于收笔略住,枯而复润,留住了行气,动得以静。再如第四行的"子"字,笔重墨润,气厚质朴,给人以安稳平静的感觉。《心经》用笔、收笔的这个特点,决定了线条运动的节奏,遏止了它过于强大的动势,形成动中之静的特色。

"动"一般运笔迅速,字与字之间连缀牵丝不断;"静"则用笔缓慢,字与字之间保持大体均等的空间。《心经》虽时见连缀,细察实多有独立之字。由于用笔的凝重,笔的运动并不始终保持飞快,如第五行"空,空不异色,色即是空",几个字中,"空不异"三字连缀,但至"色"独自成体,"色即是空"也各自为体,也就是说,这里线条运行的节奏并不快,而且与诵经中的字句节奏相吻合,实现了"静"。

还有一种"静"是通过线条运行中大的间隙来完成。如第九行"不垢不净不增"前四字后出现了大的停顿,"动"即趋"静",此后又有多次类似的情况。这表明吴镇的书写节奏中本自就有静止的成分,于是动中之静顺利得以实现。

其二,欹侧、错落之美。

吴镇除了受黄庭坚的影响外,倒更多地像杨凝式的《神仙起居法》,沉着稳健,气势紧密。《心经》的结字,强调险中之稳。它的章法,则突出密中之疏。例如,第二行的最后一个"时"字,"日"部成六十度左倾,"寸"部则六十度右倾,可谓险矣,但依赖"横"的连结和"点"的收笔,整个字形,给人的感觉却安稳坚实,故得"静"。书法之造险、救险,淋漓尽致。书家若无此胆识,焉敢一试? 第三行"皆空"的结体,都极尽欹侧险绝之势,而最终又以稳实的造型收笔,表现出极高的艺术性。

从章法看,《心经》确有《神仙起居法》紧密沉稳的特色,它的每行字势繁密,很多字安排在不大的空间之中,虽字形的大小悬殊,然欣赏者却以为原本应该如此,如第七行"亦复如是,舍利子是"共八字。"如"的字形左右交错,造型奇谲,以下几字全是纵向取势一贯而下,字势绵密,以得到空间与时间的保证,这可谓《心经》的一大特色。如 "不垢不净""无有恐怖""三世诸佛"后均有大片的留白，这样疏者更疏，"净""怖""佛"的字形也得到了尽情的夸张。结字和章法的欹侧、错落，也正是笔法自运的明证。

其三，枯润、浓淡的对比之美。

吴镇草书《心经》的风格，如以二字概之，"苍秀"足矣。苍，指它的线条形态的古松老藤般的苍劲遒拔；秀，则指造型的俊秀多姿。这与他善用枯笔、善用墨的枯润有关。

一般情况，《心经》的落笔凝重，墨色饱满而湿润，然后随书写出而渐枯，至墨尽而另濡。但这个由润至枯的过程并不呈现墨色递减的单调程式，由于吴镇行笔过程提按的巧妙处理，使转轻重的恰当掌握，故润枯是一曲交替变化的乐章。如第一行，至"行"字，照理墨汁将尽，但墨色照样润亮，然后转枯，游丝飘忽，如余音袅袅，至收笔稍住，留住一点晶亮的墨珠。真是曲尽其妙。枯笔涩行最易产生力感，这就是《心经》"苍"的风貌的原因。

《心经》的用墨，枯、润、浓、淡，对比十分鲜明。或大浓然后大淡，或枯润交替相杂。如开头"观"字起笔峻陡，浓墨如注，线条形状粗壮厚重，而接下来的几个字，线条细而挺秀，墨色也渐淡而枯。有时一字之中，浓淡对比悬殊，让人有柳暗花明又一村的惊喜，如第七行的"如"字，造型怪异，墨色对比出人意料，出现在结构之中，犹如一座高峰。这种枯枯润润，燥燥湿湿的不断交替，如远山烟云之奔涌，时而苍翠耀目，山石焕灿，时而轻岚飘忽，云遮雾盖，叫人扑朔迷离。

《心经》风格的另一面是透逸。

吴镇的草书，因心灵的自由而书写流畅，因笔法的娴熟而造型俊秀。他性格孤峭矫俗，表现在笔底的便是灵动、清逸。线条的浓淡交替，也造成了线条形态婀娜多姿，吴镇草书有凝重中的轻盈，绵密中的疏朗，加上结体的俊秀，因而使苍老之中有了秀逸。

苍而不秀，易涉老秃；秀而不苍，则易堕轻靡。

《心经》之过人处，在于枯而能润，苍而能秀。因而确实是吴镇的精心之作，也是元代的代表之作，雄峙中国书坛六百余年。

书法，实在是一种很玄奥的艺术，尤其狂草，书写者往往是充满激情，处在一种亢奋的状态下完成的，读者从墨迹中隐隐地感受到某种情绪。每一书家在继承前人的同时，又融进了自己的个性。读吴镇的草书《心经》，便可充分领略梅花道人书写时的激情，行文中甚至有错漏发生。

今存梅花庵吴镇草书《心经》刻碑，由清吏部左侍郎、内阁学士兼礼部侍郎嘉善人钱樾于清嘉庆十六年（1811）勒石置梅花庵中。钱樾、钱泳分别就刻碑缘起书写跋识。钱泳，江苏无锡人，时有江南制碑第一名家之誉。

情漫嘉禾

嘉兴在春秋时称檇李，属吴。吴、越两国在此风云角逐。战国时为楚境。秦置由拳县。吴黄龙三年（231）"由拳野稻自生"，吴大帝孙权以为祥瑞，遂改由拳为禾兴，赤乌五年（242）又改称嘉兴。北宋改为嘉禾，元世祖至元十三年（1276）后，升为嘉兴路总管府。

嘉兴位于江南之中心，一马平川，水流纵横，舟楫是最主要的交通工具。虽无崇山大岭，但自然景色十分秀丽。小港细漪，长波平陆，树木丛生，篁竹摇曳。渔歌欸乃声千古不绝。物产富饶，"一岁或稔则数郡忘饥"。

春来，田畴中一望无际的油菜花翻着金浪，蔚为嘉兴一景。向往陶渊明之乐的文人们往往选择这儿安家，逐溪而成轩屋数楹，与农家渔舍相伴。白日悠永，神随沙禽水鸟飞翔；明月初升，形应轻舟短楫归还；若是好友俩仨，则诗酒留连，促膝长谈；室中书卷盈架，琴音缭绕。个中快乐也足以平熨劳困之忧思。

宋元两朝，住在嘉兴的文士们，仿《潇湘八景》的体例，歌咏当地的景物，有《嘉禾八景》《嘉禾十景》《禾兴十咏》这一类诗歌流传广被，于是嘉兴的名胜古迹由是闻名，为安静的江南水乡平添更多妩媚。

吴镇生于斯长于斯，出于对家乡的热爱，他精心创作了长卷《嘉禾八景图》。卷前他自题序言曰："胜景者，独潇湘八景。得其名，广其传，唯洞庭秋月、潇湘夜雨。余六景皆出于潇湘之接境，信乎其真为八景者矣。嘉禾，吾乡也，岂独无可揽可采之景欤？闲阅《图经》，得胜境八，亦足以梯潇湘之趣。笔而成之图，拾俚语，倚钱塘潘阆仙《酒泉子》曲子寓题云。至正四年（1344）岁甲申冬十一月阳生日书于橡林旧隐。梅花道人镇顿首。"①

那意思说，非常有名的《潇湘八景》，其实只有两景是属潇湘境内风光，其余六景则属邻近潇湘景致。吴镇根据此一思路，参照《图经》那本书上描述的嘉兴及附近名胜古迹，归纳为嘉禾八景，依次画了下来，是年吴镇六十五岁。所谓"橡林"者，位于梅花庵之南数十步之遥，亦陈园遗留之物，吴镇颇喜是处，曾以"橡林书生"自居。《嘉禾八景图》笔墨简练而深有情趣，一段文字一段图画，各景均标明地名，观之一目了然。可见他平时对嘉兴名胜古迹观察之仔细。

出现在吴镇笔端的家乡八景依次为：空翠风烟、龙潭暮云、鸳湖春晓、春波烟雨、月波秋霁、三闸奔湍、胥山松涛、武水幽澜。现将此图全部文字照录，并作解读如下：

空翠风烟

在县西二十七里，携李亭后，三过堂之北。空翠亭四围竹可十余亩，本觉僧刹也。

万寿山前，屹立一亭名携李。堂阴数亩竹涓涓，空翠锁风烟。骚人隐士留题咏，红尘不到苍苔径。子瞻三过见文师，壁上有题诗。

空翠亭、三过堂、本觉禅寺、携李亭、万寿山

解读：

空翠风烟，画携李亭和本觉寺。携李，春秋时，吴、越大战战场在焉，吴王阖闾箭伤脚趾败北即在此处。携李亭位于嘉兴南湖以西十四公里，今秀洲区高照陡门村万寿山村西南角。

嘉兴古称文化之邦，又因系京杭大运河之门户，历代名人由运河航行途经嘉兴，必然过访陈迹、故友，留下诗文以纪其行。北宋大文豪苏轼的

---

① 见《梅花道人遗墨》卷下，清文渊阁四库全书补配清文津阁四库全书。

三访报本禅院文长老事流传至今，禾人记忆犹新。

报本禅院位于嘉兴西之陡门村，禅院始建于唐宣宗大中（847—859）年间。北宋熙宁至元祐年间，苏轼三次治浙，先后出任杭州通判、湖州知府、杭州知府。在十七年间，苏轼曾三次来陡门访其同乡、至友文长老。首次来访时长老健在，两人互叙乡情，探讨禅理。二次来访时长老已卧病退院。第三次到寺，长老已病逝。苏轼三访，每访一诗，写得情真意切，感人肺腑，因此为人们所传诵。其名句有"万里家山一梦中""愁闻巴叟卧荒村，来打三更月下门。""三过门间老病死，一弹指顷去来今。存亡见惯浑无泪，乡曲难忘尚有心。"

南宋庆元元年（1195），报本禅院住持、蜀僧本觉在礼部尚书杨汝明家，得到苏轼第三诗，遂集帖字，同前两诗一并镌刻于石。淳祐年间，禅院改名本觉寺。嘉定甲申（1224）年，僧元澄在寺内建三过堂。明万历甲申（1584）年，嘉兴知府龚勉重修三过堂，堂后建东坡祠，立东坡画像石。清嘉庆三年（1798），嘉兴知府伊汤安重修三过堂。

龙潭暮云

在县西通越门外三里，三塔寺前，龙王祠下，水急而深。遇岁旱则祈于此。时有风涛可畏。

三塔龙潭，古龙祠下千年迹，几番残毁喜犹存。静胜独归僧。阴森一径松杉在，楼阁层层曜金碧。祈丰祷旱最通灵，祠下暮云生。

白龙潭、三塔湾、龙王祠、景德禅寺

解读：

嘉兴三塔前运河转弯处，水急浪高，船行是处，每多滋事，人以为水下潜有白龙，故称白龙潭。南宋淳熙（1174—1189）年间遇旱，知县李时习祈雨于此。

三塔始建于唐代。传说某日一僧人行云过此，运土填潭，造三塔镇潭中白龙。

塔后面建有茶禅寺，唐代名龙渊寺，五代吴越国时称保安院，宋代改称景德寺，又名三塔寺，相传苏东坡曾到此汲水煮茶，故寺中建有煮茶亭。

三塔及寺院近年得以重建。

鸳湖春晓

在县西南三里，真如寺北，城南澄海门外。

湖合鸳鸯，一道长虹横跨水，涵波塔影见中流，终日射渔舟。彩云依傍真如墓，长水塔前有奇树。雪峰古甃冷于秋，策杖几经游。

长水法师塔前有仁杏，叶上生果实。

真如塔、长水法师塔、彩云墓、雪峰井、五龙庙、鸳湖、双湖桥、鸳湖、金明寺

解读：

南湖，古代名滮湖、马场湖，又名东湖、东南湖、鸳鸯湖。湖之东、南、西三面良田弥望，饶有田园野趣，今则被市肆包围矣。南湖自古以来是市境各主要河流蓄泄的枢纽，海盐塘注入其中，平湖塘、嘉善塘与之相连，长水塘经西南湖亦贯注其中。

五代以前，湖畔尚无园林建筑。后晋天福年间（936—943），吴越国王钱镠第四子广陵王钱元璙任中吴节度使时，在湖畔筑宾舍以为"登眺之所"，才逐渐成为游览之区。北宋以后，湖畔陆续兴建园林，有潘师旦园、高氏圃、南湖草堂、列岫亭、水心亭、乐郊亭、勺园、颜家园、瓣香阁、秋水阁等。

明代，江南商品经济繁荣，嘉兴被誉东南一都会，南湖游览兴盛。嘉靖二十七年（1548），嘉兴知府赵瀛疏浚市河，将挖出的河泥堆积湖中，成一厚五丈，广二十丈的小岛，四面环水，俗称湖心岛。次年在岛上建烟雨楼，形成独特的景观。

明天启《嘉兴县志》记述："滮湖亦称南湖，西侧灯含窣渚，北则虹饮濠梁。倚水千家，背城百雉，兼葭杨柳，菱叶荷花，绿漫波光，碧开天影，雕舫笙瑟，靡间凉燠，此一方最胜处也。"

清初陈维崧在《鸳湖烟雨楼感旧》（贺新郎）词中回忆明末南湖游览盛况说："望满湖灯火，……十万盏红球挂。"明清时期，每值清明节、农历六月廿四"荷诞""七夕""中秋"，湖上游人如织，烟雨楼前画船歌鼓日夜不绝。

宋以后，历代著名文学家、诗人每有造访。宋代苏轼、吴潜、杨万里，元

代方回，明代张岱，清代钱谦益、吴伟业、陈其年等都慕名来游，吟咏不绝。清顺治七年（1650），以吴伟业为首的江南士人在南湖举行十郡大社，湖上名人云集，连舟百艘。

吴镇所在的元代，湖心岛尚未形成，但湖中有堤，堤上有桥，堤之东名澉湖，又称鸳湖，堤之西名鸯湖，合称鸳鸯湖，名之由来，或云湖多鸳鸯，或云两湖相连若鸳鸯交颈。湖畔有美石，状若蛟龙，上镌"舞蛟"二字，为赵孟頫手书。

长水法师塔，长水法师不知何时人，传说曾注《华严经》八十一卷，跏趺而死，遂以两瓮合之，葬于真如寺。南宋初建炎年间，有兵士开其瓮，见其手抓绕身，兵惧，乃复原。其墓塔到元时还存在。

雪峰井，传昔雪峰和尚在此驻锡得名。

真如塔，位于城南二里，原真如教寺内。寺创立于唐至德二年（757）。唐大中十年（856）丞相斐休舍宅扩寺。塔稍晚，始建于宋仁宗嘉祐七年（1062）。

金明寺与范蠡湖毗邻，位于嘉兴澄海门内。范蠡湖原与南湖相连，唐代筑城，将湖之一角围入城中。相传湖畔昔有范蠡故宅，范蠡助越王勾践灭吴后，偕西施隐居是处，因名范蠡湖。宋乾道年间（1165—1173），郡僧万寿王在此建寺，开禧元年（1205），移海盐废金明寺额于此，遂称金明寺。

明代，在金明寺后（即金明寺之南，金明寺坐南朝北，为国中佛寺之唯一），建越相国范公祠。清光绪年间，重建范蠡祠并建水阁，称西施妆台。相传西施每天在此梳妆，倾脂粉于湖中，螺食而成五彩，名曰五彩螺。

春波烟雨

在嘉禾东，春波门外，旧曰高氏圃中烟雨楼。

一掌春波，矗矗嵯帆闹如市，昔年烟雨最高楼，几度暮云收。三贤古迹通歧路，窣堵玲珑插濠罟。荷花袅袅间菰蒲，依约小西湖。

三贤者陆宣公、陈贤良、朱买臣。

濠罟、三贤堂、放生桥、梓潼祠、马场湖、烟雨楼、盐仓、秦住山、乍浦、陆贽祠、宣公桥解读：

嘉兴城东、南、西、北四座城门，分别以春波、澄海、通越、望吴命名之。吴镇晚年客居嘉兴时曾小住东门春波客舍。

烟雨楼，典出唐代诗人杜牧的诗句"南朝四百八十寺，多少楼台烟雨中"。始建于五代后晋（936—946）年间，初位于南湖之滨，高氏园所在，后世称高家湾，曰："市楼水阁，依趁南湖，势弯如月。"宋代前，烟雨楼即在其处。

明嘉靖二十七年（1548）疏浚市河，所挖河泥堆积成湖心岛，次年移楼于岛上，从此被称为"小瀛洲"，素以"微雨欲来，轻烟满湖，登楼远眺，苍茫迷濛"的景色著称于世。主楼坐南朝北，面对城垣。乾隆帝南巡时，烟雨楼改建为南向而北负城郭。

濠罟塔又作壕股塔、濠孤塔、壕姑塔等，为壕股禅寺的中心建筑，始建年代无考，大约在五代或北宋，明代重建。壕股一名源于寺院临城濠，河水曲如股而得名。古籍记载：塔共七层，高十丈，塔身方形，塔顶如笔，气势雄壮。属嘉兴城池七塔八寺之一。近年地处南门的壕股塔又重建落成。

梓潼祠，祀梓潼神张亚子。张亚子，蜀人，抗苻坚战死，蜀人奉其为地方神灵。唐安史之乱，玄宗避蜀，经七曲山祭祀并追封其为左丞相，自此演变为全国性大神。至宋，张亚子庙已遍布各地。宋《铁围山丛谈》记云：长安西去蜀道，有梓潼神祠，向来号称灵异。士大夫经过梓潼祠，如果有风雨相送，必官至宰相；进士经过梓潼祠，得风雨相送，必中状元。相传自古以来没有一个不灵验的。这些传说，使得梓潼成为主宰功名利禄的神灵，为士人所膜拜。

盐仓，嘉兴盐仓街，古有盐仓，附近居民区为盐仓坊，有盐仓桥。吴镇诗中之"鹾帆"即指运盐之帆船。

秦住山，又名秦驻山、秦望山、秦径山，系浙北天目山余脉在杭州湾畔形成的低丘。因秦始皇南巡时曾登上此山而得名。元至元《嘉禾志》："秦始皇庙在（海盐）县南一十八里秦住山。"《吴地记》云："秦始皇庙失其立庙年代时日。山有碑，梁天监二年（503）八月二十三日拊，山上有秦住泉。"董谷《澉水志》曰："今庙前有飘松一株，伐去复生，时显戈甲光怪之异。"今海盐秦山核电厂即建于此山南麓。秦住山离南湖百里之遥，海拔一百七十二米的主峰双龙岗，在南湖即使大晴天也难觅其踪影，吴镇将其揽入画面，是鸟瞰式处理，也说明吴镇对嘉禾方舆之熟悉。

乍浦，钱塘江北岸天然良港。春秋时，乍浦属越，公元前四百九十四年，吴王攻越大胜后一度为吴所占，公元前四百七十三年，越灭吴，乍浦复为越地。秦始皇二十年（前 222）置会稽郡，设海盐县，乍浦属海盐县。

三贤者，吴镇自注：陆宣公、陈贤良、朱买臣。

陆贽（754—805）字敬舆。思贤乡（今嘉善县陶庄镇）人，父早逝，贽受母教成长。唐大历六年（771）十八岁中进士。德宗朝，由监察御史召为翰林学士。转任中书舍人、翰林学士、参赞机要，负责起草文诏，甚得朝廷倚重，号称内相。时当危难之际，朝政千头万绪，大量诏书均由其起草，他疾笔如飞，凡所论列，无不曲尽情理。贞元七年（791）拜兵部侍郎，知贡举。次年，任中书侍郎同平章事，为宰相。陆贽执政期间，公忠体国，励精图治，具有远见卓识。在当时社会矛盾激化，唐王朝面临崩溃的形势下，他指陈时弊，筹划大计，为朝廷出了许多善策。他对德宗忠言极谏，建议德宗帝了解下情，广开言路，纳言改过，轻徭薄赋，任贤黜恶，储粮备边，消弭战争。

陆贽秉性贞刚，严于律己，自许上不负天子，下不负所学，以天下为己任，敢于矫正人君的过失，揭露奸佞误国的罪恶。陆贽是唐代贤相，他的学养才能和品德风范，深得当时和后代称赞。

陈贤良，即陈舜俞（？—1074），字令举，宋嘉兴清风泾（今枫泾，明前归嘉兴，明代起属嘉善县管辖，今属上海市金山区）人。博学强记，举庆历六年（1046）进士，又举制科第一。于熙宁三年（1070）以屯田员外郎知山阴县。

宋朝廷采行王安石青苗法，陈舜俞不奉令，上疏自劾。责监南康军盐酒税，卒，归葬于今嘉善县惠民横泾村赵家窑村西北角其母之陵园一侧，陵园西临赵家窑港，北临华亭塘，此塘民间称官塘，官塘是出入魏塘镇的主航道。

舜俞始弃官尝居清风泾白牛村，自号白牛居士。已而复出，遂贬死。当时，士大夫识与不识，莫不深致悲感。苏轼与舜俞为莫逆，更为文哭之。

陈舜俞墓于1964年拆毁，笔者当时路过是处，只见墓茔一片狼藉，墓主是谁，不及细考。21世纪初，墓志石横卧于横泾村田岸，读之，始知舜俞当年自官廨奉母归清风泾，船至官塘，母发病仙逝，舜俞即泊岸择地葬之。

吴镇曾凭吊陈贤良墓，并留有五言绝句一首传世。

西汉朱买臣，字翁子，家贫，砍柴维持生计。妻子嫌贫出走。之后，朱买臣得严助引荐，官会稽太守，其妻欲重归于好。买臣泼水马前，语崔氏曰，若能将泼在地上的水收回盆中，就答应她回来。崔氏闻言，羞愧难当，郁郁而死，葬杉青闸旁。

月波秋霁

在县西城堞上，下嵌金鱼池，昔李氏废圃也。

粉堞危楼，栏下波光摇月色，金鱼池畔草蒙茸，荒圃瞰楼东。亭亭遥峙梁朝桧，屈曲槎牙接苍翠。独怜天际欠青山，却喜水回环。

月波楼、金鱼池、水西寺、爽溪、祥符寺、仁寿寺、天福寺、梁朝桧、楞严塔院、九品观。

解读：

月波楼，《明一统志·嘉兴府》："月波楼在府西北城上，下瞰金鱼池。宋季元祐中知州令狐挺建，政和中毛滂重修，自作记云：'望而见月，其大不过如盘盂，然无有远近，容光必照，而秀泽国也。'水滨之人，起居饮食，与水波接。令狐君乃为此楼，以名月波，意将揽取二者于一楼之上也。"

宋朱敦儒《好事近》词："吹笛月波楼中，有何人相识？"

吴镇高祖吴潜《满江红·禾兴月波楼和友人韵》："日薄寒空，正泽国、一汀霜叶。过万里、西风塞雁，数声哀咽。耿耿有怀天可讯，悠悠此恨谁能说。倚阑干、老泪落关山，平芜隔。　提短剑，腰长铗。昔壮志，今华发。有江湖征棹，水云深阔。要斩鼪鼯埋九地，可怜乌兔驰双辙。羡渠侬、健笔扫磨崖，文章别。"

金鱼池。据宋季秀水人张尧同《嘉禾百咏·月波楼》的"附考"说："下瞰金鱼池。唐刺史丁延赞养金鲫于此。"唐以前未见有饲养金鲫之记载，由此可见嘉兴在宋代观赏金鱼的记载。

爽溪。据明万历《秀水县志》记载，在县治（指秀水县）西北二里。清光绪《嘉兴府志》记载"爽溪旧迹即月河"，两志记载相同。明季嘉兴画家李肇亨，号爽溪钓士。月河街区，近年得以修整。

梁朝桧。南朝梁（502—557），中国历史上南北朝时期南朝的第三个朝代。嘉兴府城隍庙始建于宋端平年间，殿宇森严，门庭高敞，其中有栽植于梁朝极为珍贵的桧树。宋钱时诗："五季干戈满地红，山川草木亦酸风。如何偃蹇梁朝桧，独寿中吴雨露中。"今仅存改为礼堂的大殿，院中虽有古木，已非桧树也。

水西寺。在爽溪之西，故名水西。其原址在今嘉兴北门中基路之西北。

李忱，系唐宪宗李纯第十三子，元和五年（810）生，封光王。武宗时为避武宗李炎谋害，离宫出走，从香岩闲禅师削发为僧，云游至盐官镇。此后，李忱随希运禅师转至嘉兴水西寺。会昌六年（846），武宗病危，李忱得知，乃作《水西寺题路岐人背》诗，书于路人之背，使往长安。诗云："殿阁凌云接爽溪，钟声还与鼓声齐。长安若问江南事，报道风光在水西。"武宗无子嗣继位。长安朝臣见诗后，即来浙江嘉兴将李忱迎归即位，是为唐宣宗。

祥符寺、嘉兴府孔庙、嘉兴府学，位于今中山路西段原嘉兴市委、市府机关驻地，旧时名县前街。唐代以来设嘉兴府学于此，为嘉属七县之最高学府，吴镇太祖父吴柔胜于南宋绍熙（1190—1194）、庆元（1195—1200）年间，在该府学任教授。其西为祥符寺，寺始建于东晋兴宁元年（363）。20世纪50年代初，祥符寺前牌坊尚存，山门匾额，红底金字，上书"祥符禅寺"，今旧迹消失殆尽。

楞严塔院。嘉兴楞严寺原在嘉兴北门今禾兴路西侧，建于宋代，是宋代名僧子璿著经注疏处，20世纪50年代尚存，该寺时为嘉兴公安机关驻地，"文革"中楞严寺被彻底改造。同时被毁掉的还有大铜佛像，此铜佛铸于明代，高数丈，熔铜一万公斤。民间至今尚有"嘉兴穷虽穷，尚有十万八千铜"之说（民谚：金平湖，银嘉善，铜嘉兴，铁海盐）。嘉兴楞严寺对中国佛教的最大贡献是，明代真可大师历经艰辛在楞严寺主持刻印了《大藏经》。这部《大藏经》从明万历十七年（1589）正式开刻，一直到清康熙四十六年（1707）由大师的弟子刊刻完成，历时一百一十八载。这部浩瀚巨著史称《嘉兴藏》，是佛教的百科全书，在佛教史上具有重要地位。明代嘉善袁黄，是刊刻《大藏经》的主要发起人。

2008年此浩瀚巨著《大藏经》得以再版发行，嘉善、平湖、海盐、海宁、桐乡及秀洲区、南湖区，各择一名刹庋藏一部，嘉善干窑龙庄讲寺在焉。

三闸奔湍

在嘉禾北望吴门外，端平桥之北杉青闸。

三闸奔湍，一塘远接吴淞水，两行垂柳绿如云，今古送行人。买妻耻醮藏羞墓，秋茂邮亭递书处。路逢樵子莫呼名，惊起墓中灵。

华光楼、端平桥、施侯祠、上闸、杉青闸、下闸、秋茂铺、吴江塔、震泽、洞庭山。

解读：

端平桥，原为单孔石拱桥，后经过多次整修，成为现在的方孔平桥，位于嘉兴市区，是连接鱼行街北端与北京路东端的桥梁。元《至元嘉禾志》就有端平桥之记载："在嘉兴县治以北三里，横跨古运河。"端平桥下的运河乃全程最窄处，桥又不高，所以东侧有落帆亭，凡帆船至此都先须落下篷帆过桥。

嘉兴民间有传说，此桥原名瑞平桥，乾隆下江南时，过此遭雾，在落帆过桥时站在船头看桥，并说："啊，端平桥到了。"皇帝金口瑞平桥就改名端平桥了。但是传说只是茶余饭后的笑谈，并无根据。因为早在元朝就有端平桥了。吴镇所注便是。

施侯祠，位于落帆亭侧。施全是东平人士，相传是岳飞的结义兄弟。岳飞被害后，于临安众安桥刺杀秦桧失败，被杀。后追封众安桥土地神。杭城十五奎巷之中有施将军庙畔，供奉的就是忠心耿耿的施全将军。嘉禾施侯祠亦是。

杉青闸，是古代大运河上的著名水闸，随运河的开凿在隋唐时设置，由朝廷直接派官员管理。杉青闸也是宋孝宗的诞生地，《宋史·孝宗纪》："建炎元年十月戊寅，生帝于秀州杉青闸之官舍。"落帆亭始建于宋代，位于杉青闸路西侧，是杉青闸旁的一处园林，为过往官吏和客商休憩之所。亭畔浓绿暗宫柳，肥红绽野梅，景色颇佳。亭的对面有羞墓，相传汉朱买臣妻崔氏葬于此。亭后原有嘉禾墩，乃三国吴黄龙三年(231)野稻自生之处，落帆亭几年前得以重建，余者闸、墓、墩、庙皆已消失。

秋茂铺，官方设于杉青闸畔之邮亭。邮亭者，信息传输之道。设于驿站或主要航道旁。古代，人与人互诉衷情主要依靠写信。邮亭则是这些书信转递的职能部门，可谓关乎国计民生。

吴江塔，即震泽镇慈云寺塔，坐落在震泽镇东。四面湖光绕，中流塔影悬，被誉为吴中胜迹。寺始建于南宋咸淳(1265—1274)中，旧名广济寺，明天顺中改今名，慈云寺塔是寺中现今唯一遗存的古建筑。1982年再次修缮。慈云寺塔外观翼角轻举，玲珑挺秀，塔内置有楼梯，可登临。慈云夕照为吴江八景之一。在塔的东南隅，有一座为纪念大禹治水而于清乾隆时建造的单孔拱形石桥禹迹桥，与宝塔互相呼应，构成了拱桥塔影这一水乡特有的自然景观。

震泽，夏禹治水曾留下过足迹，唐开元二十九年(741)设镇，因濒临太湖而得名。钟灵毓秀，人杰地灵，清雍正四年(1726)曾设县，今属江苏省吴江市副中心，江苏省历史文化名镇。

洞庭山，位于太湖东南部，由洞庭东山与洞庭西山组成，东山是伸入太湖的一座半岛，上面有洞山与庭山。西山是太湖最大的岛屿，因位于东山之西，故称西山。东山与西山隔水相望。

胥山松涛

在县东南十八里德化乡。山约百亩余，荷锸翁墓其下。子胥古迹也。

百亩胥峰，道是子胥磨剑处，嶙岣白石几番童，时有兔狐踪。山前万个长身树，下有高人琴剑墓。周回苍桧四时青，终日战涛声。

石甸、子胥试剑石、荷锸亭、胥山、存吾堂、白石祠、石龟、听雪亭解读：

胥山，位于嘉兴市南湖区大桥镇东南，原名张山。山高五十米，占地百亩，突兀于田野之上。"文革"后期，地方政府采石，凿成一池塘。春秋时，吴、越对抗，吴国伍子胥曾屯兵于此。山有观音殿、东岳殿及蚕花殿，山下有伍相国祠，祠前有方亭，亭中置一碑，镌刻伍子胥相国之功德，碑有额，雕刻颇精，碑下有石龟，颇为庄重。

子胥试剑石，又称吴王试剑石，在山之西麓，长约三米，宽一米有余，呈南北向，为当地少见的紫砂石，十分坚硬。子胥试剑石，为了表明抗越决心，他挥剑劈石，巨石应声被劈成两截。20世纪50年代初，笔者游胥山，曾目睹此石。

吴国国相伍子胥力劝吴王莫称霸，须对越国保持警惕，反遭吴王忌恨，赐剑让伍子胥自杀，子胥尸体被弃之伍子塘中任其漂流南下，乡人怜之，葬子胥于张山，张山自此更名胥山。然而，吴国老百姓都知道伍子胥是吴王夫差亲自定的罪，谁也不敢明目张胆的同情他，把张山更名为胥山显然不妥。老百姓是最聪明的，那就叫"赐山"吧，意为他的死是吴王"恩赐"的呀。赐山这个名字一代传一代，两千三四百年后的今天，方圆百里的农民仍然都这么叫，倒是读书人犯迷糊，县志明明写的是胥山呀，怎么念成"赐山"了。谁是谁非，老百姓心中清楚着呢。

荷锸亭，典出荷锸随行。《晋书·刘伶传》：伶，沛国（治今安徽淮北）人，字伯伦。竹林七贤之一。"常乘鹿车，携一壶酒，使人荷锸（持铁锹）而随之，谓曰：'死便埋我。'其遗形骸如此。"荷锸，指狂傲放诞。胥山建荷锸亭之缘由待考。

存吾堂，取宋代张载《西铭》篇"存吾本心，养吾善性"之意。张载（1020—1077），字子厚，祖上是大梁（今河南开封）人，侨居陕西眉县横渠乡。理学关学学派创始人。关学是他在关中地区讲学而形成的一大学派。比他稍晚的是洛阳人程颢、程颐兄弟创立的洛学，再就是理学的集大成者朱熹了。关学和洛学是理学的学派之一，也是朱熹思想的先驱。

白石祠，最早见于东晋干宝所著的《搜神记》。据其卷九记载，当初庚亮有病，术士戴洋曰："昔苏峻事，公于白石祠中祈福，许赛其牛，从来未解，故为此鬼所铐，不可救也。"许赛其牛，就是许诺将驾车的牛献出作为祠堂的贡品。当时苏峻叛乱是因为庾亮对他的不信任而引发的，苏峻被斩于白石陂岸，庾亮自然很高兴。但不知出于什么原因，庾亮并未实践他献牛给白石祠的诺言。当庾亮病重时，方士戴洋便称是因他不守信之故，白石祠的鬼来索庾亮的命。按此祠在金陵，胥山建白石祠，或劝诫世人当言而有信焉。

石龟，在胥山西麓，这个石龟，是一块自然形成的山石，没有人工斧凿的痕迹，长得那么形肖，难怪当地人把它看作灵龟，据说在阴雨天，它会爬行到山脚下的伍子塘边，喝几口水，再慢慢地爬回来。我见到石龟时它的头颅已断裂。据传说是之前，当地一老农在雨天见其往山下爬行，以为邪灵，惊怵之余，将其双眼凿瞎，自此，便不再爬行了。

听雪亭，取"静静听雪落，幽幽品梅香"之意，旧时文人雅事也。胥山曾有平湖陆氏筑室读经处。

武水幽澜

在县东三十六里武水北，景德教寺西廊。幽澜井泉品第七也。

一瓯幽澜，景德廊西苔藓合，茶经第七品其泉，清冽有灵源。亭间梁栋书题满，翠竹萧森映池馆。门前一水接华亭，魏武两其名。

武水、幽澜泉、景德教寺、吉祥大圣寺、魏塘、云间九峰

幽澜泉乃嘉禾八景之一，而亭将摧。在山师欲改作而力不暇给。惟展图者思有以助之，亦清事也。梅花道人镇劝缘。

解读：

武水，流经今嘉善县治所在地魏塘镇，魏塘镇又称武塘镇。

魏塘，即魏塘镇，嘉善县治所在地，位于县境中部偏南，地处长江三角洲腹地，上海、杭州、苏州三大名城之间。吴镇自弱冠从陶家池迁居魏塘，卒葬魏塘花园弄梅花庵。

吉祥大圣寺，清《嘉善县志》作大胜寺。史载唐天宝二年（743），魏塘有兄弟二人舍宅建寺，其兄创建大胜寺在东，弟创建景德寺在西。民间则

以大寺小寺相区分。大胜寺东临河流，前临县前大街，港上有东西埠石拱桥，名大胜桥，俗称小寺桥，1949 年后改建，名人民桥。大胜寺山门正南跨市河南北埠拱形大桥，名吉祥桥，俗称大寺桥，1949 年春内战时期被炸毁。大胜寺于南宋淳熙十四年（1197）建浮屠七级，名泗洲塔。清咸丰十年（1860）大胜寺遭太平军燹毁，塔存。1960 年塔顶自燃焚毁，七八年后，于"文革"中被拆除。

景德教寺，俗称小寺。清咸丰十年景德寺遭太平军燹毁。

幽澜泉，清《嘉善县志》载："在县东二里景德寺，旧名景德泉，品居惠山之次。泉有三异：大旱不涸，煮茶无渣，盛暑经宿而味不变。"此泉之发现颇富传奇色彩，志载"昔有僧夜坐，忽一女子过之，容色甚丽，僧叱曰：'窗外谁家女？'女应声曰：'堂中何处僧？'僧起逐之，女投入地，掘之，唯清泉一泓，湛然可爱，得石镌'幽澜'二字，遂以名泉。……僧作亭于上，名幽澜亭。"清咸丰十年景德寺遭太平军燹毁，幽澜泉井无恙。

云间九峰，上海在七千万年前的中生代后期，岩浆沿着今松江区西北部一条由东北到西南走向的断裂线涌现地面，经过风化侵蚀，形成后来被称为"云间九峰"的小丘。《松江府志》称："诸山自杭天目而来，累累然隐起平畴间。"明代著名的地理学家、大旅行家徐霞客，曾经三次来到松江府的一座小山，流连那里的景色，并以此山作为出发地，开始了他的西南万里之行，那座山便是上海云间九峰之中的佘山。佘山有东、西佘山之分。明代著名的文学家、书画家陈继儒曾经长期隐居于此。

华亭，即华亭塘，先民开凿的运河，源自嘉兴南湖，东至嘉善惠民张泾汇。原名魏塘，华亭塘是其别称。明代将嘉兴至嘉善县城一段称为嘉善塘，将穿过城区一段称为市河，又称武水、武塘，罗星桥以东至张泾汇（惠民镇）一段称为官塘。华亭塘是古代进入嘉善的主要水路，在 20 世纪 80 年代前，来往船只穿梭繁忙。现在公路密布，除嘉善塘尚有船队经过，市河已禁船影，官塘偶尔还能见舟楫往还。官塘北岸，原为纤道，今已不复通行矣。

吴镇《嘉禾八景图》是古代绘画之杰作，明李日华评论说："仲圭此制，全学范宽《长江万里图》,以点簇作小树,借树作围绕,其间断续远近,层数稠密,一以树为眉目。而城堞楼台,特标帜之。所以生发秀润,真有百里见纤毫之意。"①

吴镇《嘉禾八景图》是宋元嘉兴风光现存的唯一写照,原作传至民国时期由美籍华人罗家伦珍藏,今藏台北故宫博物院。

梅花知己

梅,玉雪为骨冰为魂,乃天地间灵气之所钟。它清韵绝俗,凌雪傲霜。古人赞美梅花"万花敢向雪中出,一树独先天下春"。诗曰:"朔风吹倒人,古木硬如铁。一花天下春,江山万里雪。"文人赞其风骨,感其气节,赞赏梅花的高洁典雅、冷峭坚贞,视为知友、君子,将它与松、竹称为岁寒三友,与兰、竹、菊合为四君子。

梅花,在中国文人的心目中,不仅神韵、姿色和香味俱佳,而且具有不畏严寒、傲然挺立、坚贞不屈的高贵品格。

历代歌咏梅花的诗篇汗牛充栋,吴镇高祖吴潜有词《满江红·梅》曰:"试马东风,且来问、南枝消息。正小墅、几株斜倚,数花轻拆。自有山中幽态度,谁知世上真颜色。叹君家、五岭我双溪,俱成客。 长塞管,孤城笛。天未晓,人犹寂。有几多心事,露清月白。好把寒英都放了,莫教春讯能占得。问竹篱、茅舍景如何,惟渠识。"这位官居一品的状元公,因为操劳国事碎心而顿生厌倦,从而向往日伴梅花的生活,这种隐逸情怀,深深地感染了吴镇。

吴镇一生,引梅花为知己,赏之、歌之、品之、画之、伴之,始终不离不弃,隐居陋巷,自号梅花道人,临终则自命梅花和尚,仲圭对梅花的钟爱程度,可谓深矣。

画家以"外师造化,中得心源"为宗旨作画,对梅花自然非常关注,精

---

① 李日华《六研斋随笔》,四库全书本。

心表现。

早在唐代就有人将梅花与翎毛、海棠、荷、菊等相组合,创造精美的画卷。到了五代不仅有专门梅花作品问世,而且在画法上以不同的方法来描绘赞美梅花。滕昌祐、徐熙勾勒着色;徐崇嗣丹粉点染;陈常飞白写梗,用色点花;崔白专用水墨。各擅其长,新意迭出。更有李正臣一意写梅,独擅专长。释仲仁以墨渍作梅;释惠洪用皂子胶写于生绡扇上,照之俨然梅影。后人因之盛作墨梅。续之者有米元章、晁补之等。至扬补之创以圈法、铁梢丁橛,清淡胜于傅粉,嗣之者有赵子固、吴镇、王元章、释仁智等。仁智自谓用心四十年,作花圈始圆耳,可见古人在画梅上所花功夫之深厚。宋元之间以画梅著称于世的尚有茅汝元、邹复雷、柯九思、周密等。

梅花品种丰富,据清陈淏子《花镜》载,梅花品种有二十一个之多,而绘画毕竟不是植物标本画,它是以形写神,抒发性灵的。

我们从绘画的审美趣味与画风的演变中,发现绘画中的梅花无非分为宫梅与野梅两种。宫梅与野梅并非梅花品种的不一,而是梅花所处环境的不同,画家对之表达时所体现出的审美情趣的差异。

宫梅,种植于宫廷之中,宫廷画家迎合宫廷所崇尚的富丽华贵韵味,笔法以精工巧丽见长。如马麟的《层叠冰绡图》轴,以浅墨勾勒,重粉渲染,产生如宋宁宗皇后杨氏所题"浑如冷蝶宿花房,拥抱檀心忆旧香。开到寒梢尤可爱,此般必是汉宫妆"[1]的艺术效果,是宫梅的典型风格。佚名的《梅竹雀图》和边景昭的《三友百禽图》,皆精于勾染刻画,贵丽之气跃然纸上。

野梅,系指生长于自然界中,无人栽培管理的梅花。陆游词"驿外断桥边,寂寞开无主",是野梅所处环境的最好写照。

文人画家与宫廷画家的审美追求迥异,文人自然要选择冲寒斗雪,玉骨冰肌的野梅来表达自己的孤高情怀。如王冕的《墨梅图》,笔墨精练蕴藉,主干以淡墨挥洒,浓墨点苔,苍古老拙。分枝以中锋勾撇,挺拔坚韧,梅枝横斜而出,枝条简疏,枝节交叉处梅花竞相吐蕊开放,表现了王冕"野梅"

---

① 见故宫博物院编《宋代花鸟画珍赏》,北京:紫金城出版社 2014 年版,第 74 页。

的清绝韵致。其他如邹复雷的《春消息图》、陈录的《烟笼玉树图》等,无不枝干纵横如蟠龙虬曲,千斛万蕊,冷艳寒香,豪纵奇崛,气象峥嵘而清逸可爱。

梅花生长在不同的环境中有不同的姿态,加上画家从构图角度追求变化,形成直立、横斜、倒挂、稀疏和繁密等形态,丰富多彩,各呈其妙。

吴镇画梅传世作品现藏于辽宁省博物馆的《梅花图》,取横斜姿态。见到横斜两字,自然会想起林逋"疏影横斜水清浅,暗香浮动月黄昏"的诗句。可见横斜之美,无论诗人还是文人画家,在审美上都是一致的。

画梅史上首先出现的是梅花的疏影。古人早就知道眼睛的视觉规律,在空白的画幅中概括地画几枝梅花倩影,益加醒目突出。因为眼睛的注意力是有一定限度的,"触目横斜千万朵,赏心只有两三枝",道出了诗情画意与人的欣赏特征。诗人、画家尤其钟爱孤生、初放之梅。虽只画横斜的三枝疏梅,而高洁清雅之气溢出纸外。

吴镇的《梅花图》卷在一老梅桩上,只圈画三花朵与一花蕾,梅花所具有的"玉雪为骨冰为魂"的气质凸显毫素,真正达到花香不在多、言简意赅的艺术效果。

圈白,创于扬补之,吴仲圭、王元章推其法,横绝一世。

以墨笔圈线,不用着色,墨韵高华,清意逼人,一改彩染或墨晕花瓣之法,以墨笔圈线,气韵清爽不凡,韵致高远,无妩媚纤弱之态,尽显清贞孤傲的气概。

从《墨梅图》看,吴镇显然是师承了扬无咎的画梅风格,即一种既工致又洒脱的文人画风格。此图在古梅的主干上,显示了能放能收,中锋用笔,遒劲挺拔,用墨枯润兼施,浓淡迥然,两枝新条都是一样向上伸展,与老干形成鲜明的对比。疏落的梅花,圈圈点点,则显示出他用笔的灵动而不流于轻薄。可以说,吴镇在笔墨运用上已尽遂其性,将神与逸、扛鼎之力与贯虱之巧融于一体,真正达到了笔精墨妙、炉火纯青的境界。

在章法上,图中古梅老枝恰似向上翘起的秤杆,有意造成一种倾斜之势,随后又通过新条、花朵、苔点穿插有致的点缀来破险,以求整个画面的平衡协调。

吴镇对扬无咎的画梅流派颇为欣赏，当是从家藏古画见到扬的这一前朝墨迹，由于他兴之所至，于是就挥毫写就这幅《墨梅图》。画后，作者又在至正八年（1348）以草书题一长文跋识，叙述画梅流派，所题草书也很精到。吴镇的墨梅对其侄吴瓘的画艺有着一定的影响。吴瓘，字莹之，号竹庄老人，善画梅竹窠石，今辽宁省博物馆藏的《梅竹图》系吴镇与吴瓘的合璧之作，写尽文人逸气。

王冕是画梅名家，年齿小于吴镇。

王冕（1287—1359），字元章，号煮石山农，梅花屋主等。他出身于浙江诸暨一贫苦农民家庭，但从小就好学如痴，读书不倦，终究成材。早年的王冕，不像一般人印象中那样悠闲恬静，倒是一个热衷于功名的人。他曾专心研究孙子兵法，学习击剑，有澄清天下之志，想做一番惊天动地的事业。但屡屡应举不中，便绝意仕途，浪迹天涯。

元顺帝至正七年丁亥（1347），王冕从杭州古塘乘运河船北上，经嘉兴去松江，七律《过武塘》一诗就是当时船经魏塘镇时写下的。诗曰："青杉闸转云间路，河水分流过武塘。客路惯经风雨恶，诗情不减少年狂。鱼盐市井三吴俗，番岛舟航十丈樯。杨柳连堤鹅鸭聚，家家茅屋似淮乡。"[1]

吴镇此时与王冕会过面，两人从剑术到绘画，再到画梅花，自有许多心得可以交流。这事从两人各自的题画诗中可以互相印证。

吴镇题墨梅诗曰："玉府仙姝倚淡妆，素衣一夕染玄霜。相逢不讶姿容别，为住王家墨沼旁。"诗中王家，当指王冕家，因为王冕曾经写过这样一首题画诗："吾家洗砚池头树，朵朵花开淡墨痕。不要人夸好颜色，只流清气满乾坤。"[2]心有灵犀一点通，两诗有同工异曲之妙。

吴镇当年住太湖，冬日，瑶雪初霁，启轩远瞩，一望辽廓，宜围炉看雪，突见绿萼枝头，两三初破轻寒。于是邀约，择日，畅游邓尉山"香雪海"。

---

① 王冕《竹斋集》，杭州：西泠印社出版社 2011 年版，第 16 页。
② 见《王冕诗选》，浙江文艺出版社 1984 年版，第 146 页。

邓尉梅开时节，香雪十里，疑如积雪，故有"十里香雪"之称。邓尉山最佳赏梅处，是半山腰的梅花亭，举目环顾，山上山下，弥漫数十里，浪拥雪堆，芬芳弥漫，真是遥看一片白，雪海波千顷。

吴镇有小词《梅边》（调寄金字经）："雪冷松边路，月寒湖上村。缥缈梨花入梦云，巡，小檐芳树春。江梅信，翠禽啼向人。"有意境空灵，静美之致。

古来诗人、画家在赞美梅花时，融入了丰富多彩的迷蒙色彩，流动变化的审美情趣和孤高坚毅的精神气质，从而使一部咏梅史，成为中华民族的审美趋向与精神追求的缩影。吴镇用他的画笔，使这种精神追求得以进一步升华。

高节凌云

唐代白居易说过，竹有三大美德：身直、心空、节贞。不但有节，而且节非常坚固。竹有节，是一种美德。"玉可碎而不可改其白，竹可焚而不能毁其节。"古人把竹列为"四君子"之一，把竹子的美德比喻人的伟大胸怀。古代许多仁人志士把自己的情趣融进了深山的静寂之中。或曰心空如竹，是非便无滋生之地，念静为山，忧喜自无分别之由。即所谓的高风亮节，是每个人为人处事的准则。翠竹虽弱，却能经霜不死，抵御风寒。苏轼言："宁可食无肉，不可居无竹。"可见文人雅士们对竹偏爱之深。

吴镇，是以其山水画的成就被列为元季四大家的，但他以竹石松梅为题材的水墨画，尤其是墨竹，同样在画史上占有重要地位。

吴镇传世作品总数八十四幅，其中墨竹六十幅。

六十幅墨竹中包括两套竹谱，一套二十开，今称《墨竹册》，作于至正八年（1348），画给行可。吴行可名直方，行可是他的字。另一套二十二开，今称《墨竹谱》，作于至正十年（1350），受画人佛奴，画史一般认为佛奴是吴镇之子，恐怕未必。

这些墨竹绝大部分作于侨居嘉兴春波门春波客舍那四年。每日到精严寺礼佛、会友，写竹大多是为应酬，墨竹比山水相对而言较容易挥就。

古稀之年精力有限，四年之中山水只有《草亭诗意图》和《野竹居图》两卷传世。

所谓竹谱，就是画竹的范本，一般是课徒画稿，多以示范为主，一边画，弟子在一旁观摩，随时提问，老师随即在画面上指指点点，并非作品，而吴镇竹谱则不然，每一幅都是完整的作品，不但有落款，钤印，且大多有题句，因此这两套作品的确切名称应是册页。

吴镇是画墨竹起家的。他最早接触的是同代画竹名家李衎的作品，是李衎的《竹谱详录》一书，将他引入艺术的殿堂。

今见吴镇最早的墨竹是《高节凌云图》。绢本巨幅，墨竹一丛，前横坡石，后衬以直立古木，气局非凡。草书题诗曰："高节凌云只自奇，谁人识是鸾皇枝。至音已入无声谱，莫把中郎旧笛吹。"那时是至元四年（1338）五十九岁。

人道是喜写兰，怒写竹。吴镇此时，内心似乎还有愤愤不平。

吴镇之怒，自有来头。他的远祖吴廷祚之第四子名元扆，太平兴国八年（983）宋太宗将其第四女蔡国公主下嫁给吴元扆为妻，封驸马都尉，官七州节度使，检校太傅。吴镇一支即吴元扆和蔡国公主传下，有赵氏王孙血统。旧时对于出身高贵与卑微，极为看重，吴镇以鸾皇枝自居，只是江山改姓，谁也不再把赵氏血脉高看了，于是，即使高节凌云，也只无奈何空自奇罢了。

吴镇六十八岁客居嘉兴，才重新写竹，不过那时已不唱鸾皇枝而改写野竹了。他在画竹题句上一再歌颂野竹："野竹野竹绝可爱，枝叶扶疏有真态。生平素守远荆榛，走壁悬崖穿石罅。虚心抱节山之阿，清风白雨聊婆娑。寒梢千尺将如何，渭川淇澳风烟多。"

吴镇用写竹来表达心声。他的题画诗，充满了儒家知识分子孤傲不屈，积极向上的进取精神。如："抱节元无心，凌云如有意。寂寂空山中，凛此君子志。""众木摇落时，此君特苍然。节直心愈空，抱独全其天。"画家在这里以竹喻人，表现其高洁不屈的志行，而且是传统的儒家节操观。吴镇在《雪竹》题句中这个意思更为明确："董宣之烈，严颜之节。斫头不屈，强项风雪。"董宣是东汉清廉刚正的洛阳令，搏击豪强，莫不震慄，京都号为卧虎。严颜，三国蜀将，被张飞所擒。飞呵严曰："大军至，何以不降而敢拒战？"严答："卿等无状，侵夺我州。我州唯有断头将军而无降将也。"题诗赞美雪竹坚贞不屈的品格，正是吴镇自己刚烈不屈人格的写照！

吴镇大量的画竹题诗，都是歌颂竹子"曲直知有节""不改霜雪叶"（《悬崖竹》）的独立不羁、斗霜傲雪的品质。

吴镇《新凉透寒图》作于至正十年（1350），是年七十一岁。

既然是新凉，当在那年秋末冬初，时尚住嘉兴春波客舍。画墨竹一枝占右侧，题句于左下，用印"蘧庐"和"嘉兴吴镇仲圭书画记"。此图近年自海外回流，为吴镇真迹无疑。

《新凉透寒图》向来为私家收藏，秘不示人，故清康熙四十六年陈邦彦编《御定历代题画诗》近九千首中不见收录此图题诗。

吴镇诗词独立成篇者不足十分之一，绝大多数见于题画。

画上题诗乃"元四家"开创之文人画风气。其内容大多与画面相呼应。如吴镇《草亭诗意图》题五言律句，烘托了画面悠远闲放意趣。然也有题句与画面毫不相干者，如竹谱册页题"相逢尽道休官去，林下何曾见一人"便是。吴镇自注"时客至，退而书也"。原来正当他作画时，忽然有为官者来访，大概说了一通去官还乡之类牢骚话，客人告辞后，吴镇有感而发，便随手在未完成的画稿上题写唐代诗僧灵彻这两句诗，诗的原意说，都说官儿不想当了，却没见一人隐居呢？显然，题句与画面本身并没有什么必然联系。

《新凉透寒图》之题句与画面也无必然联系。

其诗曰："新凉透巾毛发寒，攒眉阖眸鼻孔酸。疏襟飘飘不复暖，饱风双袖何其宽。我欲赋《归去》，愧无'三径就荒'之佳句；我欲江湘逝，恨无绿蓑青笠之风流。学稼兮力弱，不能供其耒耜；学圃兮租重，胡为累其田畴。进不能有补于用，退不能嘉遁于休。居易行俭，从其所好，顺生佚老，吾复何求也！"

《新凉透寒图》题句当属古风，四言、五言、七言、九言皆有。内容也并非画面内涵之延伸。通篇尤如吴镇的陈情表。开头四句写他的老态，以至于病态、窘态。笔锋一转，写他羡慕陶渊明而又自认才疏学浅，写他羡慕优游于碧云深处或五湖三泖间的高人隐士而自叹风流不及。笔锋又一转，写他既无力种庄稼，也无心事园艺。接下来两句说到进与退对他已经没有什么多大意义。笔锋再一转，写他处世的态度："居易行俭；从其所好；顺生佚（佚同逸）老。"最后以"吾复何求也"结束。

吴镇为什么要发这一通感慨？换句话说，究竟是什么人什么事拨动了他的心弦？

难道仅仅因为垂垂老矣？吴镇对老之将至，每多感慨，如这年五月一日在画给佛奴《墨竹谱》册页题句中说："吾老矣，惜其所学欠精。后生者当有精力之时，饱食终日，无所用心，略亲于研池游戏，终胜别用心。"七十三岁重题十年前所画《渔父图》卷时慨叹"流光易得"。古人云："人生七十古来稀"，吴镇的叹老，原本情理中事。他用人生易老激励后生奋发有为，自己则泰然处之"无有恐怖"（《心经》语），从容不迫地为自己书写墓碑碑文。不过此诗不仅仅叹老，还在叹无能！所以垂老说似不十分确切。

若说此诗是他在剖析自己检讨自己一生所走过的道路。如是，那么吴镇说他不如陶渊明、不如高人隐士，非稼、非圃，尚可理解，怎么又说起进与退的事来了呢？早在青少年时代，他与兄长一起师从毗陵柳天骥学《易》，从此一意韬晦，无意功名，早就"任适慰平生"了，哪还有进之一说耶？中年自号梅花道人，俨然以出家人自居，这就离进更远了。所以说，吴镇一生没有进可言。没有进，当然没有退，他在此诗中提及进与退，委实匪夷所思。

最令人费解的是最后一句："吾复何求也"。按说，到了他这个年纪，达官贵胄也罢，田夫野老也罢，多已无复他求。吴镇一生高风亮节，怎么到这时候反倒要申述"吾复何求也"呢？有什么必要再来作这一番申述呢？又在向谁申述呢？是自己？实属多余；是晚辈？似无必要；是友人？大可不必！

纵观全诗，委婉、迂回、真挚、得体，不亢不卑。笔者以为，吴镇是在向"上"陈情。这个"上"，指代表官方发话的人。此人是谁？不妨从吴镇其他画面题句中作一番探索。

吴镇晚年作品随画随送，部分作品署有受赠者大名，如"为元泽戏作草亭诗意"图、为"行可（吴直方）索"作墨竹册、"梅花道人戏为可行（许有孚）作竹谱"。

有些作品还叙述绘画赠画的缘起，如《野竹居图》云："天台陶九成（陶宗仪）来游醉李（即檇李，嘉兴古称），一日会余精严僧舍，因出《竹居》诗轴相示，索写墨竹一枝以娱。"

在受赠者中，吴直方、许有孚二人值得注意。

吴直方（1275—1356），字行可，浦江人。家贫，游学京师，历三十六年。曾为脱脱之儒师，脱脱翦除专权自恣丞相伯颜，即得吴直方晓以大义灭亲之故。吴直方官至集贤大学士荣禄大夫，至正七年（1347）三月因"躐进官阶"遭监察御史王士点弹劾，其实没什么罪，只是嫉妒他升迁太快罢了。翌年，吴直方自京城返家乡浦江途中过嘉兴，求吴镇作画，至正八年戊子（1348）秋九月，吴镇写墨竹册页二十幅相赠。

吴直方年长吴镇五岁，吴镇或直呼其字，或尊其为"公"。

吴直方虽已离开大都，但是这位昔日京师重臣，对朝廷仍然忠心耿耿，极有可能继续向朝廷推荐遗逸、隐士。尤其是他的得意门生脱脱于至正九年（1349）复为中书右丞相之后。

元顺帝惠宗效法世祖，曾于至正三年（1343）征遗逸、征隐士之举："征遗逸托音巴延、张瑾、杜本。本辞不至。本，清江人，在武宗时，尝被召至京师，即归武夷山中，文宗闻其名，征之，不起。至是右丞相托克托（脱脱）荐之，召为翰林待制兼国史院编修官。……继又征隐士勒哲图、济尔噶朗、董立、李孝光，诏以鄂勒哲图、济尔噶朗为翰林待制，立修撰，孝光著作郎。或疑其太优，右丞相特穆尔达实曰：'隐士无求于朝廷，朝廷有求于隐士。名爵岂足吝惜耶！'"[①]

据《续资治通鉴》记载："至正七年（1347）七月甲寅，诏举才能学业之人，以备侍卫。""十二年（1352）三月有旨：省院台不用南人，似有偏负。天下四海之内，莫非吾民，宜依世祖时用人之法，南人有才学者，皆令

---

① 毕沅《续资治通鉴》"元经二十六"，内蒙古人民出版社 2008 年版，第 267 页。

用之。""十九年（1359），中书左丞成遵建言：……选合格者充之，则国有得人之效，野无遗贤之叹矣。"

在吴直方看来，吴镇绝非等闲之辈，不但志行高洁、精于儒学，且擅诗书画，正是朝廷征聘之遗贤。

与吴直方看法相似的，还有一位许有孚。许有孚，字可行，生于元至元二十八（1291）年，河南汤阴人，登进士第，历中宪大夫，同金太常礼仪院事。放外任湖广提举。许有孚之兄许有壬（1287—1364），字可用，顺帝时任中书参知政事，前后历官七朝近五十年。工文辞，"平生爱竹，到处萦心曲。一日相违人便俗，栽满水边茅屋"（许有壬句）。遇国家大事，无不尽言，明辩力争，不知有死生利害。

吴镇于至正十年（1350），即作《新凉透寒图》之前半年，为许有孚作《竹谱图》卷。

《竹谱图》卷题识如下："与可（文同）画竹不见竹，东坡作诗忘此诗。高丽老茧冰雪冷，戏写岁寒岩壑姿。纷纷苍雪落碧筱，谡谡好风扶旧枝。试听雷雨虚堂夜，拔地起作苍虬飞。梅花道人戏为可行作《竹谱》。时暮春三月，憩于醉李春波之客舍，因抽架头之纸，随笔为此数竿，虽乘一时兴绪，亦自有天趣。可行游研池久矣，日来笔力想亦健矣，他时观此拙作，亦可发笑而已。以《竹谱》言之，则吾岂敢。至正十年（1350）春三月杜鹃花发时，梅花道人顿首。可行以为如何？"[①]从行文来看，两人关系比较密切，有过不止一次的接触。吴镇有题河南汤阴文王庙对联："蒙难观爻，石径蒺藜皆卦象；拘羑作操，云田柞棫亦琴材。"当是由许有孚带至汤阴的。（或曰：撰此联者乃吴信辰，名镇，1721—1797，甘肃临兆人，官沅州知府。）

许有孚举荐吴镇的可能性，甚至比吴直方还大。因为吴直方即使再关心社稷，毕竟已经下野，而许有孚尚在任上。

现在，我们可以想象，当吴镇听到吴直方或者许有孚（或者其他某人，如谢伯理）告诉他，将他作为遗逸或隐士向上推荐时，吴镇是个什么态度

① 见卢勇《吴镇〈竹谱图卷〉之考辨（上）》中国美术学院出版社2013年版，第540页。

呢，从他的个性和他处世一贯奉行的老庄哲学来看，当然不可能是逆来顺受，也不可能是横眉冷对，更不可能是感激涕零，唯一的可能便是宛转拒绝，因此才有了《新凉透寒图》题句。吴镇审时度势，作出这个答复，应该说是十分得体的。

我们不妨再来读一遍这首诗，看看里面究竟还有多少潜台词。

"新凉透巾毛发寒，攒眉阖眵鼻孔酸。疏襟飘飘不复暖，饱风双袖何其宽。"这个开头是写实的。天气乍凉，感受风寒，双眉蹙而不舒也，目汁凝而难开也。得了感冒，本不算回事，然而为了说明他的不中用，故而予以强调。

"我欲赋《归去》，愧无'三径就荒'之佳句。"我倒是希望像陶渊明一样，辞官回乡。可是我没有他那个资格与才能，写不出《归去来辞》中"三径就荒"那样的好句子。若说吴镇比不了陶潜归隐资格，是事实；说写不出佳句，则是吴镇自谦。此处本意是：我吴镇比不得陶潜，算不了隐士，何必荐我！

"我欲江湘游，恨无绿蓑青笠之风流。"我倒是真的希望像那些优游于五湖三泖间的高人雅士，可我只是蛰居陋巷一介寒儒而已，比不得遁世高人们的风流雅逸。我吴仲圭算不了遗逸，何必荐我！

"学稼兮力弱，不能供其耒耜；学圃兮租重，胡为累其田畴。"我无力种田，园圃嫌租贵。这似乎在卑薄自己，实际是故意说自己不学无术，为下面的诗句设伏笔。

"进不能有补于用，退不能嘉遁于休。"你把我荐上去，对社稷无补，派不上什么用场，将来无功而返，反不能心安理得的安身养老，这又何苦呢！所以还是不举荐为好。

"居易行俭。从其所好。顺生逸老。吾复何求也！"我喜欢过简单、俭朴的日子，喜欢从事我的嗜好，就这样顺其自然一直平平安安的过下去直到终老，足矣！我还有什么可求的呢！你把我荐上去，听命于人，不得自由自在，于世无补也问心有愧呀！拜托！请千万不要把我推荐上去！

当时情绪似乎有些激动，或者是客人等着赶路，用印时把上面一颗盖歪了，这在吴镇作品中是极为少见的。通常上面一颗是"梅花庵"，这次却改为"蘧庐",也是不多见的。"蘧庐"意为传舍,来去匆匆,小住而已。吴镇把人生在世当作小住"蘧庐"一般。

这首诗是随兴而发,无任何雕琢。虽直抒胸臆,却又不得酣畅淋漓。言之过重,有"犯上"之嫌。过轻,则难以奏效!

《新凉透寒图》,是梅花道人晚年极为重要的作品,尤其是画上的题诗,传达了迄今为止尚未掌握的史料信息,良可宝贵。笔者四年前执编《吴镇墨迹》时,《新凉透寒图》影印件尚未面世,不及编入,甚为遗憾。

淡中有味

吴镇有一方闲章,印文曰"淡中有味",晚年侨居嘉兴写墨竹时经常使用。吴镇虽出于贵胄世家,毕竟时过境迁。父亲在澉浦继承了祖父航海事业,兴旺发达成"大船吴",这份产业最终传给了吴镇的兄长。澉浦离魏塘一百余里,全靠水路,走一趟得好几天,吴镇一生中去澉浦也只不过数次而已。兄长在当湖,相隔四十来里水路,走动也不是那么容易。

吴镇外出十来年回归魏塘,开始还和堂兄吴汉英他们共同生活,久而久之,便觉得诸多不便,竹庄与梅花庵隔着二百多步哩,若遇刮风下雨天,吴汉英便打发家人给吴镇送饭。

后来,梅花庵的老灶头重新收拾使用,吴镇就单独过起了日子。外出十年,虽不缺钱花,但住店吃饭都不那么十分讲究,随遇而安,生活完全是平民化了。及至分灶自炊,便当然地过着俭朴的日子,蔬菜是不可或缺的席上佳肴。他不但喜欢吃青菜,还画青菜,写诗赞美青菜。

正是这平民化的日常生活,在外人看来,他只是魏塘豪富竹庄吴瓘家的远房本家,一介寒儒而已。又因他日常生活少不得靠侄儿照料,一个家,若缺少了贤内助,总不完整,更显穷困潦倒之相。一般人即使耳闻吴镇家原先是如何富有,早是过眼烟云。

吴镇刚回来时,还时不时给人算卦收钱,或以为他果真以此为生。民间种种关于吴镇家境贫寒,只能靠卖卜(后来又想当然添加了个卖画)求生的传说大抵就是在这样的背景下产生的。

然而，正是社会底层处境，使吴镇具有强烈的平民意识，这种意识在"元四家"中是唯一的，也是十分可贵的。平民意识使他出污泥而不染，保持了质朴无华的本性。他同情贫民饱尝艰辛的生活，将自己的作品无偿赠送给贫民，让他们将画出卖取值，以赈困厄，却不轻易为富室豪绅作画，正史所记，当属不虚。

吴镇曾多次画墨菜。这种题材的选择，本身就反映了他朴素的平民意识。

宫廷画家画富贵的牡丹、稀有的珍禽，断不会去画青菜之类所谓不登大雅之堂的物件，盖因王公贵族们不希罕。所以画家选材显然是受意识驱使的。

吴镇在《写菜》一画题诗曰："菜叶阑干长，花开黄金细。直须咬到根，方识淡中味。"这淡中有味就是他嗜菜的体验，闲章也由此而来。这淡中有味，是对生活的体验，也是对人生的领悟。咬到根，不但指尝到生活的滋味，也是老子"味至味"的意思。

吴氏家规不分家，过的是大家庭的生活，直到其中一支或数支远迁他乡。竹庄吴汉英和吴镇是叔伯兄弟，关系融洽。汉英之子吴瓘跟叔叔吴镇有书画同好，吴镇甚至称侄子吴瓘为"竹庄老人"，对吴瓘画艺大加赞赏。从中可以肯定，吴镇在竹庄是很受尊重的。

因此，吴镇入住梅花庵，并非在竹庄备受冷落，而是他心甘情愿从竹庄的优裕生活中独居出来，宁愿在梅花庵另起炉灶独立生存，他是下决心过淡中有味的日子，在平常人看来有点不可思议，在吴镇觉得是十分平常的事。

五味令人口爽，优裕的物质生活反而使人舌不知味，守持恬淡的生活，能保持固有的天真。

吴镇七十岁时画了一幅《墨菜》，并题诗曰："菘根脱地翠毛湿，雪花翻匙玉肪泣。芜萎金谷暗尘土，美人壮士何颜色。山人久刮龟毛毡，囊空不贮揶揄钱。屠门大嚼知流涎，淡中滋味我所便。元修元修今几年，一笑不值东坡前。"

这首诗写了两种不同的生活：一种是屠门大嚼雪花玉肪的纵情物欲的

生活，一种是菘根翠毛（即青菜）的平民生活。"元修"是一种菜，宋巢元修尝之，东坡曾嗜之。故曰"一笑不值东坡前"。一说元修菜即蚕豆，其实恐怕是比蚕豆小得多的豌豆。

吴镇在此《墨菜》画跋中说："梅花道人因爱食菜糜而作此。友人过庐索墨戏，因书而遗之，聊发同志一笑也。至正己丑）（1349）。"正是这种嚼野菜的生活，使他更不屑富贵，也因而有更深的平民生活体验。

古人重食菜，百事皆可作。露茎风叶味偏清，咬尽能教百事成。元代有李明复者，写诗赞食菜曰："嗤彼膏粱徒，岂知蔬食乐。所以士大夫，滋味甘淡泊。"吴镇平生虽未入士林，但他的思想境界，则可完全归入士大夫阶层，甘于淡泊。

元代钱惟善在和吴镇《墨菜》题画诗云："晚菘香凝墨池湿，畦菜摘尽春雨泣。梅花庵中吴道人，写遍群蔬何德色。怪我坐客寒无毡，床头却有买菜钱。四时之蔬悉佳味，乃知此等吾尤便。有客忽携画卷至，一笑落笔南风前。"[①]

"元四家"之首黄公望，在松江看到吴镇的这幅《墨菜》图，就在画面上题识道："其甲可食，既老而查。其子可膏，未实而葩。色本翠而忽幽，根则槁乎弗芽。是知达人游戏于万物之表，岂形似之徒夸，或者寓兴于此，其有所谓而然耶！"

看起来，品尝野菜的滋味，其意义已远远超出了野菜本身，这里面包含了贫贱不能移的品德，也有一个艺术家对生活的真实体验所在。这倒并不是说穷厄的困境必能激起审美的发现，而是说有了一颗平常心，就能让恬淡之心与自然契合，从而发现美。怡情养性，平淡中有至美。大巧若拙，不经意中有淡远的意境。这就是吴镇发掘的生活之美。

闲适求静，甘守淡泊，远离世俗之罗网，隐迹林泉，以识静中幽逸，淡中滋味，这已很有些道家的机趣了。

---

① 见钱惟善《江月桧风集》，北京：当代中国出版社 2014 年版，第 142 页。

第六章

自备墓穴，终究四大皆空

游戏笔墨

庄子讲过一个真正艺术家解衣般礴的故事。

在《庄子·田子方》中有一则寓言："宋元君将画图，众史皆至，受揖而立。舐笔和墨，在外者半。有一史后至者僵僵（舒闲之貌）然不趋，受揖不立，因之舍。公使人视之，则解衣般礴臝。君曰：'可矣，是真画者也。'"①

这个故事说的是，宋元君将要开始画图时，所有的画师都来了，一一受命跪拜作揖后就站立一边，他们把画笔濡湿，调好墨。在外面等待进殿的还有一半人呢。有一个画师到得最晚，一副悠闲的样子，也不急着挤进殿去，只是受命跪拜作揖，礼毕却并不站立，而是立即返回了住所。宋元君派人去看个究竟，那人回来说他正赤膊盘膝坐着呢。宋元君说："行，他才是真正的大画师。"

吴镇喜欢这个故事，把它题写在《墨竹谱》第四页上。无疑，吴镇是十

---

① 见石磊评注《庄子》，上海辞书出版社 2015 年版，第 209 页。

分欣赏解衣般礴赢那种神闲意定无拘无束的心态的。先前的众史都是受揖而立，在心理上没有达到沉醉于艺术的状态，而后入之画史心中既没有庆赏爵禄之欲，也没有非誉巧拙之辨，可以很自然地连礼节都不顾的受揖不立，解衣般礴如入无人之境，他的行为体现了他内心的虚静之状态，心中无尘俗杂念、礼教法规，所以注定用志不分，主客一体。既然身形都已经达到了忘我的状态，宋元君断定他的画艺就必定出神入化也就是情理之中的了。

画家要真正地做到自由的体现，就不能受到任何的外来世俗礼法的束缚，而是要全副身心投入其中，有那种忘身世外的精神状态。解衣般礴，也就成了古往今来艺术家们追求人性解放和精神自由的一种状态：率性自然。要想达到这种不受外界束缚自由的精神境界，必须将感官和心智上的束缚摒弃干净，成为无为的虚空，然后才有可能以空明的内心去感应天地，映照万物，达到与宇宙、自然合一的，至人的境界。只有不为一时的耳目心智所左右，截断意念的牵绊，洞开观照的大门，精神才会获得真正充实的高度，才可以达到天地与我并生，万物与我为一的境地。只有旁若无人，方得化机在手，元气淋漓，不为形式所拘，而游于法度之外矣。

在物我两忘的情境下，挥洒出自己内心的真我来，在这个两忘之中无所谓好，也无所谓坏，不计较任何外在的评价，完全出自无我的意念，使性情得到真正的释放。

吴镇作画，基本上都是处在这一心态之下，因此挥洒自如，绝无芥蒂。他常说，画着画着，不知道笔在手中。

投入"游戏"之中，而不考虑一切世俗的束缚。这一点吴镇讲得很明确。他在《画竹自题》一诗中说："图画书之绪，毫素寄所适。垂垂岁月久，残断争宝惜。始由笔砚成，渐次忘笔墨。心手两相忘，融化同造物。"作画之前，要忘笔墨、忘心手，这样才能与造物相融化为一。这实际上是讲一种状态。

他在另一首题画诗中写道："我爱晚风清，新篁动清节。呺呺（哮，大而中空貌）空洞手，抱此岁寒叶。相对两忘言，只可自怡悦。"这"相对两忘言，只可自怡悦"生动地描述了物我同一、无心的自由境界。

这种墨戏的精神状态，在吴镇众多的题画诗中随处可见。如《秋岭归云图》："峰色秋还好，云容晚更亲。瀑泉落霄汉，霜树接居邻。静处耽奇尚，消闲觅旧因。悠悠桥畔路，终日少风尘。"清静悠闲，一副轻松自得之态。题《竹谱》云："初画不自知，忽忘笔在手。庖丁及轮扁，还识此意否？"开篇两句描述的正是全神贯注的状态，有了这种墨戏的状态，绘画方才如庖丁之解牛，轮扁之斫轮，进入游刃有余的自由境界。懂得了这个道理，再来看他画上落款戏墨或墨戏，就不觉得奇怪，这个戏并非孩儿家嬉戏的戏，而是进入高度自由状态下的思维活动。他画的轻松，欣赏的人百看不厌。

有些书画作品，作者费时费力，矫揉造作，看得人厌厌的，再不想看第二遍，何哉？就因为创作时作者心神游离于状态之外的缘故。

元四大家中，年岁排在第三的倪瓒，有一句话常常被后世注释文人画时所运用："逸笔草草，不求形似，聊以自娱耳！"云林以为绘画不过是胸中逸气得以宣泄，非为媚形，不过自娱而已。平淡天真，感情真实，不是有意刻画而达物我两忘之境界。这与吴镇的戏墨说是相通的，只是吴镇戏墨说早于云林的"逸笔草草"说好多年，真可谓英雄所见略同。

不过，话说回来，要想达到虚静无我的境界，也不是任谁说来就来，那是长年修炼的结果。这种修炼，就是行万里路，读万卷书。外师造化，中得心源，才能使笔墨驰骋于法度之中。吴镇曾抄写苏轼《题文与可篔筜谷偃竹记》。苏轼的这篇记写了与可画竹内外为一、心手相应的高超技艺，说明传神须有高度娴熟的技巧。

吴镇说："墨竹虽一艺，而欲精之，非心力之到者不能，故古今惟文与可一人而已，他无闻也。余力学三十秋，始克窥与可一二，况初学者耶！然不知后之能视余笔者几人乎？至正九年（1349）二月望后二日书。"虽声称墨戏，但这笔墨游戏的自由，是以极端高明的技法为前提的。

只有熟练掌握技巧，再加上胸次高尚，全身心投入，自有佳作问世矣。书读多了，俗气自然下降，书卷气随即上升，垒垒胸次便在其中。

吴镇小住嘉兴春波客舍时，称他的居室为"笑俗陋室"，门上挂一块小木板，上刻"笑俗"二字，是他堂兄吴汉英手书，而后托饮冰先生捎去，俩人会心哈哈大笑。吴镇赋诗曰"有竹之地人不俗"，他画竹是为破俗耳。吴镇的高风亮节，正是在不断去俗之中锤炼而成的。

心仪空门

说到吴镇，人们总会提一个问题，他到底是道士呢还是和尚？

道教早在佛教传入以前就存在。出家人信仰道教，就称道士、道人。

吴镇自号梅花道人，他有许多朋友是著名道士，如方方壶、葛乾孙、黄公望、元初等。他研究道家学说，笃信道家天人合一观念。这与他早早接受道家学说有关。

吴镇于至正二年（1342）曾在苏州玄妙观东轩，将他自己画的《平林野水图》赠送给道士周元真，画上题诗曰："平林方漠漠，野水正汤汤。苍茫日欲落，辛苦客异乡。草店月回合，村路迂处长。渡头人散后，渔父正鸣榔。"它描绘了吴镇在傍晚的太湖旅途中的一个场景。平林是东洞庭山太湖岸边的一个小村庄，今仍名平林。

周元真，字元初，嘉兴人，至正年间，居住在吴县葑门外报恩道院，自号鹤林先生，事母至孝。一时文士多以诗文投赠。常与吴镇结伴作游。

至正二十一年（1361）十月，在嘉兴紫虚观，周元真出示吴镇《平林野水图》，请倪瓒题诗，倪瓒题句并跋文曰："鸳湖在嘉禾，湖水春浩荡。家住梅花村，梦绕白云乡。弄翰自清逸，歌诗更悠长。缅怀图中人，看云杖桄榔。元初真士尝居嘉禾紫虚观，好与吴仲珪（圭）隐君游，故得其诗画为多。今年十月，余始识元初，即出示此帧，命仆赋诗。因走笔次吴隐君诗韵题于上。隐君（有版本尚有'居魏塘梅花庵'句）自号梅花道人云。至正二十一年（1361）岁在辛丑，倪瓒记。"[1]

倪瓒称周元初"好与吴仲圭隐君游，故得其诗画为多"。吴镇去世后，周元真出此画请倪瓒赋诗，倪题"家住梅花村，梦绕白云乡""缅怀图中人"之语，既说明吴镇好游的个性，也表明《平林野水图》的图中人就是故

---

① 见（清）张丑《古代书画著作选刊 清河书画舫》上海古籍出版社 2011 年版，第 754 页。

友吴镇。

吴镇二十余岁即对道教有深厚的兴趣。与他交往的画家方方壶即是上清宫道士。

吴镇曾画松图，并题曰："青云山中，太玄道人，隐者也。时扁舟往来茜武（茜武，系两条河水的名字：茜泾，在魏塘东北方十公里，东入黄浦江；武水，东西向流经魏塘）之上，与游从则樵夫野老而已。余拙守衡茅橡林有年矣。夏末会于幽澜泉，山主常师方啜茗碗。忽若口气逼怀，黄帽催行甚急。别后流光迅速，惜哉。因就严韵成四首书于画松之上。且发一笑而别。梅花道人。"

画的题诗曰："幽澜话别汗沾衣，飒尔西风候雁飞。我但悠悠安所分，谁能屑屑审其微。钓竿不插山头路，猎网宁罗水际矶。独有休心林下者，腾腾兀兀静中机。"闲适求静，远离世俗之罗网，隐迹林泉以识静中机趣，这是典型的道家况味。

吴镇的题画诗多的是这种玄趣，如"挺挺霜中节，亭亭月下阴。识得此中理，何事可容心。""老枫化为人，老杉化为石，庄周与蝴蝶，后来谁复易。"此诗用《庄子·齐物论》庄周梦蝶之典故，喻人当浑然忘我，有物我无间之意。道家这种追求无为，物我同一的思想对吴镇的画学观念起了很好的影响。

吴镇在与道家往来之间，也醉心佛家的研究。吴镇最终心仪的不是道家的黄冠，而是佛家的空门。

吴镇晚年的画作落款偶用"梅沙弥"。《释氏要览》称："此始落发后之称谓也。"这是否表明此时已正式为出家人？倒也未必。若正式剃度，法师须命名法号，吴镇在题识中当有透露，"梅沙弥""梅花和尚"均是他自己戏称而已，并非正式法号。

最早的"梅沙弥"落款，目前能见到的是至正七年（1347），在《草亭诗意图》跋语中有"梅沙弥书"的款识。翌年正月，在《招仙词题高彦敬云山卷》的跋中说："沙弥老人仿招仙之词作此赞。白日寒冰，手皱龟坼，云川居士应笑我多事饶舌。至正戊子（1348）正月。"

此年吴镇六十八岁。可见吴镇晚年对佛教更加笃信。

吴镇的这种思想，从诗文短语中便见端倪。他在六十一岁抄写《心经》。佛教心学强调"心是诸法之本"，要求以一尘不染之心观照万物。《心经》说"心无挂碍"，便摆脱尘俗一切烦恼，乃至生死。

故吴镇对佛的信仰中，尤重视"心"的作用。他作《无碍泉》诗曰："瓶研水月先春焙，鼎煮云林无碍泉。将谓苏州贤太守，老僧还解觅诗篇。"佛家讲无碍，便是讲通达自由，毫无障隔。知生死，即涅槃。

他在《题大士》的偈语中说："大定光中现自在相，杨柳瓶中，陁罗石上，心如止水，水如心，稽首大悲观世音。"他心目中的观世音菩萨，心离烦恼之束缚，如止水般安静，外界一切引诱皆不动心，故现自在相。这种自在相正是心无挂碍，通达无阻的佛法显身。

吴镇晚年，家居陋巷，心却益静，常焚香终日独坐，因而也有了更多的心灵自由。这就为他的墨戏创造了良好的创作心境。不过，与释道不同的是，吴镇的心灵并不走向佛家的空寂，他晚年旺盛的创作力充分证明了他的学佛学道，其归宿还是在书画中实现人生的自我价值。

儒家主张入世，融入社会，建功立业。道家主张无为，对社会若即若离，顺适慰平生而已。释家以为四大皆空，人世间一切皆因缘和合。

吴镇研究释道，皆从儒学出发而最后又归宿于儒教。正如他在《题画竹》所云："若有时人问谁笔，橡林一个老书生。"

老书生，才是吴镇最确切的社会身份。

社会交谊

吴镇的社会活动范围不是很广，比起同时代的文人杨维祯他们来低调多了。为人处世从不张扬。又因个性使然，交友选择性极强。所交以道、释为众，一生不屑于追求功名利禄，然也不一味排斥官场中人。

黄公望、吴镇、倪瓒、王蒙，他们的成就不仅在绘画，于诗词、书法、艺术论，以至于人生哲理思索，莫不作出巨大贡献。他们有共同语言，往往在彼此画上题写章句，一诉心曲。

吴镇外出游历十年回归梅花庵后，深居简出，以书信与友人互通声气，借此相慰。

吴镇题黄公望《万里长江图》有"昔年禹玉岂容攀"句，他认为子久此图之雄浑，就连禹玉也为之却步。禹玉即夏圭，南宋皇家画院著名画家。黄公望对吴镇也十分推崇，评吴镇《墨菜》"不求形似，只为寓兴"，可为知己者之言矣。

吴镇与倪瓒尤为知己。吴镇题倪瓒《耕耘东轩读易图》云"别去相思无可记，开缄时见墨纤纤"，中间传递者携此图并一信，故有"开缄"之说。此前倪瓒曾造访梅花庵，两人于窗下开怀畅饮，因而用"别去相思"形容对友人深切思念。吴镇不苟言笑，如此动情，极为难得。倪瓒写诗赞吴镇曰"醉后挥毫写山色，岚霏云气淡无痕"，好一个"淡无痕"，不是深知者，焉能作此评语耶。

吴镇年长王蒙二十余岁，王蒙之父王国器，与吴镇有旧，王蒙外祖父赵孟頫与吴镇三叔吴森情同手足，两家沾亲带故，因此吴镇与王蒙是忘年交。吴镇在王蒙画上题诗，对王蒙颇为推许。

王蒙为危太朴画山水册页二十开，吴镇题曰："吾友王叔明（王蒙，字叔明）为太朴先生作此二十幅，高古清逸，无不兼之。人有谓其生平精力尽属于此，吾又谓其稍露一斑，不仅止此而已也。"人评此属王蒙倾毕生精力所创作，吴镇以为他不过小试牛刀而已。可见吴镇对王蒙了解之深。

吴镇治学严谨，为文极有分寸，无有过之者，向无曲意奉承之陋习，语语皆为衷评。故一时高人贤达皆心悦诚服与之交往。

陶宗仪，字九成，号南村，黄岩人，赵孟頫外孙。元末举进士不中，即弃去。家贫，教授自给。避兵居松江（今属上海）北，闭门著书，有《辍耕录》等。至正九年（1349）冬十一月望日，吴镇作《野竹居图》以赠，题诗并识文，文曰："天台陶九成来游醉李，一日会余精严僧舍，因出《竹居》诗轴示，索写墨竹一枝以娱。"

据陶宗仪《辍耕录》云："余二十年前，嘉兴吴仲圭为画图。"画的是《宝晋斋研山图》。《辍耕录》成书于吴镇逝世（1354）后八年，此图吴镇画时在六十三岁或之前。

至正庚寅年（1350）五月一日，吴镇为佛奴作《墨竹谱册》首页题识"至正己丑（1349）有客自天申（松江）来"，此客当是谢伯理。又吴镇题画《山水三首》之三云："忆昔相逢武水头，行行送上木兰舟。遥怜落日蒸溪上，野色风声几许愁。"

蒸溪，流经松江之北。吴镇所送之友人当是谢伯理。谢伯理（1300—?）居松之泖湖，官松江同知，藏赵孟頫《人马图》。吴镇为其画墨竹册十开。柯九思题。

唐明远，钱塘人，至正八年（1348）持宋人梅花卷至梅花庵访吴镇，时吴镇初旅嘉兴，遂先索吴瓘画梅竹，继而赴嘉兴求吴镇画梅。上年三月，唐明远曾随杨维祯等十五文人畅游汾湖。

张观，字可观，枫泾（今属上海市金山区）人，善山水，学马夏，长于模仿。《太平清话》云："张观后与吴镇游，笔力益古劲。"

张定，僧，号松岩，嘉兴人。善花竹、翎毛。吴镇七十一岁为其画《墨竹》卷。

赵弈，字仲光，赵孟頫子，隐居不仕，日以诗酒自娱，尤以书画知名。吴镇为张定画《墨竹卷》，多年后赵弈题跋："吴仲圭墨竹初学文湖州，运笔虽熟而野气终不化。此轴为松岩禅师所作。岩之族孙弘宗藏主请题，予与仲圭、松岩皆故人也。"

德翁，不知姓氏。吴镇于至元元年（1335）曾为其作《源头活水图》，今失传。

元时有名焦白者，字任道，本淮人，长于吴兴，张士诚时避泖（枫泾北），变名德乙郎，浮寄僧舍，才志不羁，兴到时作画，率不凡。德翁即焦白，可备一说。

子洲，吴镇五十九岁为其画《山水》卷，失传。

子渊，似与子洲昆仲，吴镇五十九岁为其画《松泉图》，传世。

竹叟，讲师，景德讲寺高僧，吴镇五十九岁为其画《一叶竹》，梅花庵存八竹碑之一。六十五岁复为其画《墨竹》。

子敬，吴镇六十三岁为其画《渔父图》轴，传世。汾湖陆祖恭，字子敬，陆行直第六子，喜书画收藏。元末散财，逍遥于五湖三泖间。

若虚，吴镇六十四岁为其作《墨竹》，失传。

平林居士，吴镇六十四岁为其作《涧松图》轴，失传。

大无练师，吴镇六十六岁为其作《山水图》，失传。

古泉，景德讲寺高僧，吴镇为其画《四友图卷》，失传。清吴升《大观录》对此图有详细记载，照录如下：

"牙色，纸本，高一尺，长十四尺四。接应古泉请画者。初画松，次画竹，次画兰，次又画竹。

"画之左各题七言八句，缀以款，末复题长跋，皆在至正五年（1345）。明年冬至，沙弥又过古泉，续画寒梅，足成四友。

"今第一图是墨梅一株，分两干，萼蕊向背，作十数朵，淡墨勾瓣，浓墨染蒂，嫩寒清晓，神韵宛然。"

"第二图，古松一株，横偃二尺许，藤萝自根盘绕，右枝垂细藤三四条，浓淡墨点叶于松针之侧，淋漓老苍。松根片石，破墨横皴。地坡大点苔，细剔草，尺幅中俨（然）有巨（然）僧'万木松风'势。"

"第三图，竹一茎，寒梢纤瘦，下剔叶掩映，正面作石坡，阔笔皴，浓淡墨点苔，如瓜子许。"

"第四图，蕙二干，一蕊一花，撇长叶四五茎，以短叶附于旁。无地，颇似所南法。"

"第五图，又画竹一茎，作风偃势，分两枝，各剔叶四五瓣，潇洒有佳趣。"

吴镇所题诗分五段。

其一："至正六年（1346）冬至日来见古泉，出此卷俾画梅花一枝，以续岁寒相对之意也。梅花老戏墨。"

其二："砚池漠漠吐墨汁，苍髯呼风山鬼泣。涛声破梦铁骨冷，露影拂空翠毛湿。徂徕百亩绕云烟，湖山九里甘萧瑟。何当置此明窗前，长对诗人弄寒碧。古泉讲师索画松，遂书此塞请也。梅花道人戏墨。"

其三："野竹野竹绝可爱，枝叶扶疏有真态。生平素守远荆榛，走壁悬崖穿石罅。虚心抱节山之阿，清风白月聊婆娑。寒梢千尺将如何，渭川淇澳风烟多。至正五年乙酉（1345）岁冬十月四日，梅花道人为古泉老师戏作《野竹》于橡林旧隐梦复窗下。"

其四："舳棹风下东吴舟，坏（坏，或作抔、抙，音培）土移入漳泉秋。初疑紫莛攒翠凤，恍如绿绶萦青虬。猗猗九畹易消歇，奕奕百亩多淹留。轩窗相逢与一笑，交结三友成风流。梅花道人戏墨。"

其五："与可画竹不见竹，东坡作诗忘此诗。高丽老茧冰雪古，戏成岁寒岩壑姿。纷纷苍霰落碧筱，谡谡好风扶旧枝。狰狞头角易变化，细听夜深雷雨时。梅花道人游戏墨池仅五十年，技止于此。"

跋识："古泉老师每以纸索作墨戏，勉而为之，一日出此卷嘱之，欲补于后，以供清玩。遂作一补之。古泉呼童汲幽澜泉，瀹凤髓茶，延之于明碧轩，焚香对坐终日，略无半点尘俗，浼人聊书此，以识岁月也。至正五年（1345）冬十月四日，梅花道人书。"

辛敬，字好礼，开封（时称大梁或汴梁）人。擅长行书、草书。元至正年间与吴镇相识。吴镇《瑾本渔父图》卷（今藏上海博物馆）有其题跋。

此卷民国藏家吴湖帆跋识曰："右辛好礼敬一题应为吴仲圭、吴莹之（吴瑾字莹之）等为同时作……据仲圭《嘉禾八景》图，卷亦有辛氏诗题，可知辛与仲圭为同时人，且有文字往还。"

钱重鼎，字德钧，通州人，读书广博，潜心六艺，攻习古文辞，曾在南宋为官，入元后客居苏州陆季道翰林第，归隐十年，陆为其在汾湖南岸筑室，与自家别业为邻。钱聚书其中以自怡悦。赵孟頫于大德六年（1302）作《水村图》，描绘的便是钱氏在汾湖别业的水乡景色。是处离陶家池不过三五里，钱与吴镇父辈相识。

汉贤，吴汉英胞弟，吴镇堂弟，吴镇在嘉兴作《竹外烟光图》相赠。题曰："汉贤高昆隐居求志于武水之滨，年七十，优游终日无一语，毋生事灾哉！有堂扁楣'全福'，予拈笔戏云：'有客抱琴来，调以全福吟。一激南歌发，七弦此正音。竹外烟光薄，松间月影沉。共女（汝）谢弦激，观复天地心。'梅沙弥稽首。"此图传世。

元泽，吴镇六十八岁为其作《草亭诗意图》卷，传世。

许有孚，字可行，汤阴人，许有壬之弟。约元文宗至顺初前后在世。登进士第。历中宪大夫，同佥太常礼仪院事。吴镇七十一岁为其作《竹谱图》卷，传世。

王国器，字德琏，号筼庵，工诗词、绘画，娶赵孟頫第四女。王蒙之父。吴镇七十二岁为其作《山水》十二段。

维中，不知其姓，吴镇七十三岁时，见十年前所作《渔父图》卷，时归维中收藏。维中持卷，求吴镇补款（原作无款），吴镇然诺，遂于魏塘慈云寺僧舍援笔书跋："余昔喜关仝山水清遒可爱，原其所以，出于荆浩笔法。后见荆画唐人《渔父图》有如此制作，遂仿而为一轴，流散而去，今复见之，乃知物有会遇时也。一日维中持此卷来命识之，吁！昔之画，今之题，殆十余年矣！流光易得，悲夫！至正十二年壬辰（1352）秋九月廿一日梅花道人书于武塘慈云之僧舍。"此卷今在美国华盛顿佛瑞尔艺术博物馆。

陈海屋，吴镇为其画《古木居士图》。

据明李日华撰《六砚斋笔记》一书曾记载："吴仲圭忍贫孤隐，极不喜为人作画。至于写像，犹所靳者。然有《古木居士图》一帧，为陈海屋先生作者，先生高隐有道术，年九十余而健饮，头无二毛，盖神仙中人。其图作古桧三株，荣茂者，浓郁如藏风雨；槎丫凋蚀者，倔强扭裂若经严霜苦雪；野火烧余者，多则千年，少亦数百年物也。林间一老，长裙曳袖，气韵澄淡，望之知为世外仙癯，梅老杰思也。"此图未见传世。

云川居士，持所藏高克恭《青绿云山图》求吴镇赏题，吴镇书"招仙词"后跋识："彦敬尚书于襄阳墨戏作此图，沙弥老人仿招仙之辞作此赞。白日寒冰，手皲龟坼，云川居士应笑我多事饶舌。至正戊子（1348）正月。"

危素（1295—1372），字太朴，一字云林，江西金溪人，至正间荐经筵检讨，官至翰林学士承旨。吴镇画《夏山欲雨图》，危素题识称"吴梅庵吾之知友也"。按，今台北故宫博物院所藏吴镇款《夏山欲雨图》，非吴镇真迹。

云西老人，即曹知白（1272—1355），字又玄，一字贞素，号云西，华亭（今上海松江）人。至元中为昆山教谕，意甚不乐，遂辞去。工山水，法李成和郭熙。笔墨清润，全无俗气。辞官后隐居读《易》，啸傲山林。吴镇仰慕其为人，对其相当熟知，故有"云西老人清且奇"之赞颂。

徐元度，黄公望曾为徐作山水，复请吴镇题句。

郑守仁，字蒙泉，黄岩人。道服游京师，时大雪封门，读书僵卧自若，京师号其为独冷先生。工诗，著有《蒙泉集》。是时蒙泉将赴鄞，赵仲穆（赵雍，赵孟頫子）作画相赠，复又著吴镇题句。从题句可知吴镇对赵雍并不陌生，吴镇与赵雍之胞弟赵弈是好友。

王学士，藏宋米芾《溪山骤雨图》卷，请吴镇题句。

方从义（约1302—1393），道士，字无隅，号方壶，贵溪（今江西贵溪）人，工诗文，善古隶、章草。画山水多为云山墨戏，画风高旷清远。吴镇数次为其画题诗。有"方壶终日痼烟霞""知君紫府归来后，闲把丹青玩翠微"等句。

苏州太守，不知姓氏。吴镇曾与其品茗叙谈，并即席赋《无碍泉》诗。

盛懋，字子昭。父洪，南宋临安（今杭州）人，迁徙魏塘，业画。懋承家学，善画人物、山水。早年并得陈琳指点。陈琳字仲美，浙江临安人，出身绘画世家，父亲陈珏是南宋末年画院待诏。琳幼承家学，擅画人物、花鸟、山水，后得赵孟頫指点。其画笔力浑厚简练，设色轻巧，形态生动逼真。盛懋画山石多用披麻皴或解索皴，笔法精整，设色明丽。代表作有《秋林高士图》（今藏台北故宫博物院），《秋江待渡图》（今藏北京故宫博物院），《沧江横笛图》（今藏南京博物院），《溪山清夏图》（今藏台北故宫博物院），《松石图》（今藏北京故宫博物院）等。

盛懋是元季专业画家，向以作画出售得利而谋生，当时被称为"画工"，与同样是作画却不赖以生存只为抒发内心块垒的儒生有别，如赵孟頫、高克恭、黄公望、吴镇、倪瓒、王蒙他们属于文人画家。但盛懋技艺自是不凡，并能接受元代文人画派的影响，其作品颇合士大夫阶层的审美情趣，故成名甚早，史载其于元皇庆二年（1313）即有《仿张僧繇山水图》名世，比同里吴镇存世年款最早的《双桧平远图》（作于泰定五年1328）还早十五年。吴镇去世后八年（1362），盛懋尚有《夏山行旅图》传世。其墓，据清光绪《嘉善县志》载"在县治东北里许"，即今小东门处。按，是处在明代筑嘉善城时位东墙北墙交角，其墓恐怕毁于此时。

用今天的眼光来审视，盛懋同样是一位了不起的画家，盛子昭乃刘松年之遗派，刘松年钱塘（杭州）人，是宋孝宗、光宗、宁宗三朝时的宫廷画家。刘松年青绿山水及宫殿的绘画风格，精细秀润细腻典雅，是"院体画"代表画家之一。刘松年画风可追溯到北宋，盛懋窥探其妙，所作画有北宋皇家画院画派余绪，其大山堂堂的山水，对明清画坛有着不可低估的影响，他的艺术成就有目共睹。如元代仍然办有皇家画院，盛懋有可能是其中出类拔萃者，文人画恐怕就难以在画坛崛起，更莫说独领风骚了。

吴镇与盛懋同住魏塘，年龄也相仿，两人交往从无记载。直至近年，发现盛懋一幅镜心团扇山水《溪山楼阁图》，竟是画就赠送仲圭之物，才证实吴镇与盛懋原本是好友。此图直径28厘米，图下方画溪涧和疏林，林间楼阁参差，远山起伏，完全是成熟的盛氏风貌。款识"盛懋为仲圭画"，钤印两方，白文"盛懋"在上，朱文"子昭"居下。

文人画家与民间画工，后人总以为是两股道上跑的车，老死不相往来，事实恐怕未必如此。当时魏塘还有画家林伯英、沈雪坡等。林伯英工花鸟，生动有逸致。沈雪坡好写梅、竹。两人同出楼观门下。楼观，宋钱塘（今杭州）人，咸淳（1265—1274）间画院祗候，与马远齐名，工画花鸟、人物、山水，得夏圭笔法，傅色亦绝似之。

书法家岳彦高，北人，徙居魏塘，擅草书。

明正德《嘉善县志》载："武塘四绝谓：'盛子昭山水，吴仲圭墨竹，岳彦高草书，章文茂笔。'四者虽文艺之末，然用意精到，士大夫争尚推之。"

吴氏义塾，吴森创办，塾师为慈溪人黄正孙，乃宋宗正少卿黄震之孙，年十二宋亡，绝意仕进，徙居魏塘，吴森延其为塾师，寿八十一而终。子黄玠（1284—1364），字伯成，清苦力学，继父主吴塾三十年，得赵孟頫称许，谓生平第四友。

袁桷（1267—1327），字伯长，浙江庆元人，年幼时即声名卓著，起为丽泽书院山长，官至侍讲学士，自号清容居士。其收藏李成《江村秋晚图》，吴镇鉴题，诗中有"清容自是鉴赏家"句。

似之，清姚际恒《好古堂家藏书画记》（卷下）记载云："吴仲圭墨竹二帧，其一，诗曰：'野竹野竹绝可爱……'至正三年（1343）冬十月十日，似之来游武塘，下访，出帧索拙作，匆匆行意，秉烛而为之，老草率易，以塞其请。俟他日，泛蒸溪造竹所作也。梅花老镇顿首。"至正四年（1344）二月二十一日，吴镇又为其作《墨竹》册页两开。似之也居蒸溪，吴镇在彼，识者颇多。

芝田，吴镇为其作《竹谱》，跋文有"余与芝田作竹谱"句。

李景先，至正九年（1349）冬十一月望日，吴镇为陶宗仪作《野竹居图》时，跋文有"李景先同在一笑"句。

沈彦实，字元用，麟溪（今嘉善杨庙）人，系吴镇祖母（吴泽夫人系麟溪沈氏女）娘家侄孙辈。2020年查麟溪沈氏家乘，沈彦实在焉。至正癸巳（1353）秋九月，吴镇为其作《南陵山水》册四开，其中一幅临摹董源画《寒林重汀图》题识曰："董源画《寒林重汀》，笔法苍劲，世所罕见其真迹，因观是图，摹其万一。与朋友共，元用当为著笔。"四开中《红叶村西图》传世，今在美国，属私人收藏。这或许是吴镇封笔之作。

傅抱石在《壬午年重庆画展自序》一文中，对中国绘画史上彪炳显赫的元季"四大家"说过一段别具慧眼、极有见地的话："黄大痴、王叔明两家很'欢迎朋友'，吴仲圭'选友很严'，倪云林则'拒而不纳'。"

吴镇选友很严，个性使然。

自营生圹

吴镇的墓地是他自己选定的，就选在他生活多年的梅花庵梦复窗之南，那一片梅林原本就是陈园旧迹，他二十多年来又亲手培育。他知道他走后，梅花庵不会再有人居住，梅园亦将荒芜，终日里静悄悄的，他喜欢安静，在此长眠是最好不过了。

吴镇七十三岁那年冬至，吴瑱从当湖过来看望老弟。老哥儿俩在准墓地有过一番对话。

仲圭："百年内有官人住吾宅，居民侵吾园矣。"

伯圭："二百年内有人学汝画，三百年内有人稍葺汝墓。后人稍读吾与汝书，后当以吾汝术济世者，嘻！"

其后，吴镇为自己书写墓碑。

至正十四年甲午九月十五日（1354 年 11 月 1 日），吴镇仙逝，尔后下葬是处。棺木停放于地穴，垒土为山。

坟山南竖立着吴镇自己题写、他人镌刻的隶书石碑"梅花和尚之塔"。左右各一行楷书小字。左曰："生至元十七年庚辰（1280）七月十六日子时。"右曰："殁至正十四年甲午（1354）九月十五日子时。"

按，卒之年、月、日、时辰，当是料理丧事时由主事填写。

吴镇墓碑，实在异乎寻常。通常书"某某之碑"，而他书的是"和尚之塔"，不称碑而称塔，这在华夏大地恐怕是绝无仅有的。原来他将自己最后托付于空门了。事实上和尚坐化于荷花缸后，皆由弟子们在缸之四周围砌砖塔，不竖碑，仅将法号及圆寂时日等文字镌刻于塔砖之上。吴镇非释子，故用寻常棺木、垒坟山、竖墓碑，但他又不愿落俗套，故称之为"塔"。

他去世后十年，元末战乱，侄儿吴瓘苦心经营数十年的竹庄化为灰烬，他墓前碑石扑地击碎，断为三截，"梅"字和半个"华"字被击落，碎石已不知所在。

较早留下有关断碑文字的是刘侃。刘侃，字克刚，号乐闲公，明代嘉兴人，明景泰（1450—1456）初领乡荐，知延平府，谢病归，授徒自给。工楷书，诗文也清丽。他《吊梅花道人墓》诗有"草色被荒冢，苔痕蚀断碑"之句。

差不多同时的沈周，也留有诗句。沈周（1427—1509），苏州人，字启南，号石田，明吴门画派首领，书法宗黄庭坚，山水少承家学，兼师当代名家，中年起以黄公望为宗，晚年乃醉心于吴镇，专程自苏州来魏塘，凭吊吴镇墓，执弟子之礼，其有诗曰"梅花庵主是吾师"。当时他看到的已是不完整的"短碑"了。

吴镇墓碑虽被击碎，其墓茔却安然无恙。

说也奇怪，不知道从什么时候起，墓山顶峰竟同时生长出五棵梧桐树来。梧桐是吉祥树，传说它能引来凤凰。中国的读书人，向来喜欢与梧桐树结交，有"高人洗桐树，君子爱莲花"之说。吴镇是后人敬仰的高士，想不到他即使在冥冥之中也与桐树结缘。

明宣德五年（1430），嘉善建县。县衙立于竹庄废墟。应验了吴镇"百年内有官人住吾宅"的预言。

第一个关注地方俊彦的官员是明正德年间知县倪玑。上任伊始，即询问嘉善人文历史，人告之梅花道人吴镇的坟丘所在，倪玑遂率僚属往访，只见墓院杂树丛生，藤萝攀缘，荒芜不堪，梅花亭只剩一堆破砖残瓦。一代名士埋玉地，岂能久处荆榛围堵，与狐兔为邻乎？

倪知县遂捐俸禄，派人清理墓院，拔去杂草，修剪枯树，扶持梅株，重修梅花亭，上覆稻草，且易"梅花亭"为"暗香浮月"亭，倒也斯文雅致。梅花庵屋舍梁倾墙圮，椽断瓦坠，无力更新，只得稍作拾掇罢了。墓丘顶则覆以新土。

又过了将近一百年的明万历年间，知县谢应祥主事，沿坟山加砌一圈石条，将近一人来高，续填墓土，遂成今日之巍巍模样。

又过了二十年，徐姓道士，在梅花庵断墙坍壁间搭建草庵以守墓，生员袁士鳌等呼吁重建梅花庵。

官至礼部尚书的松江董其昌、名士陈继儒访吴镇墓，时吴镇声名鹊起。

其时状元钱士升出资，将旧庵拆除，扩大规制，建前后两厅，西侧傍以僧舍，又将梅花亭重立，砌砖加瓦。钱士升官至东阁大学士，明代不设宰相，此即相位。其"国相之印"玉印今藏嘉善县博物馆。状元府第建于钱家汇，国老厅、书房分别在 20 世纪 80 年代末和 90 年代中期拆除。

又过了三百年，到了 20 世纪 30 年代初，某日，春料寒峭，墓院突然来了几十个人一起祭奠梅花道人，为首者张大千，黄宾虹、张善孖紧随其后。主宾在吴镇墓院合影留念，计四十四人，因人多，有的上了坟顶大树。得以一睹五桐之风采。

七年后，日本侵略中国，在金山卫登陆，中国军队于嘉善东郊血战日寇七昼夜失守，嘉善沦陷。日军进驻，有一小分队占梅花庵，于前院掘井饮水。

日军驻庵期间，某日，小庵尼张安珍正在庵东彩笔溪浣衣，忽听身后轰然一声，赶紧回庵与师父等人查看，原来墓顶五桐最西一棵倒塌，横卧于魏塘河上。不久，其余四棵也相继倒下。所幸吴镇墓安然无恙。据云，日本军人不动和尚之物。

起自1966年"文革"期间，像梅花庵和吴镇墓这样明显的地面文物是必定要保护的，但"红卫兵"往往以"破四旧"之名行破坏之实，军代表得知此乃省级保护文物单位，于是在庵门加贴封条，"红卫兵"学生见封条只得怏怏而退。

元代地面文物原本稀少，梅花庵和吴镇墓经过"文革"动乱而毫发未损，实在是凤毛麟角，吴镇命大矣。

第七章

山清水秀，翰墨长留人间

传世画迹

吴镇传世作品，迄今所见八十五幅，清单如下：

《双桧平远图》轴　绢本　180.1×111.4厘米　原名《双松图》　台北故宫博物院藏

《溪山高隐图》轴　绢本　160.5×73.4厘米　又名《溪山草阁图》　北京故宫博物院藏

《清江春晓图》轴　绢本设色　114.7×100.6厘米　台北故宫博物院藏

《秋江渔隐图》轴　绢本　189.1×88.5厘米　台北故宫博物院藏

《曲松图》轴　绢本　166.0×82.3厘米　美国纽约大都会艺术博物馆藏

《中山图》卷　纸本　24.6×90.7厘米　台北故宫博物院藏

《芦花寒雁图》轴　绢本　83.0×29.8厘米　北京故宫博物院藏

《秋枫渔父图》轴　绢本　84.7×29.7厘米　又称《渔父图》　北京故宫博物院藏

《松泉图》轴　纸本　105.6×31.7厘米　南京博物院藏

《高节凌云图》轴　绢本　167.8×97.9厘米　美国王纪千藏

《心经》卷（书法）　纸本　29.3×203.0厘米　北京故宫博物院藏

《洞庭渔隐图》轴　纸本　146.4×58.6厘米　台北故宫博物院藏

《渔父图》轴　绢本　176.1×95.6厘米　台北故宫博物院藏

《枯木竹石图》卷　绢本　33.3×44.4厘米　北京故宫博物院藏

《维本渔父图》卷　纸本　32.5×562.2厘米　美国佛瑞尔艺术陈列馆藏

《苍虬图》轴

《梅竹双清图》卷　纸本　22.4×89.1厘米　台北故宫博物院藏

《嘉禾八景图》卷　纸本　42.6×706.0厘米（一作37.5×566.0厘米）　台北故宫博物院藏

《苍松图》轴　纸本　101.0×45.8厘米　北京故宫博物院藏

《双树坡石图》轴　绢本　68.9×27厘米　宁波天一阁博物院藏

《瓛本渔父图》卷　纸本　33.0×651.6厘米　上海博物馆藏

《竹石图》轴　纸本　90.6×42.5厘米　台北故宫博物院藏

《松石图》轴　纸本　103.6×30.7厘米　上海博物馆藏

《草亭诗意图》卷　纸本　23.8×99.4厘米　美国克利夫兰艺术博物馆藏

《墨竹》册20开　纸本　34.3×44.3厘米　台北故宫博物院藏

《关山秋霁图》轴

《秋山图》轴　绢本　150.9×103.8厘米　台北故宫博物院藏

《梅花图》卷　纸本　29.8×35.0厘米　辽宁省博物馆藏

《野竹居图》卷　纸本　台北故宫博物院藏

《墨竹谱》册　纸本　序二开41.2×51.5厘米　正页二十开40.3×52.0厘米　台北故宫博物院藏

《竹谱图》卷　纸本　36.0×544.1厘米　上海博物馆藏

《筼筜清影图》轴　纸本　102.6×32.7厘米　台北故宫博物院藏

《竹枝图》轴　纸本　90.3×23.6厘米　北京故宫博物院藏

《仿东坡风竹图》轴　纸本　109.0×32.5厘米　美国佛瑞尔艺术陈列馆藏

《墨竹坡石图》轴　纸本　103.4×33.0厘米　北京故宫博物院藏

《多福图》轴　纸本　96.0×28.5厘米　天津博物馆藏

《竹外烟光图》轴　　纸本　84.5×34.3厘米　私人藏

《野竹怪石图》轴　　纸本 99.9×33.6厘米　明德堂藏

《碧筱抱节图》轴　　纸本 88.0×40.8厘米　日本东京国立博物馆藏

《红叶村西图》卷　　纸本 21.3×53.8厘米　美国克利夫兰艺术博物馆藏

《新凉透寒图》轴　　纸本　96.5×34.0厘米　私人藏

《七君子图》卷　　纸本　74.0×36.5厘米　苏州市博物馆藏

《轻阴绿苔图》轴　　纸本 100.0×38.0厘米（八竹碑之八刻石范本）　私人藏

《潇湘雨过图》轴　　纸本 91.0×27.5厘米（八竹碑之四刻石范本）私人藏

《垂竹拳石图》轴　　纸本 83.0×29.0厘米（2012.9.26上海雅藏拍卖）私人藏

传世吴镇款作品选录：

《平林野水图》镜心　纸本设色　128.4×58.5厘米　嘉善博物馆藏

《携琴观瀑图》轴　　北京故宫博物院藏

《溪山无尽图》卷　　北京故宫博物院藏

《山水图》轴　吉林省博物馆藏

《竹谱》卷　辽宁省博物馆藏

《竹谱》卷　辽宁省博物馆藏

《竹谱》卷　辽宁省博物馆藏

《溪流归艇图》轴　台北故宫博物院藏

《山水》卷　台北故宫博物院藏

《山水》卷　台北故宫博物院藏

《山水》轴　　台北故宫博物院藏

《夏山欲雨图》卷　台北故宫博物院藏

《晴江列岫图》卷　台北故宫博物院藏

《溪山雨意图》轴　　台北故宫博物院藏

《后赤壁赋图》轴（无款，疑似）　台北故宫博物院藏

《仿唐人渔父图》卷　台北故宫博物院藏

《竹谱》卷　台北故宫博物院藏

《竹谱真迹》卷　台北故宫博物院藏

《墨竹》卷　台北故宫博物院藏

《墨竹》卷　台北故宫博物院藏

《墨竹》卷　台北故宫博物院藏

《画竹》卷　台北故宫博物院藏

《山水人物图》册　美国佛瑞尔艺术陈列馆藏

《墨竹图》卷　美国哈佛大学美术馆藏

《湖船图》卷（对幅无款，疑似）　日本大阪市立美术馆藏

《竹石图》轴　日本京都国立博物馆藏

《墨竹图》轴　日本藤田美术馆藏

《墨竹图》卷　日本慈照院藏

《十六应真图》卷　日本惠林寺藏

《山水图》轴　日本阿形邦三藏

《竹石图》轴（对幅）　日本阿形邦三藏

《墨竹图》轴　日本菅原寺男藏

《墨竹图》卷　日本江田勇二藏

《竹石图》轴　日本私人藏

《墨竹图》轴　英国大英博物馆藏

《墨竹图》卷　英国东亚美术馆藏

《墨竹》册（一开）　嘉善张天方旧藏

《墨竹谱》卷　同鉴楼旧藏

《墨竹谱》卷　湖北沙市姜氏藏

《竹石图》轴　郑振铎编《域外所藏中国古画集之五——元画》

《枯木竹石图》轴　郑振铎编《域外所藏中国古画集之五——元画》

《山水》册（八开）　郑振铎编《域外所藏中国古画集之五——元画》

《墨竹图》轴　郑秉珊著《吴镇》

《墨竹》册（一开）　郑秉珊著《吴镇》

《峦光送爽图》轴　郑秉珊著《吴镇》

《雨歇空山图》轴　郑秉珊著《吴镇》

《墨竹》册（四开）　《历代名画大观——花鸟人物册页》

《水竹幽居图》轴　《中国历代绘画图谱——山水二》

《松斋读书图》轴　《中国历代绘画图谱——山水二》

《囊琴怀鹤图》轴　《中国历代绘画图谱——山水二》

《山水图》轴　原田谨次郎著《中国名画宝鉴》

《独钓图》轴　铃木敬著《中国绘画综合目录》

（以下作品，已入画册，画册编者无缘得见，真赝不详）

《疏林远山图》《名绘荟萃册》三

《烟汀雨渡图》《集古名绘册》一九

《虚榭听泉图》《集古名绘册》八

《曲约孤亭图》《集古名绘册》五

《竹泉小艇图》《集古名绘册》六

《山水图》《集古图绘册》二

《乔林萧寺图》《元集绘册》一〇

《雨竹风兰图》《烟云揽胜册》四

《枯木竹石图》《历代集绘册》一四

《丛薄幽石图》《宋元明集绘册》七

《山水图》《元四大家名迹册》二

（以下作品，其名目由台北故宫博物院提供）

《竹谱》册（七开）

《梧竹秀石图》

《水竹居图》

《六君子图》

《雨后空林图》

《树石幽篁图》

《丛篁古木图》

《紫芝山房图》

《幽涧寒松图》

《苔痕树影图》

《琪树秋风图》

《秋亭嘉树图》

《古木幽篁图》

《竹石乔柯图》

橡林笔记

吴镇作画，除了在画面上题诗外，还常常书写一些文字，内容广泛，或绘画技法，或史林掌故，或人生感悟，或即景生情，虽片言只语信手拈来，却含意隽永，阅之颇受教益。文人画之所以是文人画，这也是与画工分野之处。

《维本渔父图》卷

余昔喜关仝山水，清道可爱，原其所以，出于荆浩笔法。后见荆画《唐人渔父图》有如此制作，遂仿而为一轴，流散而去，今复见之，乃知物有会遇时也。一日维中持此卷来命识之，吁！昔之画，今之题，殆十余年矣！流光易得，悲夫！

至正十二年（1352）壬辰秋九月廿一日，梅花道人书于武塘慈云之僧舍。

——见画本幅

《竹石图》轴

梅花道人学竹半生，今老矣。历观文、苏之作，至于真迹未易得，独钱塘鲜于家藏脱堵一枝，非俗习之比，力追万一之不及，何哉？盖笔力未熟之故也。如此，友人出此纸索，勉为之，以为他年有鉴识之士，方以愚言之不谬也。

至正七年（1347）丁亥初冬作于樵李春波之客舍。

—— 见画本幅 [1]

《竹》（录鲜于枢诗）

凉阴生砚池，叶叶秋可数。东华客梦醒，一片江南雨。

—— 见画本幅 [2]

《梅竹双清图·竹》卷

左图右书，取其怡悦瞻视，陶写情性，近好事者以为市道商贾，真赝为事，反害情性，盲目聋耳，哀哉！至正甲申（1344）梅花道人戏墨而书。

—— 见画本幅

《嘉禾八景图》卷　序

胜景者，独潇湘八景，得其名广其传惟洞庭秋月、潇湘夜雨，余六景皆出于潇湘之接境，信乎，其真为八景者矣。嘉禾吾乡也，岂独无可揽可采之景欤？闲阅图经，得胜境八，亦足以梯潇湘之趣，笔而成之图。拾俚语，倚钱塘潘阆仙酒泉子曲子寓题云。

至正四年（1344）岁甲申冬十一月阳生日书于橡林旧隐，梅花道人镇顿首。

—— 见画本幅

---

① （清）张照等《石渠宝笈》，清文渊阁四库全书本。
② （元）吴镇《梅花道人遗墨》，清文渊阁四库全书本。

《嘉禾八景图》卷　跋

幽澜泉乃嘉禾八景之一，而亭将摧，在山师欲改作而力不暇给，惟展图者思有以助之，亦清事也。

梅花道人镇劝缘。

—— 见画本幅

《四友图》卷

古泉老师，每以纸索作墨戏，勉而为之。一日出此卷嘱之，欲补于后，以供清玩。遂作一补之。古泉呼童汲幽澜泉，瀹凤髓茶，延之于明碧轩，焚香独坐终日，略无半点尘俗涴人。聊书此，以识岁月也。

至正五年（1345）冬十月四日，梅花道人书。

—— 见《梅花道人遗墨》

《瓘本渔父图》卷　序

《渔父图》进士柳宗元撰。庄书有《渔父篇》，乐章有《渔父引》。太康浔阳有渔父，不言姓名，太守孙缅不能以礼词屈。国有张志和，自号为烟波钓徒，著书《玄真子》，亦为《渔父词》，合三十二章，自为图写。以其才调不同，恐是当时名人继和，至今数篇录在《乐府》。近有白云子，亦隐姓字，爵禄无心，烟波自逐。当《大观录》作"當"，登舴艋，舟泛沧波，挈一壶酒，钓一竿风，与群鸥往来，烟云上下。每素月盈手，山光入怀，举杯自怡，鼓枻为韵，亦为二十一章，以继烟波钓徒焉。

—— 见画本幅[①]

《草亭诗意图》卷

至正七年（1347）丁亥冬十月为元泽戏作《草亭诗意》。 梅沙弥书。

—— 见画本幅

---

① （清）吴升《大观录》，续修四库全书，影印民国九年武进李氏铅印本，上海古籍出版社。

《墨竹》册

蓊蔚为难，所以用力也。行可其为如何？ 梅老戏语也。

—— 见台北故宫博物院藏吴镇《墨竹谱》题跋

《墨竹》册

墨竹之法，公家有息斋李学士行世《竹谱》，备言其详，岂在山野赘词。但欲以墨迹慕其仿佛，息斋谱中亦言宗文洋州之趣。盖文竹绝为稀少，倘遇好事家出示，多赝欠真，辄令学人慕而不坚，所以异其笔法也。与可之竹，大概出于自然，不求形似，与老画工略不相入。但传与可之名，不见真迹者多。纵遇真迹，又涉狐疑臆度。赏会之家，如胸中流出，则易于验辨。如其以他（日，点去）人议论，徒为喋喋评详，贻笑于大方之家多矣。余之谬言亦多矣。但公力入笔研文字之余，久久学纯熟，与笔墨两忘，自然见文洋州之趣，元不费力也。

至正八年（1348）戊子秋九月，梅花老朽戏墨。

—— 见画本幅

《梅·竹》合卷

墨戏之作，盖士大夫词翰之余，适一时之兴趣，与夫评画之流，大有寥廓。写梅挂竹自石室先生、华光大士发扬妙用，时所宗尚者众。独逃禅老人变黑为白，自成一家。后人虽云祖述，巧以形似，流连忘返，渐近评画，写生务求逼真。尝观陈简斋《墨梅》诗云："意足不求颜色似，前身相马九方皋。"此真知画者也。历百年后，唯彝斋先生有题己作云："逃禅一派，流入浙西，唯赵子固继而嗣之。"又题云："试欲自由，又愆法度；及守绳规，龌龊无取。"武林唐明远持子固《梅》来，联子固题识，诗中备详家数，信乎！古人之作，命意岂苟然哉。吾乡达竹庄老人得逃禅鼎中一脔，咀之嚼之，餍之饫之，深有所得，写竹外一枝，索拙作继和。余自弱岁游于砚池，嗜好成癖，至老无倦，年入"从心"（七十），极力不能追前人骥尾之万一，自笑东邻之矉，丑矣哉！庄子曰："朝菌不知晦朔，蟪蛄不知春秋。"岂可执寒冰而语夏虫哉！后之览者，得无诮焉。至正八年（1348）冬十月，梅花道人吴镇顿首。

—— 见辽宁省博物馆藏吴镇、吴瑾《梅竹双清图》题跋

《墨竹》册

写竹之真，初以墨戏，然陶写情性，终胜别用心也。行可索作，余老朽，亦嗜此已五十年矣，尚未得一笔中程，此无他，亦进之无力故也。公其勉力，久久能与笔墨相忘，方信此语不虚也。 梅老谬谈。

—— 见《梅花道人遗墨》

《竹谱》

曹孟德感桥玄知已，及后经过玄墓，自为祭文曰："承从容誓约之言，徂殁之后，路有经由，不以斗酒只鸡相沃酹，车过三步腹痛勿怨。"虽临时嬉笑之言，非至亲之笃好，胡肯为此哉。余与芝田作《竹谱》而不倦者，亦此意也。

成不成，奇不奇，口不能言心自知，聊写此语相娱嘻。此余疟语也。

墨竹虽一艺，而欲精之，非心力之到者不能，故古今唯文与可一人而已。他无闻也。余力学三十秋，始克窥与可一二，况初学者耶！然不知后之能视余笔者几人乎？至正九年（1349）二月望后二日书。

—— 见《梅花道人遗墨》

《野竹居图》卷

天台陶九成来游醉李，一日会余精严僧舍，因出《竹居诗轴》相示，索写墨竹一枝以娱，遂书松雪诗云："我亦有亭深竹里，也宜归去听秋声。"

至正九年（1349）冬十一月望日，时李景先同发一笑。梅花道人戏墨也。

—— 见《秋殿珠林石渠宝笈合编》[1]

---

[1] 《秘殿珠林石渠宝笈合编》第11册，上海书店出版社1988年版，第3582页。

《墨竹谱》册 序一

东坡先生《题文与可画筼筜谷偃竹记》

竹之始生，一寸之萌耳，而节叶具焉。自蜩蝮蛇蚹以至于剑拔十寻者，生而有之也。今画者乃节节而为之，叶叶而累之，岂复有竹乎？故画竹必先得成竹于胸中，执笔熟视，乃见其所欲画者，急起从之，振笔直遂，以追其所见，如兔之起鹘之落，少纵则逝矣。与可之教予如此，予不能然也，而心识其所以然也。而不能然者，内外不一，心手不相应，不学之过。故凡有见于中而操之不熟者，平居自视了然，而临事忽焉丧之，岂独竹乎！

子由为《墨竹赋》以遗与可，曰："庖丁，解牛者也，而养生者取之；轮扁，斫轮者也，而读书者与之。今夫夫子之托于斯竹也，而予以为有道者，则非耶！"

子由未尝画也，故得其意而已。若予者，岂独得其意，并得其法。

与可画竹，初不自贵重，四方之人持缣素以请者，足相蹑于其门。与可厌之，投诸地而骂曰："吾将以为袜"。士大夫传之，以为口实。及与可自洋州还，而余为徐州，与可以书遗余曰："近语士大夫，吾墨竹一派，近在彭城，可往求之。袜材当萃于子矣。"书尾复写一诗，其略曰："拟将一段鹅溪绢，扫取寒梢万尺长。"

予谓与可："竹长万尺，当用绢二百五十匹，知公倦于笔砚，愿得此绢而已。"与可无以答，则曰："吾言妄矣，世岂有万尺竹也哉？"余因而实之，答（日，点去）其诗曰："世间亦有千寻竹，月落庭空影许长。"与可笑曰："苏子辩则辩矣，然二百五十匹，吾将买田归老焉！"因以所书画《筼筜谷偃竹》遗予曰："此竹数尺耳，而有万尺之势。"

筼筜谷在洋州，与可尝令予作《洋州二十韵》，《筼筜谷》其一也。予诗云："汉川修竹贱如蓬，斤斧何曾赦箨龙。料得清贫馋太守，渭川千顷在胸中。"与可是日与其妻游谷中，烧笋晚食，发函得诗，失笑喷饭满案。

元丰二年（1079）正月二十日，与可没于陈州。是岁七月七日，予在湖州曝书画，见此竹，废卷而哭失声。昔曹孟德《祭桥公文》，有"车过""腹痛"之语，而予亦载与可畴昔戏笑之言者，以见与可于予亲厚无间如此也。

梅花道人为佛奴画《竹谱》，书此记于卷首，至正十年（1350）庚寅夏五月一日雨窗笔。

—— 见台北故宫博物院藏吴镇《墨竹谱》册

《墨竹谱》册　序二

东坡先生有诗云：“老可曾为竹写真，小坡（东坡子迈—原注）今与石传神。”至正己丑（1349）间，有客自天申来，持小坡《竹石》为余观，得见真迹，因诵简斋诗云：“意足不求颜色似，前身相马九方皋。”书至此，陡觉意趣似有所得。夫画竹之法，当先师意，然后以笔法求之可也。倘得意在笔前，则所作有天趣自然之妙。如其泥于笔法，求其形似者，岂可同日语耶！因作此纸，为佛奴宝之。吾老矣，惜其所学欠精，后生者当有精力之时，饱食终日，无所用心，略亲于砚池游戏，终胜别用心。亦不可终焉溺于此，但能玩而不流，斯可矣。

至正庚寅（1350）夏五月一日，梅花人戏墨于醉李春波陋室。

—— 见台北故宫博物院藏吴镇《墨竹谱》册

《墨竹谱》册

曹操字孟德，感太尉桥玄知己，及后经过玄墓，自为祭文曰：“承从容誓约之言，徂逝之后，路有经由，不以斗酒只鸡相沃酹，车过三步，腹痛勿怨。”虽临时戏笑之言，非至亲之笃好，胡肯为此哉。

—— 见台北故宫博物院藏吴镇《墨竹谱》册

《墨竹谱》册

宋元君将画图，众史皆至，舐笔和墨，在外者半。有一史后至者，僵僵然不趋，受揖不立，因之舍。公使人视之，则解衣般礴裸。君曰：“可矣，是真画者也。”

—— 见《六砚斋笔记》三笔卷四

《墨竹谱》册

俯仰元无心，曲直知有节。空山木落时，不改霜雪叶。此悬崖竹，如此立意可也。

梅花道人戏墨。

——见《六砚斋笔记》三笔卷四

《墨竹谱》册

晴霏光煜煜，晓日影瞳瞳。为问东华尘，何如北窗风。 梅花道人戏作此纸，时南风初来，高卧窗，风到竹边而回，微凉可爱，因有此作，书此以识其异也。

至正（庚寅（1350），用印代——笔者注）夏六月。

——见台北故宫博物院藏吴镇《墨竹谱》册

《墨竹谱》册

竹窗思阒寥，铜博香委曲。胸中无用书，写作湘之绿。蝉声初响凌霄花开，南风时来，清旦潇潇爽气，如在西山。拈笔偶书至此，佛奴习右军书，读《孟子》。

六月九日也，梅花道人戏墨。

——见《六砚斋笔记》三笔卷四

《墨竹谱》册

晴霏光煜煜，晓日影瞳瞳。为问东华尘，何如北窗风。梅花道人戏墨于醉李春波门笑俗陋室者。

饮冰先生以樗翁（吴森长子吴汉英——笔者注）所书"笑俗"二字木刻示余，揭之陋室。为问俗之移人，而贤者犹不能自免，而况愚者，而能免之乎？俗之可笑不可笑，何则？盖习气所积，化之而然也。然而俗之果可移人，而人果不可移俗者乎？ 使其喜名者而乏才识，喜利者而尚浮华，皆习俗移人而然焉。间有堕于其中而自觉者，得非心出天赋，人能移俗者，至是乎！俗果可笑乎？果不可笑乎？　因诵东坡诗"士俗不可医"之句，先生乃掀髯大笑，捧腹出门，疾走而去。余遂歌曰："我有渊明琴，长年在空屋。客来问宫商，卢胡扪轸足。幸俗不可医，那使积习熟。我懒政欲眠，清风动修竹。"

孔子适卫，公孙青仆子在淇，周有风动竹，萧瑟团栾之声，欣然忘味，三月不肉。顾谓青曰："人不肉则瘠，不竹则俗，汝知之乎？"

梅花道人写至此，遂写竹以破俗云。至正庚寅（1350）夏五月，时窗雨未霁，笔倦少息。

—— 见台北故宫博物院藏吴镇《墨竹谱》册

《墨竹谱》册

东坡先生守湖州日，游何道两山，遇风雨，回憩贾耘老溪，上澄晖亭，命官奴执烛，画风雨竹一枝于壁间，题诗云："更将掀舞势，秉烛画风筱。美人为破颜，恰似腰肢袅。"后好事者刻于石，今置郡庠。余游雪上，摩挲久之。归而每笔为之，不能仿佛万一。时梅雨初歇，清和可人，佛奴出纸册索作竹谱，遂因而画此枝，以识岁月也。

至正十年（1350）夏五月一日，梅花人年已七十一矣，试貂鼠毫笔，潘衡旧墨，儿诵《论语》声声。

—— 见台北故宫博物院藏吴镇《墨竹谱》册

《墨竹谱》册

"相逢尽道休官去，林下何曾见一人。"梅老戏墨，时客至，退而书也。

—— 见《六砚斋笔记》三笔卷四

《墨竹谱》册

"愁来白发三千丈，戏扫清风五百竿。幸有颖奴知此意，时来纸上弄清寒。"梅花道人戏墨，时骤雨忽至，清风凉肌。至正庚寅夏（1350）六月十五日也。

—— 见台北故宫博物院藏吴镇《墨竹谱》册

《墨竹谱》册

"抱节元无心，凌云如有意。寂寂空山中，凛此君子志。"梅花道人为佛奴戏此竹，书此诗，当此日，习此枝，成不成，奇不奇，口不能言心自知，聊写此语为娱嬉。梅老寐语也。

—— 见《六砚斋笔记》三笔卷四

《墨竹谱》册

鲜于伯机《题高房山墨竹诗》云："凉阴生砚池，叶叶秋可数。京华客梦醒，一片江南雨。"至正十年（1350）夏六月九日，因南窗孤坐，拈笔写此纸，以识岁月也。梅花道人戏墨。

—— 见《六砚斋笔记》三笔卷四

《墨竹谱》册

简斋诗云："意足不求颜色似，前身（画，点去）相马九方皋。"梅花亲书也。

—— 见台北故宫博物院藏吴镇《墨竹谱》册

《墨竹谱》册

梅花翁寄兴于橡下。

—— 见《六砚斋笔记》三笔卷四

《墨竹谱》册

"轻阴护绿苔，清风翻紫箨。未参玉版师，先放扬州鹤。"梅老戏作于度余之东客位，且吃茶一盅。

—— 见台北故宫博物院藏吴镇《墨竹谱》册

《墨竹谱》册

"我观大地众生，俗病易染难去。由然兴起慈云，霍为甘露法雨。"此诗息斋道人画竹于皋亭僧舍题云，因仿其作，遂书此云。至正十年（1350）夏六月十日梅沙弥随喜而戏墨也。

　　　　　　　　　　　　—— 见台北故宫博物院藏吴镇《墨竹谱》册

《墨竹谱》册

　　昔游钱塘，吴山之阳玄妙观方丈后池上绝壁，有竹一枝，俯而仰，因息斋道人写其真于屏上，至今遗墨在焉。忆旧游，笔想而成，以示佛奴，以广游目云。

　　　　　　　　　　　　—— 见《六砚斋笔记》三笔卷四

笔记

　　钱塘吴山之阳，玄妙观方丈后池上绝壁，有竹一枝，俯而仰，息斋写其真于屏上，至今遗墨在焉。吴仲圭记。

　　　　　　　　　　　　—— 见《梅花道人遗墨》

《竹谱图》卷

　　"与可画竹不见竹，东坡作诗忘此诗。高丽老茧冰雪冷，戏写岁寒岩壑姿。纷纷苍雪落碧筱，谡谡好风扶旧枝。试听雷雨虚堂夜，拔地起作苍虬飞。"梅道人戏为可行作《竹谱》。时暮春三月，憩于醉李春波之客舍，因抽架头之纸，随笔为此数竿，虽出一时兴绪，亦自有天趣。可行游砚池久矣，日来笔力想亦健矣，他时观此拙作，亦可发笑而已。以《竹谱》言之，则吾岂敢。至正十年（1350）春三月，杜鹃花发时。梅花道人顿首。可行以为如何？

　　　　　　　　　　　　—— 见上海博物馆藏吴镇《竹谱图》册

《竹谱》(三则)

　　墨竹位置，如画竹干、节、枝、叶四者，若不由规矩，徒费工夫，终不能成画。濡墨有深浅，下笔有轻重。逆顺往来，须知去就。浓淡粗细，便见荣枯。仍要叶叶着枝，枝枝着节。山谷（黄庭坚）云："生枝不应节，乱叶无所归。须笔笔有生意，面面得自然，四向团栾，枝叶活动，方为成竹。"古今作者虽多，得其门者或寡，不失之于简略，必失之于繁杂。或根干颇佳，则枝叶谬误；或位置稍当，而向背多乖方；或叶似刀截，或身如板束，粗俗狼藉，不可胜言。其间纵有稍异常流，仅能尽美，至于尽善，良恐未暇。独文湖州挺天纵之才，比生知之圣，笔如神助，妙合天成。驰骋于法度之中，逍遥于尘垢之外，从心所欲，不逾准绳。故余一依其法，布列成图，庶后之学者，不堕于恶俗云。

又，墨竹之法，作干、节、枝、叶而已，而叠叶为至难。于此不工，则不得为佳画矣。昔见于息斋学士谱中，谓须宗文与可。下笔要劲，节实按而虚起，一抹便过，少迟留则必钝厚不铦利矣。

法有所忌，学者当知。粗似桃叶，细如柳叶，孤生并立，如义如井，太长太短，蛇形鱼腹，手指蜻蜓等状，均疏密偏重偏轻之病，使人厌观。必使疏不至冷，繁不至乱，翻正向背，转侧低昂，雨打风翻，各有法度。不可一例涂去，如染皂绢然也。汝求予墨竹以为法，切不忘吾言之谆谆。

又，古今墨竹虽多，而超凡入圣，脱去工匠气者，唯宋之文湖州一人而已。近世高尚书彦敬甚得法，余得其指教者甚多，此谱一一推广其法也。

—— 见《梅花道人遗墨》

《仿东坡风竹图》轴

东坡先生守湖州日，游何道两山，遇风雨，回憩贾耘老溪，上澄晖亭，命官奴执烛，画风竹一枝于壁间。后好事者刻于石，置郡庠。余游雪上，因摩挲断碑，不忍舍去，常忆此本，每临池，辄为笔想而成，仿佛万一，遂为作此枝，以识岁月也。

梅花道人时年七十一，至正十年（1350）庚寅岁夏五月十三日，竹醉日书也。

—— 见《梅花道人遗墨》

杂感

家鸡野鹜同登俎，春蚓秋蛇总入庖。此余所以重有不足之叹也。

《竹卷》

昔文湖州授东坡诀云："竹之始生，一寸之萌耳，而节叶具焉。自蜩腹蛇蚹至于剑拔十寻者，生而有之也。今画者乃节节而为之，叶叶而累之，岂复有竹乎？故画竹必先得成竹于胸中，执笔熟视，乃见其所欲画，急起从之，振笔直遂，以追其所见，如兔起鹘落，稍纵则逝矣。与可之教予如此，予心识其所以然，而手不能然者，内外不一，心手不相应耳。不学之过也。"且坡公尚以为不能然者，不学之过，况后人乎？人能知画竹者，不在节节而为，叶叶而累，却不思胸中成竹何自而来。慕远觅高，逾级躐等，放驰性情，东抹西涂，自谓脱去翰墨蹊径，得乎自然，原非上智，何能有此？故当一节一叶，措意法度之中，时习不怠，真积力久，因信胸中真有成竹，而后可以振笔直遂，以追其所见。不然，徒执笔熟视，将何见而追之耶？若能就规矩，初尚苦于物，久之犹可至于不物，物地若遽放纵，吾恐不复可久，终归无所成也。故学者必自法度中来始得。

—— 见《梅花道人遗墨》

《闲中漫兴》

王君国器索拙笔几三载，余未有以应也。一日持此册致之几上，且诉云："索久而报迟，得非吾子有意拒我乎？"余不答。遂援笔作疏木片石，竟日稍就一幅。越数日，始周其册之半。国器复持云："以其后会。"毕焉逾月，国器又持之来，比前辞甚和，色甚夷，盖有知绘事之不易，而怜余之为苦也。又十日方辍笔，因识其所劳如此。观者当因其劳，而不计其拙矣。时至正十一年（1351）春二月望后二日，梅花道人吴镇识兼试郭玘墨。（为王国器作山水十二段，自题"闲中漫兴"四个大字于卷首，并识，但此件作品未见传世——笔者注）

—— 见《石渠宝笈》卷三十三

坡公题句赞

"晚节先生道转孤，岁寒唯有竹相娱。粗才杜牧真堪笑，唤作军中十万夫。"坡公题诗可谓旷达者耶。

—— 见《梅花道人遗墨》

《招仙词题高彦敬云山卷》后跋识

彦敬尚书于襄阳墨戏作此图，沙弥老人仿招仙之辞作此赞。白日寒冰，手皴龟坼，云川居士应笑我多事饶舌。至正戊子（1348）正月。

—— 见《珊瑚网》卷三十三

梅苑诗笺

吴镇作画，每题诗其上，故有诗书画三绝之美誉。同时他也喜欢为所见之古代名迹或当代友朋新图题句。久之，留下诗篇数量颇为可观。

辑录在此的诗词，一是从传世真迹画面上直接誊抄；二是来自明清学人著述如《梅花道人遗墨》《元诗选·梅花庵稿》《御定历代题画诗类》等；三是吴镇款作品上出现的诗章，大抵来说，原始稿本往往来自吴镇原作，因此一概废弃，也似乎不妥，故妄录之；四是零星资料。在这四类稿源中，第一类是可靠的，因为有墨迹可考。画面真伪，凡有图片者比较容易鉴别，而诗词若仅凭抄本，由我等来判别真伪，就不是那么容易的了。他的题画诗，有时重复出现在自己的不同画面上，文字或略有更动。也有一些诗因辑录者所依版本不同而有差异，是或传抄过程中误录而致，今一并刊出。

有少数几首不是题在画上的，如一组咏太湖的诗便是。

词、曲、偈语等附此，不再另列。

墨竹谱册·雪竹 [1]

董宣之烈，严颜之节。矸头不屈，强项风雪。

竹下泊舟图 [2]

涓涓多近水，拂拂欲宜山。吁嗟此君子，何地不容闲。

露竹 [3]

晴霏光煜煜，皎日影瞳瞳。为问东华尘，何如北窗风。

露竹 [4]

晴霏光煜煜，晓日影瞳瞳。为问东华尘，何如北窗风。

一叶竹为竹叟禅师作 [5]

谁云古多福，三茎四茎曲。一叶砚池秋，清风满淇澳。

竹谱 [6]

初画不自知，忽忘笔在手。庖丁及轮扁，还识此意否？

竹枝图 [7]

空洞元无心，岁寒知有节。天寒日暮时，不改霜雪叶。

---

[1] 见《梅花道人遗墨》。
[2] 见《元诗选·梅花庵稿》。（清）顾嗣立编《元诗选》，清文渊阁四库全书本。以下所引皆出此书。
[3] 见《梅花道人遗墨》。
[4] 见《梅花道人遗墨》。
[5] 见《梅花道人遗墨》。
[6] 见《梅花道人遗墨》。
[7] 见（明）张丑《清河书画舫》，清刻本，嘉兴市图书馆。

竹卷奉为松岩和尚助喜 [1]

竿竿有参差，叶叶无限量。不根而自生，换却诸天眼。

题竹　二十二首 [2]

湘妃祠下竹，叶叶著秋声。鸾凤青霄下，吹箫坐月明。

阴凉生砚池，叶叶秋可数。东华客梦醒，一片江南雨。

东山月生光，照我庭中竹。道人发清啸，爱此茕茕独。

轻阴护绿苔，清风翻紫箨。未参玉版师，先放扬州鹤。

短梢尘不染，密叶影低垂。忽起推篷看，潇湘过雨时。

挺挺霜中节，亭亭月下阴。识得虚中理，何事不容心。

霏霏桃李花，竞向春前开。如何此君子，四时清风来。

野色入高秋，空影映湖水。日午北窗凉，清风为谁起。

我以墨为戏，翻因墨作奴。当年若卤莽，何处役潜夫。

翠羽风前叶，秋声雨一枝。诗题春粉节，绷脱玉孩儿。

落落不对俗，娟娟净无尘。缅怀湘渭中，岁寒时相亲。

抱节元无心，凌云如有意。寂寂空山中，凛此君子志。

碧筱挺奇节，空霏散冷露。十年青山游，得此幽贞趣。

众木摇落时，此君特苍然。节直心愈空，抱独全其天。

片片落花心，悠悠飞絮意。清风明月中，此风不可企。

缅怀潇湘江，千里遥相忆。何当守一枝，与子期深密。

娟娟春前花，嫋嫋风前柳。独有此君子，可为岁寒友。

日日行青山，无竹不可留。可怜春风中，桃李多春愁。

叶叶舞清风，梢梢泻白雨。此怀谁其赏，山中有巢许。

涓涓多近水，拂拂最宜山。吁嗟此君子，何地不容闲。

日日对此君，攀抱非细故。为问辕下驹，何如辙中鲋。

---

① 见《梅花道人遗墨》。

② 见《梅花道人遗墨》。

风来无限思，雨过有余凉。眷彼君子心，漪漪在沅湘。

题画①

老枫化为人，老杉化为石。庄周与蝴蝶，后来谁复易。

写菜②

菜叶阑干长，花开黄金细。直须咬到根，方识淡中味。

陈贤良隐居③

发策名犹在，回头事已非。池塘春草绿，空忆谢公归。

衣杵山④

谁家捣衣杵，苍然古色深。此杵徒在此，秋到不鸣砧。

舍山⑤

巍然一舍起，载上塔层层。七十二峰外，还逢见佛灯。

怪石⑥

湖洞露鼋头，日出曝鼋背。龟鼍或傍石，时时觅同类。

---

① 见《梅花道人遗墨》。
② 见《梅花道人遗墨》。
③ 见《梅花道人遗墨》。
④ 见《梅花道人遗墨》。
⑤ 见《梅花道人遗墨》。
⑥ 见《梅花道人遗墨》。

王叔明《林泉清话》图 [1]

落日秋山外，霜林暮霭中。相看无俗处，生事有谁同？

阎立本西岭春云 [2]

西山高五台，缥缈出蓬莱。春半花争发，宵征客倦来。
短桥流曲水，危壁覆苍苔。宣庙曾留赏，临风愧菲材。

王维终南草堂 [3]

昔人谢政后，生事此山中。树洒虚堂雨，泉飞隔浦风。
喜无舟楫至，旋有鹤猿通。应识无声妙，临窗展未穷。

李昭道画卷 [4]

人爱山居好，何如此际便。家规仍小异，幽致更超然。
暮霭映高树，柴扉绕细泉。新图不可再，展阅忆唐贤。

秋岭归云图 [5]

峰色秋还好，云容晚更亲。瀑泉落霄汉，霜树接居邻。
静处耽奇尚，消闲觅旧因。悠悠桥畔路，终日少风尘。

陆探微层峦曲坞 [6]

六法斯图见，神奇指掌分。万峰凝翠霭，一水弄清纹。
树密猿啼苦，桥回鸟唤群。溪边有茅屋，处处挂斜曛。

---

① 见《元诗选·梅花庵稿》。
② 见《元诗选·梅花庵稿》。
③ 见《元诗选·梅花庵稿》。
④ 见《元诗选·梅花庵稿》。
⑤ 见《元诗选·梅花庵稿》。
⑥ 见《元诗选·梅花庵稿》。

子久为危太朴画 ①

子久丹青好，新图更擅长。浮空烟水阔，倚岸树阴凉。
咫尺分浓淡，高深见渺茫。知君珍重意，愈久岂能忘。

赵大年秋村暮霭 ②

曲磴平冈外，遥峰落照沉。人家三径僻，烟树几村深。
渔唱流寒碧，樵歌步夕阴。悠然怀旧侣，山馆散清音。

关仝《秋山凝翠》③

绝壁孤亭回，千峰落日曛。沙明江上树，客带洞前云。
市散鸡鸣远，村荒犬吠闻。一天秋色好，多向此中分。

李成《寒林图》④

岭高霜自结，风劲入寒时。日落晚山碧，林空流水悲。
栖鸦寻树早，瘦蹇下冈迟。无限黄尘满，幽栖总不知。

郭忠恕《仙山楼观》⑤

叠嶂云仍起，崇山境转幽。溪云千顷雪，松籁一林秋。
长啸临朱阁，清游卧石楼。桥回泉溜远，消尽古今愁。

吴道玄《五云楼阁》⑥

碧树围青幄，群峰列嶂来。卿云分五色，鹊观倚三台。

---

① 见《元诗选·梅花庵稿》。
② 见《元诗选·梅花庵稿》。
③ 见《元诗选·梅花庵稿》。
④ 见《元诗选·梅花庵稿》。
⑤ 见《梅花道人遗墨》。
⑥ 见《元诗选·梅花庵稿》。

仙客乘春至，山翁向暮回。高深无限思，之子总神材。

秋江渔隐图①
江上秋光薄，枫林霜叶稀。斜阳随树转，去雁背人飞。
云影连江浒，渔家并翠微。沙鸥如有约，相伴钓船归。

草亭诗意图②
依村构草亭，端方意匠宏。林深禽鸟乐，尘远竹松清。
泉石供延赏，琴书悦性情。何当谢凡近，任适慰平生。

野望③
平林方漠漠，野水正汤汤。苍莽日欲暮，年华客异乡。
草店月初冷，村路迁更长。渡头人散后，渔父正鸣榔。

墨竹谱册·笑俗歌④
我有渊明琴，长年在空屋。客来问宫商，卢胡扪轸足。
幸俗不可医，那使积习熟。我懒政欲眠，清风动修竹。

赵松雪重江叠嶂　二首⑤
江色千重碧，烟光无限青。数峰横翠黛，一径入层扃。
倚市柳为幄，迎人花自馨。征帆遥点点，渔唱起沧溟。

---

① 见《秋江渔隐图》，绢本水墨，台北故宫博物院藏。参见王文祥《中国传世名画鉴赏》，北京：中国民族摄影艺术出版社2001年版，第224页。
② 见《元诗选·梅花庵稿》。
③ 见《元诗选·梅花庵稿》。
④ 见（明）李日华《六砚斋笔记》，清文渊阁四库全书本。
⑤ 见《元诗选·梅花庵稿》。

摩诘诗兼画，斯图若比肩。江深烟浪接，山出晓云连。
柳市疏钟断，花林青旆悬。鸥波风月好，瞻对使人怜。

王右丞雪溪图　二首 [①]

晓径沾衣湿，登台试屐危。乾坤增壮观，江海得深期。
历乱瑶华吐，纷披玉树枝。精微谁与并，顾陆颇相宜。

碧树拥江扉，朱帘卷翠微。崇朝无客过，傍晚有渔归。
岭耀梅重白，堤萦絮正飞。若留清夜赏，铅粉更光辉。

右丞辋川图　二首 [②]

潇洒开元士，神图绘辋川。树深疑垞小，溪静见沙圆。
径竹分青霭，庭槐敛暮烟。此中有高卧，敧枕听飞泉。

画里诗仍好，萦回自一川。湖晴岚气爽，浪静柳阴圆。
赋咏成珠玉，经营起雾烟。当年满朝士，若个在林泉。

青山碧筱图 [③]

青山白云绕，碧筱苍烟迷。幽人日无事，坐听山鸟啼。
鸟啼有真趣，对景看山随所遇。
乾坤浩荡一浮鸥，行乐百年身是寄。

马远《虚亭渔笛图》 [④]

虚阁延凉飔，唯闻芳草气。渔艇出沧浪，弄笛仍遗世。

---

① 见《元诗选·梅花庵稿》。
② 见《元诗选·梅花庵稿》。
③ 见《元诗选·梅花庵稿》。
④ 见《元诗选·梅花庵稿》。

山鸟为飞鸣，游鱼顺流去。幽人午睡余，翛然信高致。
何物马生图，会得其中趣。展阅不能忘，赋得工五字。

王晋卿《万壑秋云图》①

众山互回绕，芳丛满苍壁。野猿啼树红，林鸟巢筠碧。
云来拥翠鬟，泉泻激古石。吟翁自拘拘，行人走役役。
归舟向东去，炊烟上空灭。前村未掩门，不知日将夕。

王晋卿蜀道寒云②

蜀道何年辟，猿猱若畏攀。云依古木静，梵呗禅关闲。
野店市未散，斜傍河梁间。行人自南北，飞鸟互往还。
鸡鸣遍村落，舟行溜潺潺。青松纷满目，夕阳并在山。
谁云画图表，徒然见一斑。

题画 三首③

我爱晚风清，顺适随所赏。曩古竹林仙，忽忽竟长往。
荒除杂废墟，几度蓬蒿长。可人日相亲，言笑容抵掌。
靳余一席宽，何用居求广。荷锄艺术蔬，刮地芟草莽。
举步山水长，引手支离杖。行役忘尔汝，啸答岩谷响。
淡然入无何，朝来山气爽。

我爱晚风清，漪漪动庭竹。惨淡暮云多，萧森分野绿。
闲窗暝色佳，静赏欢易足。人生遽如许，万事徒碌碌。
有尽壮士金，余缪匹夫玉。轩车韫斧钺，粱肉隐耻辱。

---

① 见《元诗选·梅花庵稿》。
② 见《元诗选·梅花庵稿》。
③ 见（元）吴镇《梅道人遗墨》，清光绪二年刻本，嘉兴市图书馆藏。

袅袅五株柳，采采三径菊。宁尽生前欢，毋贻死后哭。
高歌晚风前，洗盏斟醽醁。

我爱晚风清，新篁动清节。噩噩空洞手，抱此岁寒叶。
相对两忘言，只可自怡悦。惜我鄙吝才，幽闲养其拙。
野服支扶筇，时来苔上屐。夕阳欲下山，林间已新月。

画竹自题[①]

图画书之绪，毫素寄所适。垂垂岁月久，残断争宝惜。
始由笔砚成，渐次忘笔墨。心手两相忘，融化同造物。
轩窗云霭溶，屏障石突兀。林麓缪槎牙，禽鸟翕翰翩。
可怜俗浇漓，模摹竟纷出。装褫杂真赝，丹粉夸绚赫。
千金易敝帚，十袭宝燕石。米也百世士，赏会神所识。
伶伦世无有，奇响竟寥寂。良乐难再遇，抱怀长太息。

赵千里山水长幅[②]

宋室有千里，疑自蓬莱宫。绘事发天性，深研境益工。
山高藏石磴，洞古青蒙丛。秋风遍林壑，万树叶欲空。
唯有松与石，不改岁寒穷。行行何处客，岂是商山翁。
临江有虚阁，一望波溶溶。轻舟徐荡漾，西岭夕照红。
荆关为揖让，二李堪与同。庸物奚足数，新图不易逢。
当年置长府，珍祕更为崇。书竟发长啸，两腋来清风。

---

① 见《元诗选·梅花庵稿》
② 见《元诗选·梅花庵稿》及《御定历代题画诗类》陈邦彦等编，清文渊阁四库全书本。
  以下所引皆出此书。

赵伯骕画[①]

风色凄其上碧山，一朝林木变红颜。

幽人为惜深秋色，忘却驱驰古道间。

赵伯驹画[②]

琼馆芙蓉罨画山，天香缥缈碧云闲。

鹤巢松顶藤花落，一任山人指顾间。

子昂仿顾恺之[③]

隔水山高青隐日，傍溪古树绿藏云。

闲翁自有闲游伴，更爱溪鸥闲作群。

子久为徐元度卷[④]

木落空山秋气高，一声疏磬出林皋。

归帆点点知何处，满目苍烟尚未消。

王叔明卷[⑤]

短缣几许容丘壑，郁郁乔林更著山。

应识王郎胸次好，未教消得此身闲。

---

① 见《元诗选·梅花庵稿》及《御定历代题画诗类》陈邦彦等编，清文渊阁四库全书本。
以下所引皆出此书。

② 见《元诗选·梅花庵稿》及《御定历代题画诗类》陈邦彦等编，清文渊阁四库全书本。
以下所引皆出此书。

③ 见《元诗选·梅花庵稿》及《御定历代题画诗类》陈邦彦等编，清文渊阁四库全书本。
以下所引皆出此书。

④ 见《元诗选·梅花庵稿》及《御定历代题画诗类》陈邦彦等编，清文渊阁四库全书本。
以下所引皆出此书。

⑤ 见《元诗选·梅花庵稿》及《御定历代题画诗类》。

李营丘真迹 ①

万仞苍山百尺楼，西风吹送满林秋。

疏钟遥落空亭里，尽属营丘笔底收。

赵千里秋景 ②

秋光萧瑟满林霜，篱菊英英桂子黄。

最是西堂风月好，不妨游衍乐清狂。

赵子昂秋景 ③

远山斜日紫烟霏，一棹鸱夷竟不归。

萧瑟秋风虚阁表，诗翁吟罢欲添衣。

苏东坡竹 ④

晴梢初放叶可数，新粉才消露未干。

大似美人无俗韵，清风徐洒碧琅玕。

文同风篁萧瑟图 ⑤

翠羽参差自一丛，湘江清影澹微风。

开图忽睹题痕处，羡杀当年笑笑翁。

卢鸿嵩山草堂图 ⑥

卢鸿仙去五百载，一段高风未可攀。

---

① 见《元诗选·梅花庵稿》及《御定历代题画诗类》。
② 见《元诗选·梅花庵稿》及《御定历代题画诗类》。
③ 见《元诗选·梅花庵稿》及《御定历代题画诗类》。
④ 见《元诗选·梅花庵稿》及《御定历代题画诗类》。
⑤ 见《元诗选·梅花庵稿》及《御定历代题画诗类》。
⑥ 见《元诗选·梅花庵稿》及《御定历代题画诗类》。

忽睹草堂清绝处，分明几案有嵩山。

赵仲穆东山图[①]

东山为乐奈苍生，望重须知亦累情。
蜡屐春来行更好，桃花洞口笑相迎。

子久春山仙隐[②]

山家处处面芙蓉，一曲溪歌锦浪中。
隔岸游人何处去，数声鸡犬夕阳红。

右丞《秋林晚岫》[③]

右丞已往六百载，翰藻神工若个同。
千嶂远横秋色里，山家遥带暮烟中。

荆浩《秋山问奇图》[④]

霜落林端万壑幽，白云红叶入溪流。
朝来尚有寻真至，共向山亭领素秋。

吴道子《秋山放鹤图》次赵松雪韵[⑤]

秋云如练锁千山，楼阁重重水自潺。
镇日溪桥无俗侣，杖藜扶鹤是高闲。

---

① 见《元诗选·梅花庵稿》及《御定历代题画诗类》。
② 见《元诗选·梅花庵稿》及《御定历代题画诗类》。
③ 见《元诗选·梅花庵稿》及《御定历代题画诗类》。
④ 见《元诗选·梅花庵稿》及《御定历代题画诗类》。
⑤ 见《元诗选·梅花庵稿》及《御定历代题画诗类》。

马远放鹤图 ①

载鹤轻舟湖上归，重重楼阁锁烟霏。
仙家正在幽深处，竹里鸡声半掩扉。

董源《山阁谈禅图》②

山阁深沉树影凉，瀑流飞沫溅匡床。
多君相对坐终日，话到无生味更长。

李昭道秋山无尽图 ③

奇峰倒映青冥立，绝壑高悬白雾开。
万里无云见秋末，千林有雨向春回。

题赵仲穆画送郑蒙泉之鄞 ④

海宁太守归来日，爱写新图入卧游。
见说甬东风日好，春山如雾隔瀛洲。

周文矩《十美图》⑤

有女联翩巧样妆，能将歌舞动君王。
谁言金屋风光好，雨滴苍筠漏更长。

李公麟《大阿罗汉图》⑥

潇洒龙眠不可呼，彩毫犹喜未模糊。

---

① 见《元诗选·梅花庵稿》及《御定历代题画诗类》。
② 见《元诗选·梅花庵稿》及《御定历代题画诗类》。
③ 见《元诗选·梅花庵稿》及《御定历代题画诗类》。
④ 见《御定历代题画诗类》。
⑤ 见《元诗选·梅花庵稿》及《御定历代题画诗类》。
⑥ 见《元诗选·梅花庵稿》及《御定历代题画诗类》。

天台五百知何处，还向图中证有无。

钱舜举《海棠鸂鶒》①

东风三月花如锦，两两文禽戏暖沙。
堪叹深闺年少妇，岂无颜色在天涯。

郭忠恕《万松仙馆图》②

参差琳馆碧山齐，云拥疏松望欲迷。
野老忘机自来去，忽惊麋鹿各东西。

子昂仿张僧繇③

雨过秋塘泛曲湍，归人欲渡俯平川。
前村遥望炊烟起，更有新篘破晓寒。

子昂仿陆探微④

客子行吟径路幽，一声啄木绿阴稠。
芙蓉倒映空江色，危立溪头几点鸥。

倪云林画⑤

隐君重价如结绿，萝屋萧然依古木。
蓝舆不到五侯家，只在山椒与泉曲。

---

① 见《元诗选·梅花庵稿》及《御定历代题画诗类》。
② 见《元诗选·梅花庵稿》及《御定历代题画诗类》。
③ 见《元诗选·梅花庵稿》及《御定历代题画诗类》。
④ 见《元诗选·梅花庵稿》及《御定历代题画诗类》。
⑤ 见《元诗选·梅花庵稿》及《御定历代题画诗类》。

方方壶画[1]

鼋画岩峣倚碧空，青娥高髻出瑶宫。
微风忽动前溪影，华表盘云舞镜中。

鹤溪图[2]

闲云流水净无尘，几曲溪山占好春。
识得人间仙迹在，一双芒屩好寻真。

松壑单条[3]

虬枝铁干撑青空，飞泉绝壁鸣玎琤。
幽人洗耳坐其下，风来谡谡如笙镛

古涧长松图[4]

长松生风吹不歇，古涧出泉鸣自幽。
玉屑饭余移白日，紫芝歌动振高秋。

悬崖松图[5]

偃蹇支离不耐秋，摇风洒雨几时休。
转身便是青山顶，又有悬崖在上头。

高节凌云图[6]

高节凌云只自奇，谁人识是凤凰枝。

---

① 见《元诗选·梅花庵稿》。
② 见《御定历代题画诗类》。
③ 见《御定历代题画诗类》。
④ 见《梅道人遗墨》。
⑤ 见《梅道人遗墨》。
⑥ 参见杨振国编《海外藏历代中国名画》，湖南美术出版社 1998 年版，第 165 页。

至音已入无声谱，莫把中郎旧笛吹。

苍虬图 [①]

乱石堆头松子树，茯苓千岁与之俱。

苍虬绿发谁可似，天目山前第四株。

芦荻扁舟图 [②]

芦荻萧萧两岸秋，山人冒雨漾扁舟。

前溪烟霭看明灭，历遍山中一段幽。

缥缈峰 [③]

洞庭黛色几重重，缥缈维称第一峰。

曾上昆仑瞻八极，具区烟水混鸿濛。

明月湾 [④]

月华滟滟水悠悠，圆月沉时曙色浮。

自笑驱驶亦如月，东来西去几时休。

青浮山 [⑤]

孤山七十布西东，水面奇形独不同。

几向崚嶒高处望，青螺浮在太湖中。

---

① 参见斯尔螽《题画诗话》，成都：四川美术出版社 1987 年版，第 154 页。

② 见（清）梁诗正等编《石渠宝笈》卷二十三，清文渊四库全书本。

③ 见（清）《梅道人遗墨》。

④ 见（清）《梅道人遗墨》。

⑤ 见（清）《梅道人遗墨》。

泽山 ①

茫茫震泽拥孤山，人在山间是泽间。
安得相携山逸侣，丹梯碧蹬共跻攀。

无碍泉 ②

瓶研水月先春焙，鼎煮云林无碍泉。
将谓苏州贤太守，老僧还解觅诗篇。

题己画竹图 ③

随意山肴酒一樽，藤床石枕睡昏昏。
醒来莞尔成闲笑，修竹千竿绿在门。

题墨竹谱册 二首 ④

有竹之地人不俗，而况轩窗对竹开。
谁谓墨奴能倒影，一枝移上纸屏来。

愁来白发三千丈，戏扫清风五百竿。
幸有颖奴知此意，时来纸上弄清寒。

题墨梅 二首 ⑤

粲粲江南万木妃，别来几度见春归。
相逢京洛浑依旧，却恨缁尘染素衣。

---

① 见（清）《梅道人遗墨》。
② 见（清）《梅道人遗墨》。
③ 见（清）高士奇《江村销夏录》，清文渊阁四库全书本。
④ 见《元诗选·梅花庵稿》及《御定历代题画诗类》。
⑤ 见《元诗选·梅花庵稿》及《御定历代题画诗类》。

玉府仙姝倚淡妆，素衣一夕染玄霜。

相逢不讶姿容别，为住王家墨沼傍。

为王学士题米元章溪山骤雨横幅 二首 ①

远山苍翠近山无，此是江南六月图。

一片雨声知未罢，涧流百道下平湖。

模糊云气失巉岩，雨脚拖来曲水湾。

记得西湖山阁上，半年长对虎儿山。

山水 三首 ②

闻有风轮持世界，可无笔力走山川。

峦容尽作飞来势，太室居然掷大千。

古藤阴阴抱寒玉，时向晴窗伴我独。

青青不改四时容，绝胜凌霄倚凡木。

忆昔相逢武水头，行行送上木兰舟。

遥怜落日蒸溪上，野色风声几许愁。

次云林韵题《耕云东轩读易图》 次韵三首 ③

山堂昨夜起秋风，景物萧条便不同。

岂是天公嫌冷淡，故将林木染黄红。

---

① 见《御定历代题画诗类》。

② 见(清)《梅道人遗墨》。

③ 见《元诗选·梅花庵稿》及《御定历代题画诗类》。

高人相对东轩下，竟日曾无朝市言。
几卷图书几竿竹，天香冉冉泛芳尊。

云林点笔染秋山，往道荆关今又还。
别去相思无可记，开缄时见墨纤纤。

画竹　十一首 [①]

叶叶如闻风有声，尽消尘俗思全清。
夜深梦绕湘江曲，二十五弦秋月明。

森森如玉万条青，风过声传几度听。
激楚结音多岁月，中朗时有到柯亭。

愁来白发三千丈，戏写清风五百竿。
幸有颖奴知此意，时来几上弄清寒。

解箨初闻粉节香，拂云又见影苍苍。
凤凰不至伶伦老，无奈荆榛特地长。

长忆前朝李蓟丘，墨君天下擅风流。
百年遗迹留人世，写破湘潭梦里秋。

低垂新绿影离离，倚石临泉一两枝。
忆得昔年今日见，凤凰池上雨丝丝。

春到龙孙满地生，未曾出土节先成。

可怜无个伶伦眼，尽日垂垂独自清。

与君俱是厌尘氛，一日不堪无此君。
更喜龙孙得春雨，自抽千尺拂青云。

动辄长吟静即思，镜中渐见鬓丝丝。
心中有个不平事，尽寄纵横竹几枝。

此君不可一日无，才着数竿清有余。
露叶风梢承砚滴，潇湘一曲在吾庐。

倚云傍石太纵横，霜节浑无用世情。
若有时人问谁笔，橡林一个老书生。

画竹　七首之一 ①
有竹之地人不俗。而况轩窗对竹开。
谁谓墨奴能倒影，一枝独上纸屏来。

题画　九首 ②
草堂仍著薜萝遮，地僻林深有几家。
莫道春风吹不到，门前依旧鸟衔花。

红兰杜若满汀边，烟际平林似辋川。
安得宽闲如此地，看山坐老夕阳船。

---

① 　见《元诗选·梅花庵稿》。
② 　见《梅道人遗墨》《元诗选·梅花庵稿》及《御定历代题画诗类》。

岩壑春深万绿齐，隔林黄鸟尽情啼。
山翁不记灯前语，为约红楼试品题。

灌木苍藤护草堂，流泉汩汩绕渔梁。
书声遥送斜阳里，谁道空山白昼长。

清霜摇落满林秋，漠漠寒云天际流。
山径无人拥黄叶，野塘有客漾轻舟。

万木凋残众岭寒，诛茅栖息易为安。
朝来犹有寻幽者，不畏崎岖磴百盘。

千仞颠崖势欲倾，飞流溅眼雪花明。
长风卷入层云去，都作天台暮雨声。

雨歇重林烟树湿，风来虚阁晚窗凉。
幽人倚遍阑干久，始识山中兴味长。

忆昔相逢武水头，行行送上木兰舟。
遥怜落日清溪上，野色风声几许愁。

米元晖画卷 [①]

烟光与山色，缥缈想为容。
不知山色淡，为复烟光浓。
虎儿断入图画中，凭栏展卷将无同。
但令绝景长在眼，从渠绝巘随春风。

---

① 见《元诗选·梅花庵稿》。

叔明《松壑秋云图》[①]

万壑潆回磴道长，崇冈交互转苍苍。

疏松过雨虚栏净，古木回风曲岸凉。

村舍几家门半启，渔梁何处水流香。

扁舟凝望云千顷，不觉西林下夕阳。

黄筌《蜀江秋净图》[②]

暮烟漠漠一江秋，疏树依稀见远舟。

风度钟声来古寺，人随雁影过前洲。

云销碧落天无际，波撼苍山地欲浮。

应识个中清绝处，成都画史笔端收。

子久万里长江图[③]

一峰胸次多礌礌，兴寄江山尺素间。

南北横分疑作限，西东倒注未曾还。

山围故国人非旧，水绕重城树自闲。

尤羡个中时序换，昔年禹玉岂容攀。

郭忠恕《仙峰春色图》

层轩缭绕绿云堆，坐挹空青落凤台。

一石负鳌三岛去，九峰骑鹤众仙来。

越南翡翠无时见，洞口蔷薇几度开。

春去春来花木好，溪头时听棹歌回。

---

① 见《元诗选·梅花庵稿》。

② 见《元诗选·梅花庵稿》。

③ 见《元诗选·梅花庵稿》。

张僧繇《翠嶂瑶林》

前峰突兀后峰攒，万木凋残景色阑。
仙馆无人清磬杳，瑶溪有客碧萝寒。
一缣点染空青远，六法精深秀色团。
寄语故人珍袭处，僧繇还属画中看。

陆探微员峤仙游

梅阁重重翠绕遮，时时云气飑平沙。
千峰树色藏朝雨，百道江声送晚霞。
洞古数留仙子迹，溪回深护羽人家。
遨游每忆无尘地，咫尺仍堪阅岁华。

王晋卿画

晋卿绘事诚无匹，尺素能参造化功。
碧树依微春水阔，苍山缥缈暮云笼。
幽深自觉尘氛远，闲澹从教色相空。
更喜涪翁遗墨好，草堂何必独称工。

米友仁画卷 [①]

元章笔端有奇趣，时洒烟云落缣素。
峰峦百叠倚晴空，人家掩映知何处。
归帆直入青冥濛，曲港荷香有路通。
更爱涪翁清绝句，相携飞上蓬莱宫。

---

① 见《元诗选·梅花庵稿》。

155

董源小幅 ①

烟水冥迷山远近，高山临水更清寒。
茆堂深倚林中构，商舶遥从海岛还。
云起乱峰生巧思，鸟飞残照入遐观。
生绡仅尺无穷意，谁识经营惨淡间。

赵千里画 ②

猗欤千里诸王孙，画图犹见二李存。
盘回虚阁凌空起，苍郁长林来雨繁。
仙姬仙客居绝境，试展殊觉晴云翻。
持向故山茅屋底，咫尺却拟蓬莱根。

题云西画卷 ③

云西老人清且奇，随意点笔自合诗。
高尚不趋车辙迹，新图不让虎头痴。
溪中有人空伫立，江上征帆归去迟。
何处溪歌声欸乃，碧云疏树晚离离。

赵干春林曲坞图 ④

亭下人家带远岑，乔林无处不沉沉。
垂杨拂岸青归候，繁杏依村鸟度音。
桥外无人寻旧侣，湖边逸客散幽心。
江南绝胜应难纪，何似图中景更深。

---

① 见《元诗选·梅花庵稿》。
② 见《元诗选·梅花庵稿》。
③ 见《元诗选·梅花庵稿》。
④ 见《元诗选·梅花庵稿》。

范宽《江山秋霁》①

沧江遥带碧云流，紫翠凝峦万叠秋。

阁倚蛟宫飞雨湿，人依鸟道动离愁。

帆归极浦苍山合，木落千林暮霭浮。

岂是笔端分造化，无穷岩壑一缣收。

顾恺之《秋江晴嶂》②

从来六法重长康，染得新图更郁苍。

万顷远横秋镜阔，千重林立彩云长。

村村鸡犬鸣晴昼，两两樵渔话夕阳。

无限风烟谁得似，欲将此处付行藏。

张僧繇《霜林云岫》③

六朝画史知无几，吴下僧繇独擅场。

百叠苍峦浮障起，千林绀叶入云长。

低回野渡钟声远，寂寞荒村树影凉。

咫尺披图更萧瑟，短词何敢遂揄扬。

方壶松岩萧寺④

方壶终日痼烟霞，写得湖山事事嘉。

湖上烟笼梵王宅，山深云覆羽人家。

诗翁伫立搜新句，稚子闲来扫落花。

几处归帆何处客，一声啼鸟夕阳斜。

---

① 见《元诗选·梅花庵稿》。

② 见《元诗选·梅花庵稿》。

③ 见《元诗选·梅花庵稿》。

④ 见《元诗选·梅花庵稿》。

马和之卷①

青峰互合若为群，中有高人卧白云。

飒飒松风从涧出，萧萧竹色过桥分。

闲来欲觅知音伴，睡起还探颂酒人。

一段清幽离尘俗，不禁长笛起前溃。

右丞《春溪捕鱼》②

前滩罾兮后滩网，鱼兮鱼兮何所往。

桃花锦浪绿杨村，浦溆忽闻渔笛响。

我行笠泽熟此图，顿起桃源鸡犬想。

不如归向茅屋底，老瓦盆中醉春酿。

李咸熙《秋岚凝翠》③

雨过秋光映翠微，岩云一抹淡荆扉。

千山寂寂疏钟杳，万壑萧萧落木稀。

涧水奔飞行路湿，松篁回合墅禽归。

征帆点点沧江上，应羡山人种蕨薇。

卢鸿仙山台榭图④

尘踪何得此中游，无数青山绕殿头。

炉篆浮烟朝霭霭，溪云连树晚油油。

花香曲径群麇聚，芸芏平田独鹤游。

欲识仙家真乐处，一泓清濑四山秋。

---

① 见《元诗选·梅花庵稿》。

② 见《元诗选·梅花庵稿》。

③ 见《元诗选·梅花庵稿》。

④ 见《元诗选·梅花庵稿》。

方方壶画 二首 ①

城市山林孰是非，幽居能与世尘违。
函关紫气青牛到，辽海秋风白鹤归。
天鼓叩残明月堕，洞箫吹彻彩云飞。
谁知寂寞江天外，长使人间望少微。

数载飘蓬事已非，荆关咫尺世情违。
寒云时向青山抹，野艇遥从白社归。
几处夕阳人共语，一村流水鹭边飞。
知君紫府归来后，闲把丹青玩翠微。

水竹山居图 ②

结茅山阴溪之曲，最爱轩窗对修竹。
四时谡谡动秋风，三径萧萧戛寒玉。
也知一日不可无，彼且恶乎免尘俗。
夜深飞梦绕湘江，廿五清弦秋水绿。

松石图 ③

砚池漠漠吐墨汁，苍髯呼风山鬼泣。
涛声破梦铁骨冷，露影濡空翠毛湿。
徂徕千树老云烟，湖山九里甘萧瑟。
何当阅此明窗下，长对诗人弄寒碧。

---

① 见《元诗选·梅花庵稿》。
② 见《梅道人遗墨》。
③ 见《梅道人遗墨》。

筼筜清影图 [①]

陶泓磨松吐黑汁，石角棱棱山鬼泣。

风梢呼梦苍雪冷，露影溥空晓云湿。

筼筜一谷老烟霏，渭川千顷甘潇瑟。

何如置此□窗前，长对诗人弄寒碧。

水墨梅松兰竹四友图 [②]

砚池漠漠墨吐汁，苍髯呼风山鬼泣。

涛声破梦铁骨冷，露影汻空翠毛湿。

徂徕百亩老云烟，湖山九里甘萧瑟。

何当置此明窗下，长对诗人弄寒碧。

画兰 [③]

舶趠风下东吴舟，抔土移入漳泉秋。

初疑紫莛攒翠凤，恍如绿绶萦青虬。

猗猗九畹易消歇，奕奕百亩多淹留。

轩窗相逢与一笑，交结三友成风流。

画竹 [④]

与可画竹不见竹，东坡作诗忘此诗。

高丽老茧冰雪冷，戏成岁寒岩壑姿。

纷纷苍霰落碧篆，谡谡好风扶旧枝。

狰狞头角易变化，细听夜深雷雨时。

---

① 见（清）梁诗正等编《石渠宝笈》卷十七，清文渊阁四库全书本。。

② 见《梅道人遗墨》。

③ 见《梅道人遗墨》。

④ 见《梅道人遗墨》。

画竹 ①

与可画竹不见竹，东坡作诗忘此诗。

高丽老茧冰宣冷，戏写岁寒岩壑姿。

丝丝苍霰落碧筱，谡谡好风扶旧枝。

试听雷雨虚堂夜，拔地起作苍虬飞。

山居深趣图 ②

猗欤太史诸王孙，生绡画出昆仑根。

枯槎菌蠹厄野火，溪园秋雨琅玕繁。

天寒岁暮碣石馆，囊书日见玄云翻。

持向故山茅屋底，倚看屈曲大江奔。

题墨竹册 ③

野竹野竹绝可爱，枝叶扶疏有真态。

生平素守立崄巇，走壁悬崖穿石罅。

虚心抱节山之阿，清风白雨聊婆娑。

寒梢千尺将如何，渭川淇澳风烟多。

野竹怪石图 ④

野竹野竹绝可爱，枝叶扶疏有真态。

生平素守远荆榛，走壁悬崖穿石罅。

虚心抱节山之阿，清风白雨聊婆娑。

寒梢千尺将如何，渭川淇澳风烟多。

---

① 见《梅道人遗墨》。

② 见《元诗选·梅花庵稿》。

③ 见《元诗选·梅花庵稿》。

④ 见《梅道人遗墨》。

笋①

绿阴昼静南风来，晴梢拂拂烟花开。

箨龙走地牙角出，班班玉立横苍苔。

长镵穿云石路滑，锦衣脱绷玉版白。

鸣牙未下冰雪韭，开笼先放扬州鹤。

梅道人松图并题②

幽澜话别汗沾衣，飒尔西风候雁飞。

我但悠悠安所分，谁能屑屑审其微。

钓竿不插山头路，猎网宁罗水际矶。

独有休心林下者，腾腾兀兀静中机。

林屋山③

巍巍林屋古灵踪，东隔鼋头只一重。

旱洞晴云阴洞雨，渔家清笛道家钟。

绿阴满地三春草，翠盖擎空百尺松。

知道西南岩壑里，轻风吹处有潜龙。

慈里④

慈里山居林屋西，绕山碧磴接丹梯。

几时桑柘深深围，数里兼葭狭狭溪。

晓月禅家钟发早，夕阳樵唱担归齐。

亨衢南去平如砥，踏遍骄骢蹀躞蹄。

---

① 见《梅道人遗墨》。

② 见（清）卞永誉《式古堂书画汇考》，民国十年影印本，上海图书馆。

③ 见《梅道人遗墨》。

④ 见《梅道人遗墨》。

渔父图 ①

西风萧萧下木叶，江上青山愁万叠。

长年悠优乐竿线，蓑笠几番风雨歇。

渔童鼓枻忘西东，放歌荡漾芦花风。

玉壶声长曲未终，举头明月磨青铜。

夜深船尾鱼拨刺，云散天空烟水阔。

梅道人着色江村渔乐图轴 ②

青山窅窅攒修眉，下浸万顷青玻璃。

斜风细雨蓑笠古，茅屋两两枫林低。

扁舟欲留去还止，水心扑鹿惊鸥起。

渔兮渔兮不汝期，渔中之乐那能知。

此渔此景定何处，长啸一声出门去。

墨菜画卷 ③

菘根脱地翠毛湿，雪花翻匙玉肪泣。

芜蒌金谷暗尘土，美人壮士何颜色。

山人久刮龟毛毡，囊空不贮挪揄钱。

屠门大嚼知流涎，淡中滋味吾所便。

元修元修今几年，一笑不直东坡前。

董源夏山深远 ④

北苑时翻砚池墨，叠起烟云隐霹雳。

短缣尺楮信手挥，若有蛟龙在昏黑。

---

① 见（清）梁诗正等编《石渠宝笈》，清文渊阁四库全书本。

② 见（清）吴升《大观录》，清同治九年抄本，上海图书馆藏。

③ 见《梅道人遗墨》。

④ 见《元诗选·梅花庵稿》。

南唐画院称圣功，好事珍藏裹数重。

崇山突兀常疑雨，碧树萧森迥御风。

鸟啼花落不知处，渔唱樵歌遝迤度。

展舒不尽古今情，未容肉眼轻将赋。

竹窝 ①

阿香怒鞭箨龙尾，班鳞蚀去痕未洗。

天风吹作万琅玕，翠压修林收不起。

林深有客栖寒烟，玉版已悟禅中禅。

人间赤日迥不到，著我六月秋泠然。

青云欲飞霖雨急，佩环声里双蛾泣。

玉箫惊起老龙眠，夜染潇湘半江碧。

招仙词题高彦敬云山卷 ②

空山兮寂历，石气蒸兮茏葱。

人家兮水末，望鸡犬兮云中。

水流兮花谢，淹冬春兮无穷。

江亭兮石濑，漱霭兮深松。

山中人兮归来，飒长啸兮天风。

李昭道春江图 ③

晴江一望春山高，日光荡漾翻银涛。

白云冉冉向空落，长天漠漠归鸿号。

岸上垂杨覆瑶草，征帆直指长安道。

---

① 见《元诗选·梅花庵稿》。

② 见《元诗选·梅花庵稿》。

③ 见《元诗选·梅花庵稿》。

蛟龙不动两耳清，花落莺啼人自老。

鸱夷当日溯烟波，凉风万里来天河。

李侯久向层冥去，丹青散逸将如何。

宣和当日珍藏固，三百余年拈指过。

危君不让米南宫，置之武库尤加护。

洪谷子《楚山秋晚》①

洪谷仙去五百年，丹青流落何翛然。

九疑之山何突兀，乱云惨淡秋风前。

寻幽忽有蓬莱仙，歌声隐约清溪边。

萧萧木叶下无际，不见归来张季船。

前村后村高复下，远渚近渚断又连。

夕照迟迟俯西川，树底人家起碧烟。

卷中妙境无穷已，挥毫聊尔纪新篇。

李成《江村秋晚》②

咸熙画图无与共，传世希微爱者众。

二李之后已寥寥，宣和当日尤珍重。

新图一旦落人间，神宫寂寞何时还。

经营意匠出尘表，上下五百谁能攀。

水回中有渔舟泊，山顶崇台招白鹤。

篱根浮出水潺潺，万竹琳琅奏天乐。

霜飞木落一天秋，栖禽向晚声啾啾。

柳溪错认渊明宅，过桥岂是王弘俦。

景色萧条如太古，路僻村深贮烟雾。

---

① 见《元诗选·梅花庵稿》。

② 见《元诗选·梅花庵稿》。

分明再见辋川人，芜词何敢轻为附。

清容自是鉴赏家，持将却向天之涯。

几回试展未能去，落尽庭前无数花。

郭忠恕《夏山仙馆图》[1]

苍崖过雨流青玉，万朵芙蕖红间绿。

松枝摇动碧帘风，兰舟徐度回塘曲。

画阁朱楼设翠褕，银床冰簟上流苏。

美人绣倦频来往，仙侣长吟聊自娱。

羽扇不挥尘不到，博山麝脑香犹袅。

新蝉惊破北窗眠，幽禽啼断林间巧。

竹烟浮翠荐龙团，树影当庭映日圆。

晚来两两寻幽客，应识溪声六月寒。

图中景物非人世，如此丹青谁得似。

屈指流传四百年，宣和赏识标忠恕。

人间何处无炎歊，火云照耀未能消。

高斋展对殊未已，一片凉飔落素绡。

松泉图 [2]

长松兮亭亭，流泉兮泠泠。

漱白石兮散晴雪，舞天风兮吟秋声。

景幽佳兮足静赏，中有人兮眉常青。

松兮泉兮何所拟，研池阴阴兮清澈底。

挂高堂兮素壁间，夜半风雷兮忽飞起。

---

① 见《元诗选·梅花庵稿》。

② 见《梅道人遗墨》。

新凉透寒图 [①]

新凉透巾毛发寒，攒眉阖眸鼻孔酸。

疏襟飘飘不复暖，饱风双袖何其宽。

我欲赋《归去》，愧无"三径就荒"之佳句。

我欲江湖游（湘逝），恨无绿蓑青笠之风流。

学稼兮力弱，不能供其耒耜；

学圃兮租重，胡为累其田畴。

进不能有补于用，退不能嘉遁于休。

居易行俭，从其所好，顺生佚老，

吾复何求也！

梅道人广与可笔并题（章句）[②]

色经寒不动，声与静相宜。

只为岁寒心似铁，也宜烟雨又宜晴。

梅边（调寄金字经）[③]

雪冷松边路，月寒湖上村。缥缈梨花入梦。云巡小檐芳树，春江梅信，翠禽啼向人。

芦花寒雁图（调寄渔歌子）[④]

点点青山照水光，飞飞寒雁背人忙。冲小浦，转横塘，芦花两岸一朝霜。

---

① 参见徐建融等编《海派书画文献汇编》，上海辞书出版社 2013 年版，第 895 页。

② 见（明）汪砢玉《珊瑚网》卷三十三，四库全书本。

③ 见《四库全书·梅道人遗墨·卷下词》，上海图书馆。

④ 见《梅道人遗墨》（明）郁逢庆《郁氏书画题跋记》。

秋枫渔父图 (调寄渔歌子) ①

目断烟波青有无,霜凋枫叶锦模糊。千尺浪,四鳃鲈,诗筒相对酒葫芦。

红叶村西图 (调寄渔歌子) ②

红叶村西夕影余,黄芦滩畔月痕初。轻拨棹,且归与,挂起渔竿不钓鱼。

洞庭渔隐图 (调寄渔歌子) ③

洞庭湖上晚风生,风搅湖心一叶横。兰棹稳,草衣新,只钓鲈鱼不钓名。

嘉禾八景图 (八首·调寄酒泉子) ④

空翠风烟

万寿山前,屹立一亭名槜李。堂阴数亩竹涓涓,空翠锁风烟。骚人隐士留题咏,红尘不到苍苔径。子瞻三过见文师,壁上有题诗。

龙潭暮云

三塔龙潭,古龙祠下千年迹。几番残毁喜犹存,静胜独归僧。阴森一径松杉直,楼阁层层曜金碧。祈丰祷旱最通灵,祠下暮云生。

鸳湖春晓

湖合鸳鸯,一道长虹横跨水。涵波塔影见中流,终日射渔舟。彩云依傍真如墓,长水塔前有奇树。雪峰古甃冷于秋,策杖几经游。

---

① 见《梅道人遗墨》(明) 郁逢庆《郁氏书画题跋记》。
② 见《梅道人遗墨》(明) 郁逢庆《郁氏书画题跋记》。
③ 见 (明) 汪砢玉《珊瑚网》卷三十三,四库全书本。
④ 见《梅道人遗墨》(明) 郁逢庆《郁氏书画题跋记》,清文渊阁四库全书本《郁氏书画题跋记》,上海图书馆。

春波烟雨

一掌春波，矗矗艖帆闹如市。昔年烟雨最高搂，几度暮云收。三贤古迹通歧路，窆堵玲珑插濠罟。荷花袅袅间菰蒲，依约小西湖。

月波秋霁

粉堞危搂，栏下波光摇月色。金鱼池畔草蒙茸，荒圃瞰楼东。亭亭遥峙梁朝桧，屈曲槎牙接苍翠。独怜天际欠青山，却喜水回环。

三闸奔湍

三闸奔湍，一塘远接吴淞水。两行垂柳绿如云，今古送行人。买妻耻醮藏羞墓，秋茂邮亭递书处。路逢樵子莫呼名，惊起墓中灵。

胥山松涛

百亩胥峰，道是子胥磨剑处。嶙峋白石几番童，时有兔狐踪。山前万千长身树，下有高人琴剑墓。周回苍桧四时青，终日战涛声。

武水幽澜

一罂幽澜，景德廊西苔藓合。茶经第七品其泉，清冽有灵源。亭间梁栋书题满，翠竹萧森映池馆。门前一水接华亭，魏武两其名。

梅道人临荆浩渔父图（十六首·调寄渔歌子）①

洞庭湖上晚风生，风搅湖心一叶横。兰棹稳，草衣轻，只钓鲈鱼不钓名。
重整丝纶欲掉船，江头明月正明圆。酒瓶倒，草花悬，抛却渔竿踏月眠。
残阳浦里漾渔船，青草湖中欲暮天。看白鸟，下平川，点破潇湘万里烟。
如何小小作丝纶，只向湖中养一身。任公子，龙伯人，枉钓如山截海鳞。
极浦遥看两岸斜，碧波微影弄晴霞。孤舟小，去无涯，那个汀洲下是家。

---

① 见（明）汪砢玉《珊瑚网》卷三十三，四库全书本。

雪色髭须一老翁，能将短棹拨长空。微有雨，正无风，宜在五湖烟水中。
绿杨湾里夕阳微，万里霞光浸落辉。击棹去，未能归，惊起沙鸥扑鹿飞。
月移山影照渔船，船载山行月在前。山突兀，月婵娟，一曲渔歌山月连。
风搅长江浪搅风，鱼龙混杂一川中。藏深浦，系长松，直待云收月在空。
舴艋为舟力几多，江头云雨半相和。殷勤好，下长波，半夜潮生不那何。
残霞返照四山明，云起云收阴复晴。风脚动，浪头生，听取虚篷夜雨声。
无端垂钓定潭心，鱼大船轻力不任。忧倾侧，系浮沉，事事从轻不要深。
钓得红鳞拽水开，锦鳞斑较逐钩来。摇赪尾，唅红鳃，不羡严陵坐钓台。
五岭风光绝四邻，满川凫雁是交亲。云触岸，浪摇身，青草烟深不见人。
舴艋舟人无姓名，葫芦提酒乐平生。香稻饭，滑莼羹，掉月穿云任性情。
桃花波起五湖春，一叶随风万里身。钓丝细，香饵均，元来不是取鱼人。

题画骷髅（调寄沁园春）

漏泄元阳，爷娘搬贩，至今未休。吐百种乡音，千般扭扮，一生人我，
几许机谋。有限光阴，无穷活计，汲汲忙忙作马牛。何时了，觉来枕上，试
听更筹。　　古今多少风流，想蝇利蜗名谁到头。看昨日他非，今朝我是；
三回拜相，两度封侯。采菊篱边，种瓜园内，都只到邙山土一丘，惺惺汉，
皮囊扯破，便是骷髅。

题大士 [①]

大定光中现自在相，杨柳瓶中，陁罗石上。心如止水水如心，稽首大
悲观世音。

骷髅偈 [②]

身外求身，梦中索梦。不是骷髅，却是骨董。万里神归，一点春动。依

---

① 见《梅道人遗墨》。
② 见《梅道人遗墨》。

旧活来，拽开鼻孔。

坐禅偈 ①

坐脱似懒猫蹲宿火，看看烧尽尾和须，唤不起来成个什么，赵州三年不下禅床，长庆蒲团破了七个，动一动有差有别，不动一动也是胡作乱做，青春不再来，白日莫闲过。

高士垂范

吴镇的名声在其生前并不十分彰显，因为他为人一向低调，深居简出，友交又多羽士高僧。元末明初，名士孙大雅、黄溍对吴镇人品画品评价甚高。

后来，吴门画派首领沈周及文徵明他们一再推崇吴镇，吴镇的人品画品才逐渐为世人所了解。再往后，董其昌等将其推为元四大家，由是名声日隆。又因吴镇一生未入仕途，遂成气节之楷模，为明清文人所崇尚。

吴镇对后世的影响是深远的，对他的评价甚高，尤其在绘画方面，大多数名画家临摹过他的作品。

危素跋吴镇《夏山欲雨图》云："吴梅庵吾之至友也。有高世之行。书无不读，而绘事更精。所谓鲁之原宪，晋之陶潜，殆其俦乎。予固爱其画，而更爱其人。予每有所请，无不应之。而悉佳妙。就中画卷种种入神，即使王洽复起，董巨再生，亦何过焉。使梅庵见之，必以予为知言。是岁四月十有一日，临川危素。"②

危素（1303—1372），元末明初学者。江西金溪人，字太朴，一字云林。元至正间以荐授经筵检讨，与修宋、辽、金三史及《尔雅注》，历官翰林编修、

---

① 见《梅道人遗墨》。

② 见《石渠宝笈》之《元吴镇〈夏山欲雨图〉》。

太常博士、礼部尚书、参知政事、岭北行省左丞。后弃官居房山。洪武二年（1369）授翰林侍讲。

元高逊志评吴镇的画"如老将搴旗，劲气峥嵘，莫之能御"。是说其画有排山倒海之奇气。高逊志字士敏，萧县人，乔寓嘉兴。元末为郯山书院长。洪武，征修元史，入翰林。迁吏部侍郎。他对吴镇的评价十分到位，在元末明初有此认识者不多。

黄黼在《瓘本渔父图》卷后题跋云："武塘吴仲圭善画山水竹木，号梅花道人。性孤高抗简，片楮戏墨虽势力不能取。""孤高抗简"，绝不阿事权贵，显然与世事洞明、人情练达的所谓官场人格格格不入。习《易》经、乐高隐、绝仕进、恶权贵，这其实正是典型的庄子式的道家色彩。正因为胸中有其意，吴镇信笔涂抹便可成《渔父图》，所以黄黼对吴镇推崇备至，曰："要皆仲圭胸中丘壑，发而为幽逸疏散之情。自非高人清士，窥以岁月，未易悉其意也。"且云："仲圭之画世不多见，今虽墨竹亦不可得。此图盖绝无而仅有者也。"黄黼为明初人，书此跋在洪熙元年（1425），去吴镇不过数十年。

吴镇的山水画，有明显的两种风貌，一种是临仿董巨技法，可说是形神逼肖。另一种则具有独创的风格，即在前人技法的基础上，加以发展，形成自己的独特面目。

就画竹而言，笔意豪迈，有峥嵘劲直的气象，实在是文同以后的画竹大家。但当时还有人说他的墨竹有酸馅气，元孙作在《沧螺集》中为吴镇辩解，他道："余观仲圭，隐者也。其趣适常在山岩林薄之下，故其笔类有幽远闲放之情，殊乏贵游子弟之气。议者少之，其以此乎！且世赖笔墨以传者非一物，而竹之可传，岂以声色臭味为足嗜欤？是则幽远闲放是其竹之性耳！今使人指其画曰：是有山僧道士之气。则仲圭于竹，宜得其天者，顾欲以是非之，可乎！"这是说仲圭的墨竹有幽远闲放的趣味，真正能够写出竹的本性，这是出于长期观察研究的结果，应是他的优点。假若认为它没有富贵气，是缺点，真是不知画竹的了。

吴镇的隐居，与一般在官场郁郁不得志而归隐者，自是不同，他难耐贵游子弟之俗气，唯恐避之不及，所以才有幽远闲放的意趣。孙作字大雅，江阴人。工为文，元末挈家避兵于苏州，洪武中，聘修日历，授编修。

明邵宝云："元季画家，不胜屈指而散见四方，唯江左为最，若吴仲圭其一也。仲圭居诸家之右，独得董家正传，至于竹石写生，又称妙绝，所谓淡而不厌，管（道升）而文（同）兼而有之矣。"他认为吴镇之画在元代诸家之上。邵宝（1460—1527），字国贤，号二泉，无锡人，进士。历为江西提学副使，修白鹿书院学舍以处学者。

王绂《书画录》吴镇条下注曰："……其笔端豪迈，泼墨淋漓，无一点朝市气，虽似率略，人莫能到。然当其世者，不甚重之，仲圭尝语人曰'吾之画直须五百年后方遇赏音耳'。"吴仲圭之画，贵在清气逼人，这一点，王绂评的极是。吴镇一生，力戒俗气，正如他侄儿吴瓘所云"风神潇洒，绝无一点尘俗气味（《渔父图》卷跋）。"王绂（1362—1416），字孟端，无锡人。博学，工诗，能书，写山水竹石，墨竹深得文同、吴镇遗法，闻名天下，妙绝一时。永乐初用荐，以善书供事文渊阁，久之，除中书舍人。

明沈周诗云"梅花庵主墨精神，七十年来用未真。"清盛大士著《溪山卧游录》曰："石田（沈周字石田）学巨然，得梅道人衣钵，欲发现生平得力处，故有此语，然犹逊谢若此。"沈周写诗曰："梅花庵主是我师，水墨微茫一一奇。此纸拾他余馥去，淡烟松树晚离离。"认吴镇为业师。并云："吴仲圭得巨然笔意，墨法又能轶出畦径，烂漫惨淡，当时可谓自能名家者。""梅花庵主与一峰老人同学董巨，然吴尚沉郁，黄贵潇洒，两家神趣不同，各尽其妙。"沈周确是吴镇知音。

文徵明（1470—1559），初名壁，字征明，长洲（今苏州）人，明代书画家。吴门画派创始人之一。是明代中期最著名的画家、大书法家。山水多工细之作，晚年师吴仲圭诸人之粗笔画，往往甚精，翩翩入室，虽老笔纵横，仍不失严谨秀雅本色，为世所重。亦善写花卉兰竹。从学者甚众，其子孙与学生成为著名画家者就有三十余人。吴门画派山水影响一直到清朝中叶，前后几达四百年之久。年臻耄耋，德高行成，宇内望风钦慕。家人弟子，门人私淑，得其指授者多名噪一时。文徵明述古云："看吴仲圭画当于密处求疏。看倪云林画于疏处求密。"真赏家也。

屠隆在其所著《画笺》一书中曰："评者谓士大夫画，世独尚之，盖士气画者……以得天趣为高……脱尽画工院气故耳。……如赵松雪、黄子久、王叔明、吴仲圭之四大家……形神俱妙，绝无邪学，可垂久不磨，此真士气画也。"屠隆（1542—1605），字长卿，鄞县（今属浙江宁波）人。明万历五年（1577）进士，为人豪放好客，纵情诗酒，所结交者多海内名士。

董其昌云："黄、倪、吴、王四大家皆以董巨起家成名，至今只行海内。"就是说元四大家都是继承董巨的优秀技法的。他曾题吴仲圭画说："巨然衣钵，唯吴仲圭传之。此图不当作元画观，乃北宋高人三昧。"意思是吴镇此画，观者要跳过元人，看作是北宋高人之佳构，也就是说吴镇多存董巨遗法，作品可与北宋名家比肩矣。他在观巨然《层岩丛树图》后，于画幅诗堂跋云："僧巨然真迹，神品。观此图，始知吴仲圭师承有出蓝之能。"是说吴仲圭学巨然有"青出于蓝胜于蓝"之能耐，因此他慨叹"吴仲圭大有神气"。

董其昌在吴镇《清江春晓图》轴上方诗堂题跋曰："梅花道人画巨轴绝少，此幅气韵生动，布置古雅，大类巨然，非王蒙所能梦见也。"是说吴镇为巨然正传，像这样的巨幅，王蒙是难以企及的。

"元四家"最初提法是以赵孟頫为首，没有王蒙，或无倪瓒，董其昌力主赵在元之初，不当与元末四家相提并论。故董其昌云："元季四大家，以黄公望为冠，而王蒙、倪瓒、吴仲圭与之对垒。"此说终得社会之认可，沿用至今。董其昌（1555—1636），字玄宰，号思白，又号香光居士，华亭（今上海松江）人。华亭派的主要代表。明万历十六年（1588）进士，官至礼部尚书，卒谥文敏。精于书画及鉴赏，其南北宗的画论对晚明以后的画坛影响深远。书画风格名重当世，并成为明代艺坛的主流。著有《画禅室随笔》《容台集》《画旨》等文集。

姜绍书著《韵石斋笔谈》评吴镇时说："梅花道人画，秀劲拓落，运斤成风。款则墨渖淋漓，龙蛇飞动，即缀以篇什，亦摩空独运，旁无赘词，正如狮子跳踯，威震林壑，百兽敛迹，尤足称尊。"是说吴镇的画劲利而松秀，气势夺人。且不同于他人一画既就，便遍邀名士题句，互为标榜。吴镇则不然，除了自题外，不著他人一字。吴镇性涓介，由此可见一斑。姜绍书，字二西，号晏如居士。江苏丹阳人。明末为南京工部侍郎。擅长画艺，精通史学，其所著《韵石斋笔谈》两卷，仿元代周官《云烟过眼录》而作，记所见所闻藏书、字画、古器、奇玩，并记叙诸家得失经过及古器形模色泽。

姜绍书著《无声诗史》言姚绶：画渊源于赵孟𫖯以来的文人画体系，"其（指姚绶）于吴仲圭、赵松雪、王叔明数家墨气皴染，俱妙得神髓。"姚绶（1422—1495），字公绶，号丹丘生，又号谷庵子、云东逸史，浙江嘉善大云人。明天顺进士，官监察御史。解官归，作室曰丹丘，人称丹丘先生。善书、画，擅山水、竹石，师法宋元，于吴镇用功最深。

李日华评吴镇云："鹏抟狮骤，绝不借人扶掖，此老真笼罩千古人也。"此评与姜绍书可谓"英雄所见略同"。李日华（1565—1635），字君实，号竹懒，又号九疑，明嘉兴人。万历二十年（1592）进士。官至太仆少卿。性淡泊，与人无忤，工书画，精鉴赏，世称博物君子。

吴历《墨井画跋》评吴镇曰："梅道人得董巨之风骨气候，带湿点苔，苍苍茫茫，有雄迈之致。""梅道人深得董巨带湿点苔之法，每积画盈筐，不轻点之。语人曰：'今日意思昏钝，俟精明澄澈时为之也。'前人绘学功夫，真如炼金火候。""《深山无尽》《万里长江》两卷，梅道人法巨然，笔下清雄奇富，变态无穷，出新意于法度之中，寄妙理于豪放之外。浑然天成，五墨齐备。盖仲圭擅场，非后学者所能措手。"这是说吴镇善于带湿点苔，能五墨齐备。所谓五墨，即能在一幅画中运用淡墨、泼墨、破墨、积墨、焦墨来表现物象，非对墨法有研究，是不能运用自如的。"出新意于法度之中，寄妙理于豪放之外"，是说吴镇之画一派毫放新意，却又法度森严。此说法眼独具，可谓经典矣。吴历（1632—1718），清初江苏常熟人。本名启历，号渔山，山水宗吴镇，与四王、恽寿平并称清初六大家。

清康熙十九年（1680），笪重光到苏州，邀请契友王翚、恽寿平分段合评，多所阐发画理。他们评吴仲圭的画为"骨气自是不凡"。笪重光（1623—1692），江苏句容人。顺治九年（1652）进士，官御史。风骨棱棱，虽权贵亦惮之。书、画名重一时。

王翚（1632—1717），字石谷，号耕烟散人。清江苏常熟人。著名画家，被称为清初画圣。评吴镇曰："仲圭之渊劲，为百世之宗而无弊也。"推崇若此。

恽寿平评吴镇曰："文征仲述古云，看吴仲圭画当于密处求疏，看倪云林画当于疏处求密。……余则更进而反之曰，须疏处用疏，密处加密。合两公神趣而参取之。""梅花庵主与一峰老人（黄公望）同学董源、巨然，吴尚沉郁，黄贵萧散，两家神趣不同，而各尽其妙。""梅沙弥有此本，笔力雄劲，墨气沉厚，董巨风规，居然犹在。""梅花庵主笔力有巨灵斧劈华岳之势，非今人所能梦见也。"恽寿平（1633—1690），名格，字寿平，号南田，以字行。江苏武进人，兼擅山水、花鸟，与四王（王时敏、王鉴、王翚、王原祁）、吴历，并称清初六大家。为清朝一代之冠。少时从伯父学画，青少年时期参加过抗清义军，家破人亡，当过俘虏，又被浙闽总督收为义子，曾在灵隐寺为僧，返里后卖画为生。

王原祁在《麓台题画稿》云："画有五品，神、逸为上，然神之与逸不能相兼，非具有扛鼎之力，贯虱之巧，则难至也。元季梅道人传巨然衣钵，余见《溪山无尽》《关山秋霁》二图，皆为得其髓者。余初学之，茫然未解，既而知循序渐进之法，体裁以正其规，渲染以合其气，不懈不促，不脱不黏，然后笔力墨花，油然而生。今人以泼墨为能，工力为上，以为有成法，此不知庵主者；以为无成法，亦不知庵主者也。于此研求，庶几于神、逸之门，不至望洋。明季唯白石翁最得梅道人法。诗云：'梅花庵主墨精神，七十年来未用真。'可谓深知而笃信者矣。"① 又云："北宋高人三昧，惟梅道人得之，以其传巨然衣钵也。与盛子昭同里闬而居，求盛画者填门接踵，庵主惟茅屋数椽，闭门静坐。人有言者，笑而不答。五百年来，重吴而轻盛，洵乎笔墨有定论也。然人但其知淋漓挥洒，不知其刚健而兼婀娜之致，亦

---

① 见凌利中《王原祁题画手稿笺释》，上海古籍出版社 2017 年版，第 426 页。

未知一笑之故耳。"①

王原祁又云："笔不用烦，要取烦中之简；墨须用淡，要取淡中之浓。要于位置间架处步步得肯，方得元人三昧。如命意不高，眼光不到，虽渲染周致，终属隔膜。梅道人泼墨，学者甚多，皆粗服乱头，挥洒以自鸣其得意，于节节肯綮处，全未梦见，无怪乎有墨猪之诮也。"②王麓台晚年深切体会到仲圭用墨法的卓越，酷好梅道人墨法，所以又喜欢用仲圭墨法作画，并能得其神韵。这两段话，是他学梅道人墨法的深切体验。

王原祁（1642—1715），字茂京，号麓台，江苏太仓人，王时敏孙。康熙九年（1670）进士，官至户部侍郎，人称王司农。以画供奉内廷。聪明有才华，任书画谱馆总裁，负责编纂《佩文斋书画谱》，并鉴定古今书画。

唐岱《绘事发微·读书》评吴镇曰："胸中具上下千古之思，腕下具纵横万里之势。立身画外，存心画中，泼墨挥毫，皆成天趣。"唐岱（1673—1752后），清满洲正白旗人。官内务府总管，以画供奉内廷，康熙赐"画状元"。

郑板桥在他画的《竹石图》上有这样的画论："画竹之法，不贵拘泥成局，要在会心人得神，所以梅道人能超最上乘也。"郑燮（1693—1765），字克柔，号板桥，江苏兴化人，清代扬州画派的杰出人物，尤以画竹名世。

方薰论吴镇曰："梅花和尚，墨名儒行者，居吾乡之武塘，萧然环堵，饱则读书，饥则卖卜。画石室竹，饮梅花泉。一切富贵利达，屏而去之。与山水鱼鸟相狎。宜其书若画，无一点烟火气。"（《山静居论画》）方薰（1736—1799），字兰坻，一字语儿乡农。清浙江石门（今桐乡）布衣。性高逸狷介，朴野如山僧。诗、书、画并妙。

沈宗骞撰《芥舟学画编》云："其不必以南北拘者，则荆、关、李成、范宽，元季吴仲圭，有明沈、文诸公，皆为后世模楷。"沈宗骞（1736—1820），清浙江乌程（今湖州）人，庠生。早岁能书、画，小楷、章草及盈丈大字，

① 见凌利中《王原祁题画手稿笺释》，上海古籍出版社2017年版，第63—64页。
② 见俞丰《王原祁画论译注》，北京：荣宝斋出版社2012年版，第248页。

皆具古人神致魄力。

阮元在《石渠随笔》中云："吴镇《晴江列岫图》，绢本，纵一尺九寸，横三丈三尺五寸，笔力圆足健拔，天趣奔放，合马、夏、董源、巨然为一手。山石用浓墨点苔，如指头大，松干皆放直笔，楼阁用界画法。内府藏镇画极多，从无此长幅巨笔者。"按，台北故宫博物院藏吴镇款《晴江列岫图》，非真迹。

仲圭和马远、夏圭虽多喜作水墨画，而用笔法实不同，马夏用笔险劲而仲圭用笔圆厚，因此趣味也迥不相同。阮元（1764—1849），字伯元，号芸台。江苏仪征人。晚年定居扬州。乾隆五十四年（1789）进士，由翰林入直南书房，旋督山东、浙江学政。嘉庆初年，历官兵部、礼部、工部、户部侍郎。又曾两充会试总裁。

钱杜在《松壶画忆》一书中说："吴仲圭在元人中别树一帜，明之沈启南（沈周）、文徵仲（文徵明）皆宗之。余在京师，于友人斋中见其《风壑云泉》一巨帧，树与山石并椒点。水阁三楹，用笔如画铁，石田翁万不及也。阁下二人偶语，地砖若棋枰，信手写之，与界画等。阁上流泉拂檐角而下。全幅皆焦墨，气韵奇古，似北宋以前手笔。"是说吴镇此图苍古沉郁，生气盎然，一派董巨风貌。钱杜（1764—1844），清画家。初名榆，字叔美，号松壶。浙江仁和（今杭州）人。擅画山水，学文徵明工细一路，初自文伯仁入手，又上溯赵令穰、王蒙诸家，笔墨妍细中带生拙，所作青绿山水，有装饰趣味。兼精墨梅，并能画人物。

张庚论"元四家"性情与画曰："大痴为人坦荡洒落，故其画平淡而冲濡，在诸家中最醇；梅道人孤高而清介，故其画危耸而英俊；倪云林则一味绝俗，故其画萧远峭逸，刊尽雕华；若王叔明未免贪荣附热，故其画近于躁。"（张庚《浦山论画》）张庚（1685—1760），原名焘，清秀水（今属浙江嘉兴）人。雍正十三年（1735）应鸿博诏。山水出入董巨、黄公望，沉沉丰蔚，深得墨法，然秀润有余，苍浑不足。

秦祖永《桐阴论画》称吴仲圭"墨汁淋漓，古厚之气扑人眉宇。"秦祖永（1825—1884），字逸芬，号楞烟外史，金匮（今江苏无锡）诸生，官广东碧甲场盐大使。工诗、古文辞，善书，山水以王时敏为宗。

晚清嘉兴蒲华异常敬慕吴镇，评吴仲圭是"死后精神留墨竹，生前知己许寒梅。"蒲华（1839—1911），原名成，字作英，号胥山野史，晚清海派画坛具有创造精神的代表画家。其画气势磅礴，可与吴昌硕媲美。"蒲作英虽是以卖画为生，但他不媚权贵，不慕荣华富贵，却仰慕乡里前贤梅花道人吴仲圭。"（张大千评语）

吴昌硕晚年画竹自题曰："爵觚盘敦鼎彝钟，掩映青光竹一丛。种竹道人何处住，古田家在古防风。癸亥（1923）春八十老人吴昌硕。"（吴昌硕《凡竹》）吴昌硕（1844—1927），名俊卿，字昌硕。浙江省孝丰县鄣吴村（今湖州市安吉县）人。晚清著名画家、书法家、篆刻家，为海派中的代表。杭州西泠印社首任社长。吴昌硕与虚谷、蒲华、任伯年齐名，称清末"海派四杰"。

《傅抱石画论》曰："我认为一幅画应该像一首诗，一阕歌，或一篇美的散文，因此，写一幅画就应该像一首诗，唱一阕歌，或做一篇散文。王摩诘'画中有诗'已充分显示这无声诗的真相，而读倪云林、吴仲圭、八大、石涛的遗作，更不啻是山隈深处寒夜传来的人间可哀之曲。"傅抱石（1904—1965），江西新余人，"新山水画"代表画家。擅长中国画、美术史论、美术教育。傅抱石在《壬午年重庆画展自序》一文中，对中国绘画史上彪炳显赫的元季四大家说过一段别具慧眼、极有见地的话："黄大痴、王叔明两家很欢迎朋友，吴仲圭选友很严，倪云林则拒而不纳。"可见他对"元四家"吴镇有着深入的研究。

吴湖帆在吴镇《瓘本渔父图》卷跋识云："唯仲圭画堪与子久（黄公望）相并论……此巨卷……实仲圭生平第一，亦天下第一仲圭画也。"吴湖帆（1894—1968），名倩，书画署名湖帆。江苏苏州人。清代著名书画家吴大澂之孙。擅绘画、精鉴赏、富收藏，身世显赫，成就卓著。

叶恭绰在吴镇《瓘本渔父图》卷跋识云："此卷一见即可断为梅花和尚真迹。"叶恭绰（1881—1968），又名誉虎，号遐庵，广东番禺（今广州）人。出身于京师大学堂仕学馆，留学日本。早岁从政，曾任北洋政府交通总长。

民国十二年（1923）应孙中山召，至广州任财政部长。对文学、考古、收藏、书法等无不精研。

张大千题己画《黄山图》云："当年梅道人，圆点笔头新。小与巨然别，松根多竹筠。庚午（1930）秋日写黄海紫玉屏于大风堂下。大千居士爰。"圆点笔，是吴镇所喜用带湿苔点，后人仿之，谓梅花点。张大千（1899—1983），原名正权，改名爰，四川内江人。少从母习，青年时随兄张善孖到日本学染织，业余自习绘画。回国后师曾熙习书法。因念未婚亡妻谢氏，深感人生无常，遂耽于佛学，二十一岁在江苏松江（今属上海）禅定寺落发为僧，住持逸琳法师为其取法号名"大千"。一百天后被胞兄善孖寻获押回内江还俗成婚。后从李瑞清习诗文书画，以法号行。擅画山水、花卉、人物。30年代与齐白石齐名，并称"南张北齐"。所临石涛几可乱真。20世纪30年代，曾隐居嘉善魏塘镇南门陈士帆来青堂六年，《黄山图》作于是处。大千属意梅花道人，多次晋谒吴镇墓。

黄宾虹崇尚元季四大家："古来画品之高，无过元季，吴梅庵之沉酣，黄大痴之深厚，倪云林之幽淡，王黄鹤之深秀，踔跞古今，世罕其匹。"（黄宾虹《新安派略论》）是说"元四家"之画，至今难以逾越。又言吴镇曰："巨然墨法，自米氏父子、高房山、吴仲圭一脉相承，学者宗之。……吴仲圭多学巨然，易紧密为疏落，取法又为少异，要以董巨起家，成名后世。"（黄宾虹《古画微》）黄宾虹早年学沈周、文徵明，眼界渐开以后，便认识到沈石田、文徵仲用笔有法，而墨韵不足，及晚年多法吴仲圭。黄宾虹（1865—1955），祖籍安徽歙县，生于浙江金华。字朴存，号宾虹，为近代著名的山水画家、美术史论家、美术教育家，学识渊博。其画喜用宿墨，运用技法层次分明，八十岁后眼疾，画从心出，墨色反而变化无穷，层叠不乱，别具风格，独树一帜。

潘天寿论艺术评吴镇："搴旗老将气峥嵘，笔墨酣豪俱可惊。我别关怀题竹语，也思归去听秋声。吴仲圭镇，吴氏极精墨竹，第为山水所掩，世少留意及之。其题语亦以墨竹为多，予甚爱其'我亦有亭深竹里，也思归去听秋声'①句。"（潘天寿《论画绝句》）潘天寿（1886—1971），原名天授，字大颐，号阿寿，浙江宁海人。中国现代美术家、美术教育家。擅长中国画、书法、篆刻、诗文、美术史论。

吴镇书法，后人对其评价甚高，尤其是草书。《书史会要》言吴镇"草书，学辩光"。辩光，系唐代僧，永嘉人，吴姓。长于草、隶，书体遒健，转腕回笔，非常人所及。《书史会要》为陶宗仪著，书成于明洪武九年（1376）。择一百余种书籍，编录上古至元代的书法家传记，评论简洁、允当，系统而较详尽。陶宗仪与吴镇是知交。

《六砚斋笔记》李日华著，说吴镇"作藏真笔法，古雅有余。"藏真即怀素（725—785），字藏真，俗姓钱，永州零陵（今湖南零陵）人。怀素是中国历史上杰出的书法家，以狂草名世，史称草圣。用笔圆劲有力，使转如环，奔放流畅，一气呵成，和张旭齐名。后世有张颠素狂或颠张醉素之称，影响极为深远。

陈继儒是董其昌同时代同乡，他说吴镇"书仿杨凝式"。杨凝式（873—954），字景度，陕西华阴人，居洛阳。唐昭宗天祐二年（905）进士，任秘书郎。其《神仙起居法》在草书中时时夹入一些行书，后人称为"雨夹雪"。杨凝式在书法历史上历来被视为承唐启宋的重要人物。宋四家（苏轼、黄庭坚、米芾、蔡襄）都深受其影响。

刘墉曾收藏吴镇草书《心经》卷，并留下跋文，曰："梅花道人书颇有萧澹之致，追步唐贤，探其遗韵，当与白阳山人（陈道复）《圣主得贤臣颂》颉颃伯仲。草体之难久矣。如此书已不易得，然仲圭不以书名，观者勿以名求则得矣。"

刘墉（1720—1804），字崇如，号石庵，山东诸城人。乾隆辛未进（1751）士，官至体仁阁大学士。书法魏晋，笔意古厚，貌丰骨劲，味厚神藏。

人道是草书宗法张旭、怀素，在元代已成潜流，有明以降则渐成风气，以至明代书家几能草书。然元代至明初书家中，除吴仲圭外鲜有能入旭、

---

① 此系晚清画家蒲华写在拟梅道人山水图上的诗句。

素堂奥者。或有骨力而失于尖刻（如鲜于枢、宋克），或因圆熟而伤于流滑（如康里巙巙、沈粲），或过于纵荡而坠入庸俗（如解缙、张弼）。而吴镇"（草书《心经》）有旭、素之致"（清永瑆语）。

杨守敬《书学迩言》云："元人自以赵松雪为巨擘……其他如吴仲圭之超轶……亦足称也。"杨守敬（1839—1915），字惺吾，清湖北宜都陆城镇人。清末民初著名历史地理学家、金石学家、目录版本学家、书法家、藏书家。

吴镇诗词，也为后世所瞩目。

宋荦《论画绝句》评吴镇诗曰："偶吟一片江南雨，清绝襄阳孟浩然。"宋荦（1634—1713），字牧仲，河南商丘人，清初以大臣子入仕，博学工诗善画，山水笔墨苍秀，精鉴赏，富收藏。笃学好交游，淹通掌故，有诗名。

元代题画诗数量比较多。元人题画诗中，绝句诗最为出色，翁方纲曾揭示过这种文学现象，其所著《石洲诗话》云："元人自柯敬仲（九思）、王元章（冕）、倪元镇（瓒）、黄子久（公望）、吴仲圭（镇），每用小诗自题其画，极多佳处。"

《四库全书》评吴镇曰："抗怀孤往，穷饿不移，胸次既高，吐属自然拔俗。"说的是骨气不凡的意思，且以为思想境界高了，无论诗书画，出手自然不凡，此言极是。

附录

轶闻掌故

　　周鼎（1401—1487），字伯器，号桐村，晚署桐村老牧。明嘉善西塘镇人。博通经史，与宋之陈舜俞、元之吴镇合称邑中三高士。他跋吴镇《维本渔父图》卷全文如下："《渔父图》一卷，唐帽者六人。一坦腹伸一足坐，手抚柮而不钓；一立而望家欲归；一横置柮，手据船坐而回顾；一俯睡舱口而身在内；一睡方起，出半体篷下；一坐钓而丫角者，操柮在尾。冠者五人，坦而仰视，忘所事者；卧而高枕，篷窗洞开者；不钓而袖手坐者；坐而钓，或钓而跪者；幞头而力不胜鱼，撑两足掀臂收钓者；一人危坐而柮，欲亟归者；一人露髻而抱柮坐睡，待月而后归者；一人笠而柮且髯胡者；一人人自为舟，独一舟为操者焉。又为志和词一，凡十六首，一首注其旁曰：'无船。'吁！非无船也，岩树掩之耳。此梅花庵所画，词亦其所自填。匪诚有其人，使诚有之，而词句则一手出，何耶？世亦乌有若是之聚而渔，皆志和之能言也耶。此卷当载之沧江虹月舟，方称非梅沙弥不能画，非丹丘主人，不能有画中意、词中景也。卞民部诵坡仙"客未佳"之句，正桐村牧不在坐耳。牧自谓狂不减志和，丹丘以为何如？立秋后八日，桐村周鼎客云东书屋，时年

183

七十又七。"（见吴镇陈列室）

董其昌跋吴镇《维本渔父图》卷云："梅花道人画都仿巨然，此又自称师荆浩，盖画家酝酿，顾无所不能，与古人为故，乃成名家也。"

董其昌《容台集》中记云："吴仲圭本与盛子昭比门而居，四方以金帛求子昭画者甚众，而仲圭之门阒然，妻子颇笑之，仲圭曰：'二十年后不复尔。'果如其言。盛虽工，实有笔墨蹊径，非若仲圭之苍苍莽莽，有林下风气，所谓气韵非邪。"

陈继儒跋吴镇《维本渔父图》卷云："梅道人家武塘，摹渔翁烟波景色如笠泽丛画，又以荆、巨笔力出之，遂成大卷。就中似有张志和辈呼之不得。得此，便可共逃名于菰芦之间，不复呼渔丈人矣。"（见长式古堂书画汇考九）

李日华跋吴镇《维本渔父图》卷云："余昔于戴上舍敬雩所得睨一卷，景物与此正合，题云：'姚丹丘临梅沙弥《沧洲渔舫》，烟波浩渺之趣常在梦中，盖三十年所矣。今得沙弥此卷，又云仿荆浩笔，而荆浩亦得自唐人，乃知绘事唯创意之难，如其成就，今古相师，所不讳也。唐人重摩诘《辋川》，皆乞本传写，士大夫家有一本。唯元人贵气韵而轻位置，以为一临仿，即失生动耳。姚御史名绥，别号丹丘子，吾郡魏塘人，半生云水烟林，不为圭组所困，吾师也。有一舟名"沧江虹月"，故周伯器跋中及之。对此不能不忆姚临，为之三叹。"（见《珊瑚网》卷三十三）

詹僖，据《鄞县志》人物传记载："詹僖字仲和，号铁冠道人，善书……学王右军，诸帖皆逼真，一点一画必有祖述，自云'刻意书学五十年'。年七十余，灯下作蝇头小楷。画学吴仲圭，善写墨竹，亦善白描，名动公卿，而尤洁身自好，终不屑丐官，人以是益高之。"詹僖生弘治（1488—1505）时，县诸生，已而弃去。

明人李式玉评吴镇、倪瓒等人"飘飘数笔，正不减千乘万骑"。李式玉，字东琪，万历年间（1573—1620）人，所藏吴仲圭、倪元镇、沈石田画及仇十洲《上林卷子》，皆稀世之珍，于今鲜睹。（见李式玉《与张党庵》，载《晚明百家尺牍·写心集》）

李流芳是晚明山水画名手，画尚元代黄公望、吴镇，笔墨苍劲清标。

李流芳（1575—1629），字长蘅，明歙县（今属安徽）人，侨居嘉定（今属上海市）。为人耿直，诗风清新自然，文品为士林翘楚。魏忠贤建生祠不往拜，与人云："拜，一时事。不拜，千古事。"与娄坚、程嘉燧等合称嘉定四先生。擅画山水，宗吴镇、黄公望，出入宋元，逸气飞动，笔墨苍劲清标，墨气淋漓，有分云裂石之势。写生亦有别趣。吴伟业称其为画中九友之一。

赵左（1573—1644），字文度，明华亭（上海市松江）人。与宋懋晋（字明之）同受业于宋旭。赵左以董源为宗，兼及黄公望、倪瓒。宋懋晋以赵伯驹、吴镇、黄公望为师。两人都自出面目，同为松江派之中坚。赵左与宋懋晋俱学于宋旭，懋晋挥洒自得，而左不轻涉笔，画云山能以己意出之。与董文敏同郡同时，笔墨亦相类，世人谓开松江派者，首为屈指，然无笔不自古人中出，非时辈可及也。

顾正谊，字仲方，官至中书舍人。明华亭（今上海松江）人。画师黄公望，与宋旭、孙克弘等交往甚多。初学马琬，后以吴镇、王蒙为宗，尤于黄公望画独有心解。画风自然幽深，始创华亭派。

鲁得之（1585—?），钱塘人，侨寓嘉兴，初名参，字鲁山，后以字行，遂名得之，更字孔孙，号千岩，是李日华弟子。书法精妙，善于写墨竹，自称得旨吴仲圭笔画，而上承文湖州。梅花庵八竹碑之二有其跋文。

查士标（1615—1698），字二瞻，号梅壑，安徽休宁人，流寓江苏扬州。书法得董其昌神髓，山水学倪瓒，复参以吴仲圭、董其昌二家法。与渐江、孙逸、汪之瑞并称新安四家。明诸生，明亡，弃举子业，专事书、画。

八大山人于康熙二十一年（1682）画《古梅图》，题诗曰："分付梅花吴道人，幽幽翟翟莫相亲。南山之南北山北，老得焚鱼扫□尘。"方框内的字，显然是被收藏者有意剜去，以避免文字狱灾祸。不难猜测，这个字是"虏"。八大山人非常明确地表达了他的反清复明思想，故题诗与吴镇通心曲。朱耷（约1626—1705）号八大山人，江西南昌人，明宁献王朱权九世孙，清初画坛四僧之一。明亡，心情悲愤，落发为僧。

《绘事发微》清唐岱撰："元吴仲圭不入城市，诛茅为梅花庵，画渔父图，作渔父词，自名烟波钓叟。"唐岱（1673—?），清满洲正白旗人。官内务府总管，以画供奉内廷，康熙赐"画状元"。王原祁弟子。山水沉厚深稳。

孙承泽题吴镇《松泉图》道："吴仲圭，一代高士，绕屋植梅，隐居读《易》，知元之将乱也，自称梅花和尚。喜画竹，而松尤妙，备见孤高特立之致。《松泉图》向见沈石田临本，今见庐山真面目矣。退谷八十一老人记。"孙承泽（1592—1676），字耳北，号北海，又号退翁，山东益都人，世隶上林苑籍。明崇祯进士，官给事中。入清，官至吏部左侍郎。富收藏，精鉴别。孙承泽得吴镇画后记述："家有小室，入冬则居之。其中置扬补之所画《竹枝》赵子固《水仙》王元章《梅花》三卷，继得吴仲圭《古松泉石小幅》，长条，仿宣和装，改而为卷。余以八十之老，婆娑其间，名曰'岁寒五友'。四贤皆奇特之士，余不得见其人，数百年后，抚其遗墨以为友。呜呼！岁寒之友，岂易得哉！退道人再记。"

清康熙二十五年（1686），董说在吴门夕香寺去世，临终表示："死学吴仲圭，墓石题故明。铭旌写梅花，盖棺三尺布。"董说（1620—1686），明末小说家，字若雨，号西庵。明亡后改姓林，名蹇，字远游，号南村。中年出家苏州灵岩寺为僧，法名南潜，乌程（今浙江吴兴）人。世代显贵，至其父时已趋衰落。

清乾隆时著名收藏家安歧收藏了吴镇《松泉图》，遂以"松泉老人"为自己的别号。

高其佩（1660—1734），字韦之，号且园，又号南村等。铁岭（今属辽宁）人。清代杰出画家。官至刑部右侍郎。他以指头画名擅一时。高氏所云"画从梦授，梦自心出"。且园深知墨须用至五色而运化无痕，斯为妙手之理，极重视墨晕渲染之法，其染法多得力于元代大家吴仲圭。

汪兆镛《岭南画征略》云："吴荣光其画宗吴仲圭。"吴荣光（1773—1843），原名燎光，字殿垣，号荷屋，别署拜经老人，南海人。

王世贞的朋友何良俊说："元人之画，远出南宋诸人之上。文衡山评赵集贤之画以为唐人品格。倪云林亦以高尚书与石室先生东坡居士并论，盖二公神韵最高，能洗去南宋院体之习。其次则以黄子久、王叔明、倪云林、吴仲圭为四大家。"王世贞（1526—1590），明代文学家、史学家。字元美，号凤洲，又号弇州山人。江苏太仓人。嘉靖二十六年（1547）进士，授刑部主事，官至南京刑部尚书。何良俊（1506—1573），明代戏曲理论家，字元朗，号柘湖，华亭人。嘉靖贡生，荐授南京翰林院孔目。

朱彝尊《曝书亭集》卷十二《题王叔楚墨竹为家上舍（戴震）赋》："画家画竹专用墨，李波文同已难得。后来能事吴仲圭，横斜曲直无端倪。谁为此图王叔楚，意象岂必全师古。竹枝大者一尺强，其余琐细抽凤凰。"朱彝尊（1629—1709），秀水（今浙江嘉兴）人。康熙十八年（1679）以布衣召试鸿博，官检讨，二十二年（1683）入直南书房。诗与渔洋（王士禛）称南北二大宗。精研经学，深于考证金石，善八分书。工山水，烟云苍润得书卷气。

陈曾寿（1877—1949），字仁先，号苍虬，湖北蕲水（今湖北浠水）人。嘉庆状元陈沆曾孙。光绪二十九年（1903）进士，官监察御史。曾寿精诗词，工书画，其山水清远超迈，元人气息甚浓，善画松，逸笔草草。辛亥（1911）后，以遗老隐居西湖苏堤第一桥外小南湖，名所居为陈庄。苍虬是他中年以后的别号。他家藏有元人吴仲圭画松，题曰《苍虬图》，鉴赏家称为神品。陈极爱之，请湖北宜都杨守敬（字惺吾）书一斋额曰"苍虬阁"，字体甚苍劲，是杨得意之笔。陈遂以"苍虬"为别号。晚年人但称他为"苍虬老人"。他在四十岁以后才开始学画，作画也以画松为多。风格也颇似吴仲圭的《苍虬图》。陈家本为浠水望族，三十年中迭更变乱，家道衰落，又不善治生，所藏吴仲圭的《苍虬图》，终于售出，今不知归何人手。

陈鸿寿题尤水村画竹之款为："吴仲圭《竹石》图尤水村仿之，颇得其形似，余谓不求其似，而自合于古，当于笔墨外见之。曼生陈鸿寿。"陈鸿寿（1768—1822），清代篆刻家。字子恭，号曼生，钱塘人。西泠八家之一。能诗文，擅长书画。好金石碑刻，收藏甚富。又以制作宜兴紫砂名世。

翁同龢："为钱子密应溥题吴仲圭竹谱，敬次其尊甫韵。光绪十六年十月十一日。"

江湘岚题梅花道人吴仲圭先生祠联云："君身自有仙骨，几生修到梅花"。江湘岚，字峰青，清末江西婺源人，光绪年主宰嘉善。今梅花亭匾额乃其手书，为当年原物。

凡天才皆具神圣之自尊，郭味蕖先生晚年作品自比青藤、白阳，将文与可、苏子瞻、李息斋、吴仲圭，视为异代知己，正是他烈士暮年壮心不已的写照。郭味蕖（1908—1971），当代画家。山东潍坊人。

吴镇，名款梅花道人，如有落款"梅道人"的字画，就有问题。有一个画家詹僖作了许多吴镇的假字画，落款都是梅道人，显然是有意留的破绽。詹僖伪造吴镇《墨竹图》，即属伪造水平较高的一例。再如清宫旧藏吴镇款《携琴访友图》，纸本，墨笔，款署梅道人。画法与吴镇相去甚远，有些接近明末画家盛茂烨，与作文徵明假画者画风颇为接近。可以认为，这位伪造者未见过吴镇真迹。

美籍华人罗家伦家属于1995年12月22日，捐赠罗公收藏的38件书画给台北故宫博物院，吴镇的《野竹居图》卷为其中之一。吴镇的《嘉禾八景图》卷亦为罗家伦先生生前所珍藏，2006由家属捐赠台北故宫博物院。

民间传说，吴镇豢养一头毛驴，颇通人性，能替吴镇购物，只要将所购物品清单放入挂在毛驴身上的篮子，毛驴自行上街，店家将货物配齐后便归家，过些日子再由吴镇一一与各店家结账。也有说是山羊。

广东谢志峰藏象牙镯，刻梅花图案并古文字"梅花道人"，外包朱砂，商承祚鉴为吴镇遗物。商承祚（1902—1991），古文字学家、金石篆刻家、书法家。字锡永，号驽刚、蠖公、契斋，广东省番禺县人。

嘉善惠民镇新润村有河港名墨竹庵塘，河畔原有墨竹庵，南距王家村吴家大屋五百米，该村吴氏系吴瑱（吴镇胞兄）的孙子吴金粟后裔从钟埭迁来。

近见红丝石砚图片，石中布满红丝，池沿浮雕梅花，古意昂然，款刻"梅花道人"，据云为吴镇遗物。

名家题咏

吊梅花道人墓　周鼎

曾吊梅花庵，疏竹不改色。石上生清风，扫尽秋云白。

吴仲圭枯木竹石　高启

丛筱倚乔柯，秋阴雨尚多。风霜莫摇落，留荫石边莎。

吊梅花道人墓　陈耘

古墓翳荒蓁，残碑字已沦。梅花寻不见，寂寞武塘春。

题《吴仲圭折枝竹》　姚文奂

凤去梁王宅，苔荒习氏池。阿谁春雨里，得见翠蛾眉。

题吴镇《平林野水图》　倪瓒

鸳湖在嘉禾，湖水春浩荡。家住梅花村，梦绕白云乡。
弄翰自清逸，歌诗更悠长。缅怀图中人，看云杖桄榔。

吴仲圭草亭诗意图　沈周

我爱梅花翁，巨老传心印。修此水墨缘，种种得苍润。
树石堕笔锋，造化不能吝。而今橡林下，我愿执扫汛。

吊梅花道人墓　沈周

梅花空有塔，千载莫欺人。草证晋光妙，山遗北苑真。
短碑犹卧雨，古橡未回春。欲致先生奠，秋塘老白蘋。

梅花道人墓　周鼎

梅花庵戏墨，零落满人间。纸坏山逾润，云空鹤未还。
野园荒冢在，文碣古苔斑。结伴寻幽去，聊乘半日闲。

梅花庵访吴仲圭墓　郭麐

故里春波绿，孤坟秋草寒。庵从邻叟得，僧似老梅残。
碑碣斜阳外，风流异代看。壁间留石竹，谁与报平安。

吊梅花道人墓　王焕

碑满紫苔字，来瞻试解骖。文人留戏笔，武水绕新蓝。
宿水围高冢，梅花有旧庵。吁嗟成一吊，归去坐清谈。

吊梅花道人墓　刘侃

草色被荒冢，苔痕蚀断碑。长缣留墨竹，小草见乌丝。
鹤化云深处，鹃啼月落时。余生百年后，再拜一题诗。

梅花道人墓　邵延章

举目河山异，遗骸此仅存。管宁终木榻，元亮自花村。
遂有高贤躅，空余故国恩。诗怀与画品，千古细评论。

题梅花道人墓　钱华

古墓萧条久，高名与世传。碑跌浮橡露，画苑落松烟。
径僻人难到，花寒鹤未眠。芳荪应有荐，洒洒夕阳天。

吊梅花道人墓　朱愚

问幽凭杖屦，鹤化只苍枝。高树犹喧鸟，残阳有断碑。
神飞名在墓，情到石流诗。千载梅花梦，东风细草知。

卜居梅花道人故里　孙在镐

东堰钟祥旧，西菖卜筑新。滩深沉石马，岸曲卧文津。（桥名）
古橡成佳友，疏梅结比邻。清芬期接武，泽演魏塘滨。

题《瓘本渔父图》卷　陆子临

吴山杂清苔，千鬟照蓝浆。逶迤会深霄，山郭纷低昂。
我昔游吴兴，经旬入渔乡。悬罾半烟水，出入皆鸣榔。
于时方新秋，水木含苍凉。陂湖涨新雨，荷芰浮秋香。
渔人劝我饮，扁舟隐菰蒋。醺酣藉青蓑，脍滑莼丝长。
岂谓老瓦盆，竟狎诗书肠。尚想张志和，千载谐清狂。
别来霜满领，回首嗟黄粱。寻源觅桃蹊，此意无时忘。
孰料梅华翁，半幅开沧浪。如闻鼓棹声，数里烟苍苍。
卷图独长叹，尘途愈苍黄。从兹但清梦，与此同徜徉。

题《嘉禾八景图》卷（八首）　辛敬

空翠风烟

秋阴覆野水，暝色带高城。万古风雨余，满轩空翠生。
昔人会心处，叶落徒纵横。胜事叹千载，焉用此高名。

龙潭暮云

诸溪驶奔湍，神物出其下。浩劫上浮云，中宵走雷雨。
吾尝隐庐阜，飞瀑孤绝处。对此发幽期，长吟度秋浦。

鸳湖春晓

落日湖上行，风吹湖水明。芙蕖未出水，鸳鸯空复情。
佳人翠袖薄，公子彩舟轻。暗忆题诗处，花絮满春城。

春波烟雨

昔贤读书处，今人采樵路。烟雨暗春波，江鸥迷处所。

山径数峰出，洲隐千帆去。应有倚楼人，天长碧汀树。

月波秋霁

孤城何迢迢，飞栋上咫尺。初月照江波，吴船夜吹笛。

秋清野寺静，露下蘋洲碧。不见放鱼人，疏钟起遥夕。

三闸奔湍

怒涛来修渠，西出吴门道。官家严水利，蓄泄何草草。

洞庭霜橘晚，震泽鲈鱼早。从此共扁舟，长学渭中老。

胥山松涛

傍舟趋南山，飞盖转石甸。登高望吴越，击敲驰觞宴。

灵飙振岩角，飞雨洒石面。欲吊子胥魂，长歌泪如霰。

武水幽澜

古寺阒幽敞，清凉生道心。澄源既不昧，万象自浮沉。

龙吟珠光晓，鸟渡菱花深。上人散花处，时复一来寻。

梅花道人墓　史鉴

问津武塘下，揽衣独吟行。徘徊古道旁，垒然见孤茔。

荆榛窜狐兔，牧竖时来登。橡树半无枝，曲池犹未平。

哀哉梅花庵，一仆不复兴。空遗水墨踪，允为后世程。

生前徇名教，岂乐浮屠名。将非有深识，季世多兵争。

愚人信因果，庶几保其形。同时富豪家，厚葬侔山陵。

毁盗殆无余，遗骸纵复横。珠椑去已久，蔓草来相萦。

何如一抔下，晏然无震惊。取重亮在人，信非山水灵。

采蘋荐清醑，日落风悲鸣。遥遥望踟蹰，感叹有余情。

题《嘉禾八景图》卷　周鼎（桐村老牧）

武水幽澜亭，泉品在第七。新开县街好，当作景之一。
维南有胥峰，突起平田中。是谁磨剑石，化此青芙蓉。
城阴古三闸，既废尚遗址。细雨远矶来，持钱揖津吏。
风光水西头，黄衣岂缁流。惟余此陈迹，千古爽溪流。
春波绕城绿，行舟乱鸥鹜。宣公石梁在，畴能继芳躅。
重湖浸南陌，飞来双锦鸳。棹歌惊不起，烟雨自江村。
龙潭三窣堵，灵祠挟其右。钟声隔林莽，行人重回首。
檇李古名郡，作亭当寺门。题诗三过后，爽气犹生存。
怪底梅沙弥，多写僧房景。问我诗中禅，都城影中境。
云东仙馆里，一纸千金酬。况皆此乡人，扁舟忆同游。
而今同翰画，此景也增价。群鸦翻墨池，斜阳未西下。
久之志乘书，徒有八者名。谁当补其逸，因之良感情。

吊梅花道人墓　赵咨

木苍苍兮下荫，水渺渺兮周回。
思美人兮不见，独怅望兮伤怀。

题《梅道人为伯理十幅》　柯九思

云溪吴仲岂凡俦，写得湖山数幅秋。
良夜漏沉呼剪烛，不知风雨下前洲。

题《吴仲圭山水》　倪云林

道人家住梅花村，窗下松醪满石尊。
醉后挥毫写山色，岚霏云气淡无痕。

吊梅花道人墓（《家谱》言此吴镇诗） 黄鲁德

老子平生学蓟丘，晚年笔法似湖州。

画图自写梅花号，荒草空存土一抔。

题《吴仲圭山水》 沈周

梅花庵主是我师，水墨微茫一一奇。

此纸拾他余馥去，淡烟疏树晚离离。

题《梅道人墨竹一叶》 沈中晨

萧疏意出未描前，侧折欹枝欲拂肩。

几许风霜摧不尽，犹余一叶绕秋烟。

吊梅花道人墓 朱应祥

梅老清风不可招，橡林寒日雨萧萧。

武塘一曲烟霏外，山寺钟声落暮潮。

吊梅花道人墓 朱应祥

古墓棱层卧断碑，白杨高树叫寒鸥。

闲云终日自来去，不见梅花老画师。

吊梅花道人墓 释如海

小池雨后水蛙鸣，如对梅花话道情。

我亦乘闲来到此，折松拂石坐听声。

题梅花庵壁 许遇

道人别有胸襟在，游戏逢场度岁华。

世上可怜矜墨妙，知君心事只梅花。

题《吴仲圭梅松兰竹四友图》　李肇亨

先生风格在林丘，鹤去云沉几百秋。

欲识君平曾隐处，至今虹月射溪楼。

《论画绝句》　宋荦

梅沙弥得巨公传，竹石萧疏也可怜。

偶吟一片江南雨，清绝襄阳孟浩然。

题《梅道人江村渔乐图》　钱素庵

水外青山山外天，疏林茅屋数归船。

垂纶罢网相忘处，还羡逃名乐世贤。

竹枝词　孙燕昌

看竹寻梅礼佛龛，市尘隔断碧溪涵。

巢居阁与筼筜谷，两地高风共一庵。

竹枝词　顾福仁

墓碣题名手可扪，梅花和尚此栖魂。

教郎认取《心经》字，先拓千通送佛门。

过梅花道人墓（二首）　支高

徘徊草莽重嗟吁，一代风流更莫如。

四海豪门争玩好，千金不惜博图书。

平生多见梅花尽，画里题诗半学禅。

寄语下车人看碣，莫分生死总尘缘。

题梅花道人墓（三首）　张宁

荒山亭馆客游稀，瀑布无声野鸟飞。

愁绝梅花庵外路，年来风景故应非。

水光山色淡林丘，野树疏凉八月秋。

坐尽夕阳人不见，为谁冥默自相留。

镜里湖光画里山，萧疏时物近秋闲。

长溪一望天如水，人在风声树影间。

题《梅花道人梅松兰竹》（四首）　张宁

小窗幽户映朝晖，新绿禁寒叶尚稀。

十载风霜人共老，旧游何时淡忘归。

老怀须仗酒杯宽，诗画都成兴未阑。

今日临风看遗墨，满亭空翠欲生寒。

香自无心始得香，花因不采有余芳。

当时知己今何在，墨淡诗寒纸半张。

曾将心事托寒酸，种得梅花遍草庵。

骑鹤归来城郭是，西风残雪满江南。

题吴镇《墨菜图》　倪瓒

肉食固多鄙菜羹，元自瘫晓畦含露。

鼎煮云腴春醪时，一进林笋与之俱。

游戏入三昧，披图聊我娱。

题《瓘本渔父图》卷　辛敬

渔人食业秋江水，网罟生来命如纸。

波涛万里奉全力，尺泽何由致云雨。

鱼忧鱼乐渔不知，日日诛杀无已时。

何如写此沧州趣，不受人间渔夫欺。

题《梅花道人偃松》　郑洪

墨池脱帽管城子，壁府磬折徂徕公。

玉关金锁制玄豹，铜台瑶柱盘苍龙。

星霜鬓眉遽如许，铁石肝胆将谁同。

大夫受命当伛偻，天子法驾行东封。

题《梅道人平林野水图》　郑洪

浣纱溪头车骑发，镜湖影里画图开。

有客相寻草堂去，何人却棹酒船回。

是处山林有真隐，如此风尘无好怀。

青袍不似黄冠乐，二老风流安在哉。

题《瓘本渔父图》卷　文微明

病抛人事久忘思，老对楸枰尚有机。

静昼绿阴莺独语，晚凉芳草燕交飞。

物情旧箧悲团扇，无能浮空更白衣。

一笑虚舟堪引钓，底须江海问渔矶。

吊梅道人墓　袁仁

日落霜飞百草枯，橡林暮雨咽寒乌。

空留妙墨驱尘世，犹有清风拂酒垆。

古垄烟浮闲夜月，空林露冷滴庭梧。

只今歌舞楼前月，不照梅花塔影孤。

吊梅花道人墓　冯梦祯

闻君画梅亦画竹，只是梅花名独存。
香径为君留素影，月边容汝傲黄昏。
人归旧里家何在，墓托空门道益尊。
唯有孤山林处士，知心两地荐芳荪。

吊梅花道人墓　孙茂芝

荒冢凄凄覆冷烟，风流犹赖见当年。
名同郑老高三绝，迹类君平隐一廛。
清节未甘居竹后，素心曾许托梅边。
残碑莫怪题僧号，说法从来有画禅。

题《仲圭墨菜》　钱应庚

老吴嗜好素淡泊，戏画晚菘三尺强。
江南物价正腾踊，山中此味偏悠长。
冰壶立传贵适口，碧涧作羹聊塞肠。
自古食焉难怠事，吾儒莫羡大官羊。

梅花和尚塔　曾鲸

每从清梦忆梅仙，杖履寻幽破晓寒。
奇石尚余高士节，寒花犹得野人怜。
乍看青过春塘草，却怪香生陆地莲。
我有幽情怀隐去，蹉跎还负入山年。

吊梅道人墓　陈埙

见说梅花旧有庵，清风遗落满江南。
茶烟散雨经春几，橡树连云合抱三。
玉骨已随和尚化，元关不放俗人参。
我来欲为弹流水，今古同心照此潭。

题《吴仲圭钩勒竹》　吴宽

画家不见吴道子，石塔尚记梅沙弥。
百年笔法兼众妙，又向人间看竹枝。
秦川织锦文琐碎，嶰谷截玉形参差。
苦心却怪扬雄语，雕虫篆刻嗟何为。

题《瓘本渔父图》卷　释归云

乱山矗矗草茸茸，谁识寒江避世翁。
万事无心从懒散，扁舟生计逐西东。
歌声断续烟波里，帆影参差夕照中。
今夜月明何处泊，夹堤杨柳荻花风。

题《瓘本渔父图》卷　周天球

回首风烟世路非，逃虚消尽箭锋机。
闲心亦任群鸥集，浮迹将同一鹤飞。
碧树宅门映山色，素琴悬壁润苔衣。
五湖自昔容高逸，不放缁尘上钓矶。

题《瓘本渔父图》卷　陈鎏

当途昨是忽今非，耻作周容巧斗机。
沙鸟不随商棹去，汀花闲拂钓丝飞。
吟成断渚闻鲛泣，啸入中流见缟衣。

自是少微光照处，清风吹梦卧苔矶。

题《瓘本渔父图》卷　袁尊尼

癯然白首列仙儒，齐物澄怀览化机。
久卧长林甘栎寿，早栖斥鷃谢雄飞。
忘言懒著潜夫论，遗世尝披羽士衣。
莫向行藏问踪迹，五湖随处有渔矶。

题《瓘本渔父图》卷　黄姬水

世路遭回日已非，羡君抱瓮久忘机。
玄真五湖栖隐处，七十二峰云自飞。
鸿雁稻粱聊卒岁，秋风荷芰可裁衣。
元知画貌云台上，不换桐江一钓矶。

题《瓘本渔父图》卷　王穀祥

休论今昔是邪非，野老年来久忘机。
醒眼笑看玄鹤舞，闲身常狎白鸥飞。
行藏山水双蓬鬓，啸傲乾坤一布衣。
抛却纶竿坐终日，清风明月伴渔矶。

题《瓘本渔父图卷》(三首)　陶彭年

避世狂歌笑接舆，论心真息汉阴机。
青山随处何劳买，白鸟相看自不飞。
千首瑶华轻带砺，一蓑琼雪胜朝衣。
忘形更得鸱夷子，时放扁舟泊钓矶。

颜乐当年兴不违，翛然物外远危机。
洞庭烟浪浮家住，缥缈峰峦任鸟飞。

洲次木奴供晚税，林间萝女制春衣。
闲吹玉笛成三弄，放鹤归来月满矶。

荏苒风尘叹昨非，羡公先识镜玄机。
濠边澈澈游鲦乐，天外冥冥独雁飞。
浊酒素琴聊岸帻，落花轻絮许沾衣。
却怜城市浮休客，清梦频频绕石矶。

题《梅道人墨菜》　钱惟善

晚崧香凝墨池湿，畦菜摘尽春雨泣。
梅花庵中梅道人，写遍群蔬何德色。
怪我坐客寒无毡，床头却有买菜钱。
四时之蔬悉佳味，乃知此等吾尤便。
有客忽携画卷至，一笑落笔南风前。

《临梅沙弥山水》题句　沈周

梅沙弥，梅沙弥，水墨真传世有谁？
越水吴山开惨淡，墟烟云墅生淋漓。
淋漓水无功，　　惨淡墨胡为。
沙弥窃取造化巧，游戏三昧年不知。
老夫年老鬓全秃，亦种梅花绕茅屋。
五更忽梦见沙弥，急起敲冰写长幅。
长幅虽穷意转豪，任渠楮颖日相嘲。
沙弥化去不可作，檇李荒烟今寂寞。

元夕饮吴仲圭墓下　钱继章

道人死后冰霜在，老梅写出冰霜怪。
半枝鳞皴半枝僵，山鬼守根尝夜拜。

琉璃却照梅魂归，薜荔为衣女萝带。

更阑私语孤月前，我尔行藏本一派。

斤斧乌雀不敢辞，严冷如君君自爱。

穿街箫鼓渐销歇，林气夜清喧不碍。

素琴乱帙同留连，惜兹佳会何时再。

西窗月没僧晨兴，抱瓮却浇墓前菜。

题《吴仲圭平远图》　鲍恂

苍山遥遥几千里，绿树参差碧烟起。

双帆忽从江上归，影落斜阳湿秋水。

林阴苍莽鸟不飞，石径蹭蹬行人稀。

松根似可缚茆屋，沙尾亦足容渔矶。

我尝西游倚江阁，极目长空入寥廓。

好山不肯过江来，恨不乘风跨黄鹤。

吴君画手当代无，落笔何年成此图。

安得著我岩壑底，相觅老樵寻钓徒。

吴仲圭墓下　魏允楠

咸淳之末宋事非，诸陵毁塌魂无依。

玉匣珠襦启幽寝，古人白骨将安归？

橡林处士有遗墓，自署沙门植梅树。

虚冢不羡祁连山，残碑尚立青松路。

蹂躏曾无樵牧歌，斧斤自远匠石顾。

阅历沧桑三百年，慕君高节爱逃禅，

还将易数推先天。君臣大义委草莽，

子孙终落无墓田。胥塘东绕菖蒲浦，

丙舍荒凉属谁主。桃李春飞寒食烟，

梧桐秋落重阳雨。君不见

六陵鬼哭蔓草平，此地犹存一抔土。

《瓘本渔父图》卷（渔父词两首，有序） 吴瓘题

荆浩作渔父图，拓本传于世者多矣，仲圭既得其本，遂作此卷。风尘潇洒，绝无一点尘俗气味，使人便有休官去家之兴。其落笔命意之时，岂感其张志和越范蠡之意度也哉。瓘曾作渔父词并书于此。

波平如砥小舟轻，托得轮竿寄此身。忘世虑，乐平生，不识公侯有姓名。
野色山光水接天，云烟漂缈界长川。收此景，老梅仙，万顷湘江笔底传。

题《瓘本渔父图》卷（渔父词十二首） 文徵明

白鹭群飞水映空，河豚吹絮日融融。溪流绿，野桃红，闲弄扁舟锦浪中。
笠泽鱼肥水气腥，飞花千片下寒汀。歌欸乃，叩苓菁，醉卧春风酒自醒。
湖上杨花卷雪涛，湖鱼出水掷银刀。春浪急，晚风高，前山欲雨且回桡。
四月新波锦浪平，青天白日映波明。风不动，雨初晴，水底闲云自在行。
江鱼欲上雨萧萧，楝子风生水渐高。停短棹，驻轻桡，杨柳湾头避晚潮。
白藕花开占碧波，榆塘柳隩绿阴多。抛钓饵，整渔蓑，卧吹芦管调吴歌。
月照蒹葭夜有光，木兰轻楫篾头航。烟淡淡，水苍苍，一片蘋花十里香。
黄叶矶头雨一蓑，平头舴艋去如梭。桑落酒，竹枝歌，横塘西下少风波。
霜落吴淞江水平，荻花洲上晚风生。新压酒，旋炊粳，网得鲈鱼不入城。
败苇萧萧断渚长，烟消水面日苍凉。鱼尾赤，蟹膏黄，自酿村醪备雪霜。
雪晴溪岸水流澌，闲罩冰鳞掠岸归。收晚钓，傍寒矶，满篷斜日晒蓑衣。
陂塘夜静白烟凝，十里河流泻断冰。风飐笠，月涵灯，水冷鱼沉不下罾。

谒梅花道人墓（调寄《贺新凉》） 陈维崧

古碣穿云罅，莫幽坟，聊供蒲笋，奚烦脯鲊。摇曳疏花三四本，雪魄冰魂相射。墓正嵌，横斜之下。隧道藓阶纯铁色，乢断螭、蠹兽碑纹怕。薜荔黑，墙阴挂。　　萧萧小院空香洒。指高原，一抔云水，此中有画。

一自赵家陵阙毁，极目西风石马。总吩咐，浙江潮打。只有岿然斯冢在，落梅风、卷散樵苏者。英满地，衫堪藉。

历代文案

元　孙大雅《墨竹记》

按：孙作（？—1375）字大雅，江阴（今属江苏）人。元末携家避兵居松江。其《沧螺集》一书收录此记。对吴镇评价全面而中肯，后人论及吴镇者大抵源出于此。"性孤高抗简，片纸戏墨虽势力不能取"。孤高抗简、绝不阿事权贵，这些话被明代第一部《嘉善县志》收录，作为对吴镇个性的定评，沿用至今。

嘉禾吴镇仲圭，善画山水竹木，臻极妙品，其高不下许道宁、文与可。与可以竹掩其画，仲圭以画掩其竹。近世画出吴中赵文敏（孟頫）父子外，仲圭其流亚也。仲圭于画，世无贬议，唯论墨竹或訾其有酸馅气。

仲圭为人，抗简孤洁，高自标表，号梅花道人。从其取画，虽势力不能夺，惟以佳纸笔投之案格，需其自至，欣然就几，随所欲为，乃可得也。故仲圭于绢素画绝少。余留秀州三年，遍访士夫家，征其笔迹，蔑有存者。然则更后百年，知好其画，复当几人耶？

至正甲辰（1364）夏，余友张君翔南，持其族人玄辂所藏墨竹，示余曰："君尝嗜仲圭画，愿为记之。"

余观仲圭隐者也，其趣适常在山岩林薄之下，故其笔类有幽远闲放之情，殊乏贵游子弟之气。议者少之，其以此乎？且世赖笔墨以传者，非一物，而竹之可传，岂以声色臭味为足嗜欤？若是，则幽远闲放，自其竹之性耳！今使人指其画曰，是有山僧道人之气，则仲圭于竹，宜得其天者，顾欲以是非之，可乎？渭川千亩，多如蓬麻，其挺然修拔，郁然茂遂，识不识皆知其可爱。至于荒滨寂徼，烟梢露叶，凌雨暴日，悬崖拂云，偃仆植立之势，生枯稚老之态，斯则非高人逸士窥之岁月之间，不能悉也。以众人之未喻，求众人之必知，何异夸昌歜羊枣于鼋鼎之侧欤？事物之殊，意见之异，世有甚于此者，余故不得不为之辩也，遂书以为记。

明 黄黼《跋渔父图》卷（瓘本）

按：明黄黼题吴镇《瓘本渔父图》卷，对吴镇评价，显然来自孙大雅。黄黼生活于元末明初，瀼东（今属湖北，与巴东隔长江相望）人。

武塘吴仲圭善画山水竹木，号梅花道人，性孤高抗简，片楮戏墨虽势力不能取。人知其性，预置佳纸笔于几案，需其自至，欣然就几，随所欲为乃可得耳。昔唐末荆浩尝作《渔父图》，拓本传于世，仲圭得其本遂作此卷。笔力清奇，风尘潇洒，有幽远闲散之情，若放浪形骸之外者。

观其云山缥缈，波涛渺茫，树木扶疏，楼阁盘郁，渔父操舟，往来其间，或舣荒滨寂徼，或泊远渚清湾，或鼓枻烟波深处，或刺棹岩石溪边，或得鱼收纶，或虚篷听雨，或浩歌明月，或醉卧斜阳，态千状万，无不自适。

要皆仲圭胸中丘壑，发而为幽逸疏散之情，自非高人清士，窥以岁月，未易悉其意也。噫！仲圭之画世不多见，今虽墨竹亦不可得。此图盖绝无而仅有者也。村乐善珍藏之，慎勿使食寒具者观焉。

洪熙元年（1425）龙集乙巳夏蒲节后瀼东聩翁黄黼识。

明 《嘉善县志·吴镇》

按：明正德十二年（1517）编就嘉善自宣德五年（1430）立县以来第一部《县志》，因由知县倪玑主持，史称《倪志》。"吴镇"条列卷二"隐逸"部分。

吴镇字仲圭，性高介，工于词翰，尤善画山水竹石。每题诗其上，时人称为三绝。镇虽善画，富室求之不与，唯贫士则赠之，使取直焉。以爱梅，自号梅花道人。未殁时，尝预题其墓曰："梅花和尚之塔。"

《义门吴氏谱·吴镇》

按：20 世纪 60 年代，平湖吴家栅发现吴氏家乘《义门吴氏谱》。是处吴氏以吴镇兄长吴伯圭为始迁祖。吴镇小传今全文照录，末行所言"余详载公传中"，是谱未见。该谱系手抄手装，吴镇条目之下一页被撕去，撕剩纸角尚在，原因不明。此文初稿形成当在明初，以后在续修时加以补充，约在明泰昌元年（1620）年定稿。

镇字仲圭。至正辛卯（1351）举朵列图榜进士。公以家世宋勋戚，隐居不仕，以诗酒自娱。

善泼墨画，贵介求之不与，唯赠贫士，使取值焉，海内珍之。其诗、字、画名三绝，推元代四大家。

与兄元璋，师事柳毗陵，尤邃奇门先天易言，机祥多中，众信服之。能与父言慈，与子言孝，史称有君平风。

结庵前后栽梅花数百株，自号梅花道人，手题墓碣曰："梅花和尚之塔"。又予推死期于碣曰："生于至元十七年庚辰七月十六日子时，卒于至正十四年甲辰（辰，应为午）九月十五日子时。"后果至期坐化。其改道人为和尚，呼墓为塔，当时无解者，后元僧杨琏真珈兵发各冢，疑此为僧塔，舍去，其仙灵显应。

今锦川三仙堂等处奉祀。

墓在武塘东花园弄之右，墓侧有橡林、古梅。

公尝墓上吟曰："老子生平学蓟丘，晚年笔法似湖州。画图自写梅花号，荒草空存土一抔。"吟罢笑谓兄元璋曰："百年内有官人住吾宅，居民侵吾园矣。"

元璋曰："二百年内有人学汝画，三百年内官人稍葺汝墓，后人稍读吾与汝书，后当以吾汝术济世者。嘻！"宣德中，以公宅为嘉善县治。墓在治东二百五十步许，为市店所迫。今士大夫摹公画甚众，其言不爽。

余详载公传中。有小词行世。

明 谢应祥《修梅道人墓记》

按：谢应祥，江西福安人，明万历二十九年至三十五年（1601—1607）任嘉善知县。明万历三十五年（1607）修墓，坟山周围加砌一圈条石，次年篆碑曰："此画隐吴仲圭高士之墓"与"梅花和尚之塔"残碣并峙。吴镇自书碑残于元末明初。残碣今移至室内。谢碑初立时，应祥已离嘉善矣，谢公功不可没。文中"孝廉钱康侯"即钱士晋，进士，钱士升弟，自号康侯。

有魏塘陆沉吴仲圭，自号梅花道人，其墓遥附城东隅，宁谓云穴峰头，石床松下乎。墓前有断碑，又镌"梅花和尚之塔"，岂埋名未隐复逸既朽之骨欤？语在邑志中，不具述。先是，好事者墓旁结茅屋数椽，或者护白狐大鲤之隐现，抑未可知。第岁用积矣，雾野合霏，日陇冥漠，孝廉钱康侯诸君，并抱雍门之痛，居士曰："有司责也。"爰仿若斧例，丛土累阙，象石著姓，自是引安陵怳对执戟，瞻马城宛面夏侯，谁指鲈怨碧水，鹏悲青山哉！

忆初下车时，搜延境内懿迹，仅寻得陆敬舆祠构，锦官村落。越六年，乃得仲圭。虽然，敬舆犹楚材，况暗素可不错，如仲圭实隐然辟晋也。

昔史迁次《伯夷传》曰："余登箕山，其上盖许由冢云。"呜呼！知史迁所以阐许由，则知居士所以表仲圭矣！

万历丁未（1607）孟冬，白止室居士谢应祥书。

明 钱士升《修梅花庵缘起》

按：钱士升（1574—1651），字抑之，嘉善人，明万历四十四年（1616）状元，官至东阁大学士。吴邑侯，名道昌，字旭如，万历四十五年到天启元年（1617—1621）任知县。明天启间，邑绅钱士升捐资修梅花庵。

吾邑有梅道人墓，直一抔土耳。午未间（1618—1619），颓陁几毁，安成谢侯高其风，为丛土填石，隆然与残碣并峙。顾其地，纵横亩许，西北水啮其趾，东偏有僧庐，位置秽杂，井匽庖湢，至割墓道之半，殆几于割肤矣。

二三同志议撤而新之，构祠以祀先生。而余适归里，亟请于吴邑侯，侯欣然曰："阐绎清芬，激扬风轨，吾事也。"随过梅里，迹之径厄狭，屏舆从而入，墓前有梅数株，眺览凭吊，徘徊久之，立捐赎钱，为鸠工建祠计。而云间陈眉公，闻而贻书余曰："贤者作倡，更需韵人贴助，请自任碑记，而嘱玄宰题墓门之额。亦足以传。"千秋胜事，凑集一时，岂偶然哉！

昔东坡游桓山，登石樽鼓琴而歌。盖歌毛骨之化为冷风，而臣妾贝玉之无益也。道人墓自胜国末迄今，几三百年，当时王公贵人，黄肠题凑，玉匣珠襦者何限，今求影响于平芜灌莽间，不可复得，而此独岿然若灵光，邦君大夫以及幽人胜侣，复为创祠树碑以不朽，其事相提而论，轻重竟何如哉！

侯又属余刻其遗集，顾道人诗文，寥寥不概见，惟《妮古录》中题跋数则，吉光片羽，致足为宝。友人孙若英尝参以郡邑志乘，诸家论述题咏，汇成志林，俟祠成刻之。

今登斯堂者，诵其诗，以尚论其人，庶有所感慨而兴乎？ 若曰是役也，直为聚沙植因，布金种福，知非侯意，亦非不佞所请于侯意也。

僭题其首，以告慕义者。

明　陈继儒《梅花庵记》

按：陈继儒（1558—1639），明代文学家和书画家，与同郡董其昌齐名。字仲醇，号眉公、麋公。华亭（今上海松江）人。此文在天启初年钱士升出资重建梅花庵后刻石，今置梅花亭，碑额另石篆书曰《修梅花道人墓记》。今从碑文抄录，与《美术丛书·梅道人遗墨》文字略有出入。"元僧琏兵起所至椎冢燔椁，独先生之墓貌，疑其为僧塔，舍去。"元兵椎冢燔椁在元初，时吴镇尚是孩童，麋公失考耳，《义门吴氏谱》吴镇小传中一些内容，或源出此文。

往余过武塘，辄舣舟访求梅花道人墓，长揖蓁莽中，徘徊久之，叹息而去。道人即吴仲圭先生，名镇，其墓在县治之巽隅，直一掬土耳。

当元末腥秽，中华贤者有先几远志，非独远避兵革，且欲引而逃于弓旌征辟之外。倪元镇隐梁溪，杨廉夫隐干将，陶南村隐泗泾，张伯雨隐句曲，黄子久隐琴川，金粟道人顾仲瑛隐于醉李，先生隐于乡。生则以鱼钓、咏歌、书画以为乐，垂殁则自为墓，以附于古之达生知命者，如仲圭先生盖其一也。

先生墓前有古碑七尺，镌"梅花和尚之塔"，元僧琏兵起所至，椎冢燔椁（原文作"郭"），独先生之墓貌，疑其为僧塔，舍去。

先生尝与兄元璋师事毗陵柳天骥，得其性命之学，尤邃先天《易》言，机祥多中。先题碑额于生前，而获脱兵燹于身后，此亦山泽中异人奇士，不得以书画一节目之矣。

先生书仿杨凝式，画出入荆、关、董、巨。初虽无意于嗷名，而品格既真，则声价自不能压之使下。画苑推元四大家，必屈指先生。断楮残碑，所至珍宝，独惜其遗集流散，仅得一二于题跋游戏间，使人怅然，有生不同时之恨。幸故垅犹在，又不幸为市廛所窘，四时荐藻仅寥寥长发僧雏，久且水啮岸枯，草深碑仆，即觅曩时一掬土尚不可得，先生剥肤何如矣。

庚申（1620）夏，楚中吴令君旭如，谋之钱太史，御冷捐俸，鸠工畚土甃石，马鬣旧封，拥护无恙。又筑堂三楹、亭三楹、僧舍五楹，俾司香火。董玄宰书其榜曰："梅花庵。"

昔李谘为杭州守，为林逋素服，与其门人临七日葬之，刻遗句纳圹中。符载尝贻笺襄阳樊泽云："故处士孟浩然邱垅颓没，公欲更筑子墓，久之未遑，诚令好事者先之，负公夙志矣！"泽乃为刻碑凤林，南村以记。今仲圭先生盖孟处士、林逋之流也。钱太师从臾踊跃，不烦发符载之书，而吴令君表章高逸，遂成士林一段奇话，何遽出樊泽、李谘后哉！余老人乐观厥成，驾扁舟东来，为仲圭先生贺奠幽澜泉一盂，种梅花数株（原文作"枝"）于墓上，招其魂而归之，退而为之记。

华亭陈继儒顿首撰。

明 支大纶《梅花道人册·序》

按：此文摘自清康熙年《嘉善县志》。支大纶，字华平，嘉善人，万历二年（1574）进士。由南昌府教授擢泉州府推官。谪江西布政使理问。终至奉新县知县。文中所记吴镇言行似采自民间传说。《梅花道人册》未见传世。

元有高士吴镇，字仲圭，隐陈园，善绘事，尤善绘梅，遂号梅花道人。声价重江左，王侯士庶购赏不易得，即强有力者函金帛亟购之，辄拒弗纳，曰："吾笔讵金帛饵耶？"道近贫者，欲赈之，归而谋诸家，无长物，则俯为濡毫，授且戒曰："聊以资旦夕，毋轻售匪人。"性独好梅，时从大雪中把玩不忍去；晚稍厌之，而以易数卖卜于廛市，日布一卦，日禺中则扃户垂帘，俯仰长啸，莫之测也。遭时之乱，深自晦匿，托名方外。仲圭以画自娱，聊抒其湮郁无何之抱耳，世且谓仲圭画工也。既而以易教人，盖深于进退存亡之道，世无可与语者，乃驾于卜，以自污若卜肆然，人又神其术，谓仲圭卜人也。

嗟夫！使仲圭诚画工也，卜人也，胡所业辄精而动可传世也？今其卜弗传世，亦鲜有传者，乃其画吴中人多宝惜之。余先世间有题咏，咸谓仲圭智侠也。今观其遗墨，神韵超逸，标格奇崛，隐然自寓其凌霜傲雪之气，而不可端倪。今去仲圭二百余祀，风流雅尚，知者益罕。区区袜材，所寄以为玩赏之一班者，缘是以重仲圭，亦仅仅鉴真赝，商市值以操奇赢而轩轾之耳。而瑰行琦略，谁测之，而谁传之。

宋人有徐熙者，工水墨，以神韵胜，迄摈弗录。而黄筌父子，徒以赋色浓润，隶秩翰林，即画品一艺，犹左神韵而右色泽。

仲圭觥觥落落，石隐于衰乱之世，其与传者几何，乃以画品声价，犹足润贾人之橐，仲圭初心岂至此哉？缣楮之力，千年则尽。兵燹之劫，百载一厄。仲圭而徒以画传乎？瑰行琦略，所为泣荆聂而走赢亥者，盖将进徐熙，退黄筌也。如仲圭者，庶几于梅花千树中想见之。

明 孙茂芝《梅花墓考》

按：孙茂芝，字若英，嘉善人。曾编《梅道人志林》。

世言吴仲圭尝卖卜魏塘，墓侧旧亦有梅花庵与池，则固生而居之，殁而葬焉者也。魏塘故为镇，宣德中嘉善分创县治，墓东去才二百余步耳。以仲圭高士，得不废焉。

元时，镇万户陈景纯，其园名于浙右，陶南村《辍耕录》所载：陈爱山移买石假山，邀顾渊白观之，指曰"此公族中物"。顾笑答："东搬西倒。"陈默然者，正此也。园有东西二弄，今称梅花巷，又称梅花里者，即昔花园之东弄。弄北行数十步稍折而西，踱小桥，又二十余步，则仲圭墓在焉。墓西与北皆枕水，实在陈园之前，有橡盈数抱，盖仲圭时物，故所谓橡林者也。墓碑隶："梅花和尚之塔"。相传仲圭所自题。既断为三，而失其二，中所存者，左细刻"生至元十七年（1280）庚辰七月十六日"，右刻"没于至正十四年甲午"，乃知仲圭年七十又五焉。

正德中，给谏咸宁倪公玑谪县为丞，构亭覆之，寻废。驯至万历初载，而橡亦凋瘁不复春，竟随秋风而偃。戊子、己丑间（1588—1589）有道者徐氏重建庵其旁，集缁林居之。岁丁未（1607），邑令安福谢公应祥又筑其墓。明年，别立石于其前，曰"此画隐吴仲珪（通"圭"）高士之墓"。后之来凭而吊者，庶几其不迷矣。

明 李日华《跋吴镇八竹之野色高秋图》

按：明崇祯间，嘉兴李日华（1565—1635），主持镌刻吴镇八张画竹条幅，成后藏魏塘梅花庵。李嘉兴人，号竹懒，明万历进士，官至太仆寺少卿。能书画，善鉴赏，时与董其昌方驾。石室即文同；戊午，万历四十六年（1618）；己巳，崇祯二年（1629）。吴镇原作八竹长短参差不齐，《仿东坡风竹图》镌刻时将题款上移，以缩短画面尺寸。

余爱吴仲圭墨竹，在石室、东坡间，盖苏有奇趣似庄生，文以法胜如左谷，仲圭则法韵两参，苍郁轩簸，无不有也。戊午（1618）伏日曝书画，石夔拊见仲圭诸迹，悉请勒石置魏塘梅花庵中，以助晒飨，余颔之。己巳（1629）因简出夔拊所选八帧，授名手践斯约。竹懒李日华识。

明　鲁得之《跋吴镇八竹之东山月光图》

按：鲁得之（1585—？）字孔孙，钱塘人，李日华入室弟子，侨寓嘉兴。

眉公、竹懒两先生见余所作墨君，辄谓有梅沙弥风气，余深愧其言，然得此数片石，朝夕参对，为之欢喜赞叹。钱塘鲁得之孔孙甫。

清　钱棻《梅道人遗墨·序》

按：县令吴旭如希望钱士升编辑吴镇遗稿。后邑人孙茂芝辑成《梅道人志林》。钱棻则又"博仿遗墨，积数年，得如干首"，编辑《梅道人遗墨》一书行世。钱棻，钱士升任（弟钱士晋之子），崇祯经魁，博通坟典，晚岁键户，谢客著书。

古高隐之士，若传记所载，投渊洗耳，疵俗激清，类皆不得志于时，或胸有所感奋，然后托而逃焉，以放于无何有之乡，鸟入林，鱼沉壑，宁独天性然哉？畏缯缴之及也。若乃不讳曲俗，不治名高，澹然无闷，而声光所溢，千载犹馨，此非得道者不能，而吾邑吴仲圭先生真其人也。

先生生于元季，感时稠浊，隐居不仕，生平耽精《易》理，垂帘卖卜，而孤介英特之气，时溢为山水竹石，流传今古，争宝惜之。即其书法、题咏，鹏抟狮骤，咸奕奕有生趣，出元季诸家之上。

方元之末，抱才高蹈，放浪湖山者，良不乏人，然率多风流纵诞，广延声誉之士，如玉山、清閟、铁崖、句曲诸君子，诗酒留连，征歌选胜，片纸一出，标榜互高。先生独匿影菰芦，日与二三羽流衲子为群。所画残缣断楮，惟自署梅花庵主，不容他人着一字。盖其至性孤骞，终不肯傍人篱落若此。及其垂殁也，又复自题墓碣曰"梅花和尚之塔"。论者谓杨髡之劫，玉簪端砚，犹复流落人间，而先生以僧塔独全。虽其言未之深考，然埋光铲影，先生之意盖渊远矣。

华亭陈征君尝以先生比孟襄阳、林和靖。余意襄阳受右丞汲引，见弃明主；和靖修处士之节，犹不却邦君交。先生栖心尘表，蔽名愚谷，处晦学《易》，闷闷无求，所谓古之得道者非耶？此殆君平、伯鸾之伍，二子恐非其匹也。

昔太史公传伯夷而曰："吾登箕山，其上盖有许由冢"云。吾邑去胥峰不数里，刘伯伦荷锸其下，至今墓道莫可考。先生藏骨梅花庵，虽逼处尘市，而橡林、萧林，仅隔一垣。晴日霜初，钟铎相间，诵读之暇，时时登陇而凭吊焉。缔此神交，窃有厚幸，亦何必陟箕山而问挂瓢遗迹哉？

先是，万历中，安福谢公为邑宰，先生马鬣几毁，先中丞倡修复之。已而结庵构亭，则先相国有力焉。余仰承先志，褒（裒）采遗文，虽所得仅数十纸，然楚子玉之御三百乘必无败，孙膑精骑三千，足敌数万之赢。苍玑尺璧，自足不朽。爰授之梓，以卒先相国中丞之志，并不愧为先生比邻交，想亦好古者所乐观也。同里后学萧林钱棻题。

（又识）若英师曾辑《梅道人志林》，所载遗墨，寥寥数条，其他若题跋、若论述，皆前辈品题语。愚意道人画品，早置之大家上，无俟后贤定评。至末段若凭吊诸什，尤芜浅不足观，故悉置之而博仿遗墨，积数年，得如干首，诠次成编，传之不朽。但海内好事家所蓄道人书画题咏者，不靳邮寄，续寿枣梨，亦艺苑中一段佳话也。

萧林主人识。

清　钱棻《梅道人遗墨·本传》

按：明末邑人钱棻辑《梅道人遗墨》，卷首吴镇本传。此文在《倪志》吴镇小传上作了增删，其中"国朝洪武中卒"与墓碑碑文不合，显然有误。

吴镇字仲圭，性高介，善画山水竹石，每题诗其上，时人号为三绝。富室求之不得，唯贫士则赠之，使取直焉。

自号梅花道人，尝自题其墓曰："梅花和尚之塔"。国朝洪武中卒（原注：仲圭殁于至正中，详载断碑，志失考）。高学士巽志评其画"如老将搴旗，劲气峥嵘，莫之能御"，人以为名言。论曰："仲圭遗墨，吴中人多宝惜之，去今百余年，其风流尚可想见。遭元之乱，深自晦匿，托名方外，意固有在乎？"又闻仲圭兄元璋，尝从毗陵柳天骥讲天人性命之学，而仲圭亦尝以易数设肆武川，推人休咎，言多惊世，岂亦严君平之流也耶？

清　钱黯《跋重刻八竹碑之霜中挺节图拓片》

按：明崇祯二年（1629），李日华请高手镌刻吴镇八帧《墨竹》条幅，成后置梅花庵中。1644年明亡。清初有官宦过庵，见之爱，遂取走。邑人钱石耕藏八竹碑拓片，遂由钱黯主持，据拓本重刻八竹碑。钱黯（1635—1729），字长孺，号书樵，钱士升从孙，钱棻子，清初进士，池州推官，工书画。镌刻者钱石耕，与钱士升同辈。《潇湘雨过图》有"武水钱石耕镌"；《仿东坡风竹图》有"魏塘石耕钱氏镌"字样。又：海宁博物馆藏有吴镇八竹碑石，从拓本照片看，与石耕氏镌刻稍异。又：魏塘东门神仙宫故址，二十年前出土八竹碑之一《野色入高秋图》下半幅残石，刻工甚精，其线条细于石耕氏。

梅道人墨竹石刻，向庋庵中，本朝初年为宦游者携去。彼虽雅慕郁林，此竟毁同荐福矣。乙丑（1685）长夏，余从祖石耕氏得原拓八幅相示，清风高节，想见其人。因购珉精勒，以公同好。逃名而名存，道人得无作色否？

康熙乙丑（1685）六月望，里人钱黯识。

清　顾嗣立《梅花道人吴镇》

按：顾嗣立（1669—1722），清长州（今江苏苏州）人，字侠君。康熙特赐进士。博学有才名。先师黄涌泉先生告余，读顾嗣立文章，须得小心。揣泉公语，约指顾文值得商榷处颇多之意。

镇字仲圭，嘉兴人，性高介。书仿杨凝式，画出关、荆、董、巨。每画山水竹石，辄题诗其上，时人号为"三绝"，与黄公望、倪瓒、王蒙有画苑四大家之目。

少与兄元璋师事毗陵柳天骥，得其性命之学，尤邃先天《易》言，机祥多中，垂帘卖卜，隐于武塘。

所居曰梅花庵，自署梅花庵主人，又号梅花道人，卒年七十五。

仲圭将殁，命置短碣冢上曰"梅花和尚之塔"，或怪之，曰："此有意，当自验。"元末兵起，所至椎冢，惟仲圭以碣所署，疑为缁流舍去。按仲圭生于前至元十七年庚辰（1280），卒于至正十四年甲午（1354），有墓碑可考，而野史流传发墓为杨琏真伽事，不知杨髡发掘宋陵在前至元戊寅（1278），是时仲圭犹未生也。陈征士继儒仲醇作《梅花庵记》，亦从而附会其说，可为大噱。钱宗伯牧斋谓仲醇为装点山林，附庸风雅，于此益信为千古定评矣。

清　刘臻《重修梅花庵记》

按：清乾隆己亥年（1779），知县刘臻主持并捐俸重修梅花庵。此文当时刻石，石今存梅花庵。文中董文敏即董其昌。景德寺，又称景德讲寺、景德教寺，民间俗称小寺，位今马路口东小寺弄内，明状元、东阁大学士钱士升出资修葺其寺，并于清初入住寺内，终老不问世事。刘臻，山东诸城人。附记：1860年太平军火烧梅花庵，1868年邑绅金安清出资修葺。1937年日寇轰炸民国县衙门，将其夷为平地，吴镇墓围石震落数块，张氏三兄弟出资修复。1984年、1990年万春先出资，将梅花庵前后厅分别落架翻修。

梅花庵者，董文敏公题额，邑钱氏先世所修筑也。百余年来，院宇清幽，香火勿替，孤坟老碣，位置依然。所以妥前贤之灵而起后生之慕。创始者固为成举，而邑之人与钱氏之子孙，历岁修葺以勿废前功，其风为可尚也。

乾隆丁酉（1777）予再仕魏塘，暇日往谒仲圭先生墓，入门见碑石数片，欹侧檐楹间，尘垢积焉，视之，则钱书樵先生摹刻梅花道人墨竹八幅者也，怃然动念，遂命工嵌诸壁，以防剥落。因周视垣宇岸石，既多崩缺，屋瓦也渐就倾，颓势不可以复缓。

于是仍谋之于钱氏，并捐俸以倡，而乞慈山老人为之募引，邑人翕然以集，经始于己亥（1779）岁之三月，于庚子（1780）岁正月藏工。乃嘱诸景德寺僧俾分一人以居之，而时期扫除焉。景德寺者亦钱氏之香火院也。

於乎！仲圭先生高名在天下焉，流风遗韵，邑之人皆能道之。兹故，不具论独刻慈山募引之文于石，因志其修葺之岁月而并刻之。

时乾隆庚子（1780）清和月（4月）东武刘臻谨识。

清 曹庭栋《重修梅花庵募引》

按：清乾隆四十三年（1778），知县刘臻集资修葺梅花庵，邑名士曹庭栋遵嘱书此募引。此文当时刻石，石今存梅花庵。

邑城内有梅花庵，以梅花道人而得名者。道人为元之高士。吴姓，名镇，字仲圭。生平邃于《易》，得天人性命之学。工诗兼精于画，而道人初不以此取重。

尝自为墓，题以短碣曰"梅花和尚之塔"，此其寄意，抑又微焉者。墓之侧有庵，建自前明天启间，董文敏公书"梅花庵"三字额之，庵之名由是著。

历我朝以来，为时既久，荒废殆甚。兹值东武刘邑侯再任是邦，习闻道人之遗风，听政之暇，莅斯庵访其墓，长揖蓁莽中，慨然念故迹之就湮也。乃商之邑绅士，谋所以整葺之，而首为之倡。更预择老成能事之僧守之，以期无替。行见赞襄踊跃，群乐观成，数百年高躅弥彰，即足征我侯风励世俗之意，岂徒为庵之观美已哉。

予老衰，未能奔趋从事，勉应我侯之情，聊赘数语，跂足以俟庵之重新。他日梅花树下，诵其诗，读其画，奠清泉一杯，招其魂而告之曰："非侯之雅怀希古，畴能于纷纭案牍之余，而有闲情及此？呜呼！旷代而遥，道人可谓得一知己矣。"我邑人尚其善体侯意，于是引其端。

乾隆四十三年岁在戊戌仲冬月下旬，慈山居士曹庭栋撰并书，时年八十。

清 乾隆年《四库全书·梅花道人遗墨·提要》

按：清乾隆年间，纪晓岚受命编辑《四库全书》，明钱棻所编之《梅道人遗墨》一书入选。是篇系纪晓岚为此书撰写的提要。关于对吴镇《沁园春》

词、《酒泉子》词的疑义，读者可自行判断。元至元甲申、乙酉，即1284年、
1285年。

臣等谨案：《梅花道人遗墨》，元吴镇撰。镇字仲圭，自号梅花道人，
嘉兴人，嘉兴《志》称其卒于明洪武中。考镇自书墓碣，称生于十七年
庚辰（1280），卒于至正十四年甲午（1354），则未尝入明，志为舛误。又
陈继儒《梅花庵记》称镇自题墓碣为"梅花和尚之塔"。后札木扬喇勒
智（原作杨琏真伽，今改正）（按，此处为纪晓岚原注），所至椎冢燔椁，
独镇之墓疑为僧塔，遂舍去。考札木扬喇勒智发宋陵，在至元甲申乙酉之间，
《元史》与《癸辛杂识》所记并同。此好事者因镇明于易数，故神其说，而
未思岁月之颠舛。继儒摭以为说，亦疏误也。

镇以画传，初不以文章见重。而抗怀孤往，穷饿不移，胸次既高，吐属
自能拔俗。

旧无专集，此本题曰《遗墨》，乃其乡人钱棻，捃拾题画之作，荟粹成编。
其中如题竹诗"凉阴生砚池，叶叶秋可数。东华客梦醒，一片江南雨"一篇，
考镇隐于魏塘，足迹未至京师，不应有"东华客梦"之句。核以高士奇《江
村销夏录》乃知为鲜于枢诗，镇偶书之，非其自作，棻盖未之详审。又镇画
深自矜重，不肯轻为人作。后来假名求售，赝迹颇多，亦往往有庸俗画贾伪
为题识，如画骷髅之《沁园春》词，无论历代画家，从无画及骷髅之事。即
词中"漏泄元阳，爷娘搬贩，至今未休"诸句，鄙俚荒谬，亦决非镇之所为。
又如《嘉禾八景》之《酒泉子》词，词既弇陋，其序末乃称"梅花道人镇顿首"，
偶自作画为谁顿首耶？即题竹佚句之"我亦有亭深竹里，也思归去听秋声"，
"亦"字"也"字重迭而用，镇亦不应昧于字义如此。凡斯之类，棻皆一律
编载，未免失于抉择。然伪本虽多，真迹亦在，披沙拣金，往往见宝。要
未可以糅杂之故，一例废斥之矣。

乾隆四十六年（1781）九月恭校上。

清 刘墉跋吴镇草书《心经》卷

按：刘墉（1720—1804），字崇如，号石庵，山东诸城人。乾隆辛未（1751）进士，官至体仁阁大学士。书法魏晋，笔意古厚，貌丰骨劲，味厚神藏。家有三姬，皆能代笔，可乱真。刘墉曾收藏吴镇《心经》卷。此跋提及《心经》共三卷，对吴镇草书评价甚高，只是将吴镇与白阳山人并列不妥，吴镇高出白阳山人多矣。

《鼎帖》刻张旭书《心经》一卷，用笔简远，与《步虚词》不类，是唐人草书之佳者。

又有一卷俗刻，目为右军书，乃驸马都尉某为其姊荐福者，旧跋谓其"不能与怀素作奴，何言右军"，未免诋欺太过，要是宋以后，人难到此。

梅花道人书颇有萧澹之致，追步唐贤，采其遗韵，当与白阳山人（陈道复）《圣主得贤臣颂》颉颃伯仲。草体之难久矣。如此书已不易得，然仲圭不以书名，观者勿以名求，则得矣。刘墉谨题。

清 爱新觉罗·永瑆跋吴镇草书《心经》卷

按：爱新觉罗·永瑆，清代书家。封成亲王，高宗（乾隆）第十一子，号少厂（庵字异体——编者），别号诒晋斋主人。工书，出入羲、献，临摹唐宋各家，均造极诣。曾收藏吴镇《心经》卷，后将其赠给钱樾。文中"松雪"即赵孟頫。永瑆以为今人皆讥笑赵书缴绕，吴镇则无此弊病。

仲圭人品甚高，与盛子昭同乡，时皆贵盛画而轻仲圭，仲圭曰："后世当有知余者。"自制生圹而题之，盖于死生之途有达观矣。此卷与世所传《竹谱》中草法不类，饶有旭、素之致，可免松雪随俗缴绕之讥也。

皇十一子题。

清 钱樾跋吴镇草书《心经》卷

按：吴镇草书《心经》卷，清由刘墉收藏，后由皇室永瑆收藏，永瑆赠送钱樾，钱樾带回嘉善后即请江南镌刻名手无锡人钱泳上石，碑石至今仍度藏于梅花庵中，原件则藏北京故宫博物院。钱樾（1743—1815），嘉善人，乾隆进士，官至内阁学士。有古大人风概，生平风裁峻整，人莫敢于以私。

梅花道人草书《心经》一卷，旧为诸城石庵相国所藏，后归治晋斋。樾趋直尚书房，日侍左右，得窥邱中秘笈。此卷因樾与道人同里，举以见赐。俾仍返故乡持还，并广此意，摹泐上石，置之梅花庵中，更与道人结一重翰墨缘也。

里后学钱樾识。

道人少好剑术，读《易》有悟，乃一意韬晦，效君平卖卜，既而厌之，潜迹委巷，绕屋植梅，日哦其间，因号梅花道人。预治生圹，自题"梅花和尚之塔"。迨后兵乱发墓几尽，独以和尚墓获免。盖元之有道隐君子，而后世乃以画掩之也。

樾又书。

清　钱泳跋吴镇草书《心经》卷

按：钱泳（1759—1844），字立群，无锡人，精镌碑版。嘉庆辛未（1811）刻此碑。高闲，唐僧人，乌程（今湖州）人，工书。囍堂，王廷魁，号槃溪。传砚堂，钱樾府第，樾参与编修《四库全书》，于庆功宴得乾隆褒奖龙尾石砚，故名。钱樾，号囍堂。

道人此书萧疏自得，妙在高闲之上。世人多以画论其名耳。嘉庆辛未（1811）春日，同槃溪过囍堂少宰传砚堂拜观，因记于后。梅花溪居士钱泳。

年谱行状

1280 至元十七年　庚辰

(1) 七月十六日子时（1280 年 8 月 12 日）先生诞生于浙江嘉兴思贤

乡陶家池村。该村明宣德五年划归新建之嘉善县。先生系南宋丞相吴潜五世孙。

(2) 祖父吴泽，字伯常，是年约五十岁。数十年前由建康（今南京）来陶家池承嗣吴樵荣、吴樵华家业。中武举，宋末仕承信郎，随淮东统帅李曾伯驻戍盱眙。后被派往蒙古军占领下的开封，寻即又移驻襄阳，在襄阳守将吕文德麾下参与抗元保卫战。咸淳九年（1273）二月，襄阳沦陷。李曾伯、吴泽因襄阳失守，遂解甲归田。吴泽回归思贤乡陶家池，韬光养晦，自号雪樵居士，耕读传家。娶麟溪沈氏。元初离家航海经商，客居浙江海盐澉浦镇，卒，葬澉浦吴家山。

(3) 父吴禾，字君嘉，号正心。吴泽长子，是年约三十三岁。思贤乡农。吴镇为其次子，不久，禾随其父吴泽航海，在澉浦发家成巨富，人称"大船吴"，卒葬澉浦吴家山。

(4) 二叔父吴秾，字君秀，号养心，思贤乡农，配唐氏。是年约三十二岁。元初，其父、兄航海客居澉浦，陶家池家业由其担当。

(5) 三叔父吴森，字君茂，号静心，宋末举武进士，闲赋在乡。是年三十一岁。

(6) 兄吴瑱，是年约四岁。

1281 至元十八年　辛巳

(1) 吴镇二岁。

(2) 诏命东征日本。范文虎举吴森为管军千户。东征军元月入海，遇飓风，八月败归。吴森移屯扬州，隶高邮万户府，不久以养病告假归思贤乡。

1282 至元十九年　壬午

(1) 吴镇三岁。

(2) 冬十月，文天祥不屈被杀。

1283 至元二十年　癸未

(1) 吴镇四岁。

(2) 吴森长子汉英约十七岁，顷此完婚。

1284 至元廿一年　甲申

(1) 吴镇五岁。

(2) 父亲吴禾约是年离妻别子随吴泽南下澉浦，以航海运输为业。

(3) 二叔吴秌主持家政。

(4) 三叔吴森卜居乡间。

(5) 三叔吴森长子吴汉英之子吴瑾，约生于是年。

1285 至元廿二年　乙酉

(1) 吴镇六岁。

(2) 吴森教吴镇识字、舞剑。

(3) 杨琏真伽发宋陵。

1286 至元廿三年　丙戌

(1) 吴镇七岁。

(2) 诏江南旧有学校复学以养士。

(3) 赵孟頫应召至京。

1287 至元廿四年　丁亥

(1) 吴镇八岁。

(2) 赵孟頫与鲜于枢八月在杭州相识。

1288 至元廿五年　戊子

(1) 吴镇九岁。

(2) 魏塘万户陈景纯花园主体建筑雪月楼竣工，大宴宾客，时有异人月下敲门题诗。

(3) 高克恭入为监察御史。

1289 至元廿六年　己丑

(1) 吴镇十岁。

(2) 吴森三子吴汉杰约生于是年。

1290 至元廿七年　庚寅

(1) 吴镇十一岁。

(2) 赵孟頫迁集贤学士。

1291 至元廿八年　辛卯

(1) 吴镇十二岁。

(2) 吴镇兄吴瑱约十五岁。

(3) 诏令江南诸路学及各县学内设立小学，选老成之士教之，或自愿招师，或自受家学于父兄，亦从其便。并立书院。

(4) 顷此，吴森捐田二顷办魏塘义塾，位于卖鱼桥西堍北门街。

(5) 吴瑱、吴镇弟兄俩师事毗陵柳天骥学《易》经，且定是岁。借住陈园。

(6) 赵孟頫居京师，目睹历代名迹。

1292 至元廿九年　壬辰

(1) 吴镇十三岁。继续在魏塘读书，寄居陈景纯府上。

(2) 赵孟頫出同知济南路总管府事。

1293 至元三十年　癸巳

(1) 吴镇十四岁。结束在魏塘读书，回到陶家池。

(2) 吴瑱约十七岁，回乡成婚。

(3) 赵孟頫自写《垂钓图》。

1294 至元三十一年　甲午

(1) 吴镇十五岁。在乡。自研家藏经籍。

(2) 吴瑱子吴坦约生于是年。

1295 元贞一年　乙未

(1) 吴镇十六岁。在乡。继续自研家藏经籍。练习书法。

(2) 李衎，于成宗接位后，以礼部侍郎出使安南。

(3) 赵孟頫自济南赴史馆。作《鹊华秋色图》。在老家湖州德清盖房屋三间。

1296 元贞二年　丙申

(1) 吴镇十七岁。吴氏男子通常在十七岁成婚,但吴镇是年或推后成婚? 或终生未娶? 尚无定论。

(2) 吴汉英顷此随祖父吴泽、伯父吴禾至澉浦，参与海运。

(3) 魏塘陈景纯约卒于是年，陈园顷遭厄运，废驰神速。

(4) 吴森在陈园西区苗圃内建住宅，而后举家迁居魏塘，且定是年。

(5) 吴瑱与三叔吴森同时于陈园苗圃处建别业。其后与弟吴镇同住是处。

(6) 李衎请补外除同知嘉兴路总管府事（知府）。李衎是李曾伯之子。李吴两家系世交。

(7) 赵孟頫冬季在德清滞留三月。

(8) 高克恭迁山南河北道廉访副使。

(9) 杨维桢生。

1297 大德一年　丁酉

(1) 吴镇十八岁。顷此研习书画，初临墨竹。

(2) 赵孟頫除太原路汾州知州。从济南赴京修《世宗实录》，夫人管道昇偕行，八月以病辞归，往返于吴兴、杭州、德清等地。

1298 大德二年　戊戌

(1) 吴镇十九岁。继续临摹书画。

(2) 赵孟頫留京，应召写《藏经》。七月辞返吴兴。

1299 大德三年　己亥

(1) 吴镇二十岁。顷此在杭州新落成玄妙观，聆听著名道士雷思齐布道。

(2) 赵孟頫八月以集贤直学士行江浙儒学提举。

(3) 三叔吴森与李衎、赵孟頫成知交。

(4) 三叔吴森因收藏古代书画名迹赴杭结识名家高克恭、鲜于枢，吴镇随同拜访，他们在鲜于府上得见宋代画竹大师文同和苏东坡真迹。时吴镇得高氏指授，而高氏将文湖州竹派以传，自此吴镇受用终生。

(5) 李衎《竹谱详录》书成，自序于嘉兴官邸。

(6) 顷此，李衎巡视至东嘉（嘉兴东，今嘉善一带）为被缚新竹松绑。

1300 大德四年　庚子

(1) 吴镇二十一岁。顷此，研读李衎《竹谱详录》。

(2) 李衎，冬十一月在嘉兴官廨寓舍为仇远作《清秋野思卷》。

(3) 赵孟頫写《渊明像》并书《归去来辞》。

1301 大德五年　辛丑

(1) 吴镇二十二岁。(明董其昌言吴镇有妻室,如是,或在此年大婚)

(2) 倪瓒生。

(3) 赵孟頫过会稽,作《高闲图》。

(4) 陈琳访赵孟頫于松雪斋,作《溪凫图》。陈琳为盛懋业师。盛懋与吴镇邻居。

(5) 雷思齐卒。

1302 大德六年　壬寅

(1) 吴镇二十三岁。

(2) 鲜于枢卒,年四十六。

(3) 高克恭授吏部侍郎。

(4) 赵孟頫为钱重鼎作《水村图》卷,该卷以描写汾湖为题材。赵家住德清,管道升娘家青浦莲塘小蒸乡,子昂拜访岳丈,汾湖为必经航道。

1303 大德七年　癸卯

(1) 吴镇二十四岁。

(2) 李衎作《墨竹图》卷。

(3) 秋七月,两浙大饥,吴森赈灾,当于此年。

(4) 新编《魏塘镇志》云:吴森捐资办学,始于此年。(且录,未知其出处)

1304 大德八年　甲辰

(1) 吴镇二十五岁。

(2) 高克恭改刑部侍郎,擢尚书。

(3) 赵孟頫作《鸥波亭图》。

1305 大德九年　乙巳

(1) 吴镇二十六岁。

(2) 葛乾孙生。

(3) 诏求山林间有德行、文学、识治道者。

1306 大德十年　丙午

(1) 吴镇二十七岁。

(2) 顷此，赵孟頫有密信给吴森拜托收留一名"小计"者。信原件今藏香港陈氏处。

1307 大德十一年　丁未

(1) 吴镇二十八岁。临摹、观摩山水古迹。

(2) 李衎作《四清图》卷。

(3) 杭州大饥。

1308 至大一年　戊申

(1) 吴镇二十九岁。临摹大幅山水。

(2) 王蒙生。

(3) 两浙大饥。吴森赈灾。

1309 至大二年　己酉

(1) 吴镇三十岁。继续临摹大幅山水。

(2) 赵孟頫江浙等处儒学提举秩满，七月升中顺大夫。

(3) 赵孟頫坐船返大都（今北京），吴森携带《定武兰亭序》帖陪同前往。船至南浔，赵公意外获得长老独孤淳朋（1259—1336）和尚馈赠一卷五字已损本《宋拓定武兰亭序》，赵孟頫喜之不尽。二人在舟次途中对读《兰亭》并陆续书写十三跋。此帖及跋临别赠送吴森带回宅邸。元末吴氏竹庄遭兵燹，火迹残本今存日本。

1310 至大三年　庚戌

(1) 吴镇三十一岁。继续钻研古画。

(2) 三叔吴森得元廷褒奖，旌表"义士"。

(3) 吴瑱子吴坦约是年完婚。

(4) 高克恭卒。

1311 至大四年　辛亥

(1) 吴镇三十二岁。潜心书画，颇有心得。

(2) 明董其昌在《容台集》中记云："吴仲圭本与盛子昭比门而居，四方以金帛求子昭画者甚众，而仲圭之门阒然，妻子颇笑之，仲圭曰，二十年后不复尔。"若果真有其事，且记是年。吴镇与盛懋是好友。

(3) 吴瑱长孙吴金粟（吴坦子）约生于此年。

(4) 黄玠执教吴氏义塾。

1312 皇庆一年　壬子

(1) 吴镇三十三岁。传统绘画工力已臻成熟。盛懋赠吴镇画，且记是年。

(2) 赵孟頫五十九岁，赐告还家。

(3) 赵孟頫作《秋郊饮马图》卷。

(4) 李衎擢礼部尚书、集贤殿大学士。

1313 皇庆二年　癸丑

(1) 吴镇三十四岁。

(2) 五月二十日，吴森卒。享年六十四。吴镇的成长，三叔给他的影响，远过于其父亲吴禾。叔侄胜父子，因此，失去三叔父给他带来巨大的悲痛。

(3) 吴汉英年约四十七岁，因父（吴森）病，自海盐澉浦归魏塘。

(4) 赵孟頫，六月改翰林侍讲学士，知制诰，同修国史。十一月转集贤侍讲学士、正奉大夫。

(5) 赵孟頫应吴森之子吴汉英请，在京师为知友吴森作《义士吴公墓铭》。

(6) 盛懋作《仿张僧繇山水图》。

1314 延祐一年　甲寅

(1) 吴镇三十五岁。是年，仍然在失去三叔的悲痛中度过。三叔教他认字读书，张罗他到魏塘上学，跟柳天骥学《易》。后又随三叔和兄长迁居魏塘镇。三叔酷爱收藏古书画，给他创造了观赏历代名画的绝佳机会。三叔出行，喜欢带他，使他有机会聆听当代大师们的教诲，如赵孟頫、高克恭、鲜于枢、李衎等。三叔吴森是吴镇步入艺术殿堂至关重要的长辈。

1315 延祐二年　乙卯

(1) 吴镇三十六岁。用努力作画来报答三叔恩情，临摹巨然山水。

(2) 临摹宋代李成、王晓合作的《读碑窠石图》巨轴，临本传世，今名《停骖读碑图》，因吴镇临作未落款，故今以"佚名"称之。

1316 延祐三年　丙辰

(1) 吴镇三十七岁。顷此外出游览。

(2) 顷此，吴瑱在德清设摊卖卜。

1317 延祐四年　丁巳

(1) 吴镇三十八岁。在杭县皋亭僧舍，得见李衎题诗。在杭州吴山玄妙观得见李衎所写之悬崖竹，对玄妙观古桧印象深刻。回忆雷所尊师当年讲课之情景。

(2) 吴瑱在当湖北庄桥建别业，举家南迁。是处后称南竹庄。

(3) 顷此，吴森孙吴瓘大兴土木，将吴森所创家宅静心堂扩建为竹庄。

1318 延祐五年　戊午

(1) 吴镇三十九岁。在杭州，他为美丽风光陶醉。详细观察西湖四时变化，晨昏朝夕，阴晴雨雪，莫不兴趣盎然。灵隐寺、岳庙、孤山是常去设摊卖卜的地方。一天一卦，事毕则游览。多次拜谒林和靖墓，他仰慕林逋为人。对道家之论述"人法地，地法天，天法道，道法自然"有进一步理解。

1319 延祐六年　己未

(1) 吴镇四十岁。顷此，沿杭徽古道西进。

(2) 按董其昌说，吴镇有妻室，若是，则其妻约殁于此年前后。无出。

(3) 赵孟頫南归，管夫人卒于临清舟中，年五十八。

1320 延祐七年　庚申

(1) 吴镇四十一岁。继续向西进入皖南，在宣城一带，寻找祖宗故地。

(2) 李衎卒于维扬（扬州），年七十六。

(3) 陈琳卒。

1321 至治一年　辛酉

(1) 吴镇四十二岁。直到南陵县而返。约是年入天目山。

(2) 吴镇沿苕溪北上，向湖州进发。

1322 至治二年　壬戌

(1) 吴镇四十三岁。游湖州。府学内有东坡风竹图刻碑，观摩良久。

(2) 赵孟頫卒，年六十九。

(3) 盛懋作《雪景山水图》。

(4) 吴镇堂弟吴汉杰卒于官所，葬胥山。

(5) 黄玠离开吴氏义塾。

1323 至治三年　癸亥

(1) 吴镇四十四岁。进太湖。

(2) 吴镇结识苏州葛乾孙。

1324 泰定一年　甲子

(1) 吴镇四十五岁。游太湖，到无锡。住西山林屋洞。

(2) 对太湖渔夫生活作了十分仔细地观察。

1325 泰定二年　乙丑

(1) 吴镇四十六岁。游苏州。继续领略太湖风光。

1326 泰定三年　丙寅

(1) 吴镇四十七岁。沿运河南下回到思贤乡陶家池村。不久返回魏塘。

(2) 吴瓘竹庄营造工程尚未完工。

(3) 吴镇寻找宁静，修缮陈园遗弃破败的梅花庵，入住于斯。

1327 泰定四年　丁卯

(1) 吴镇四十八岁。在梅花庵种梅树，仿效林逋生活方式。读书、吟诗、作画，一任心情。每有闲暇，便去景德讲寺与高僧品茗论道。

(2) 间有垂帘卖卜之举，不为稻粱谋，日止一卦，推人休咎而已。

1328 泰定五年　戊辰（夏初改年号为天历元年）

(1) 吴镇四十九岁。间或卖卜。

(2) 吴镇于清明节画成绢本双拼巨幅山水，以此纪念道士雷思齐。所画桧树有杭州玄妙观实物形象作参照。此图将大自然风貌艺术地再现于笔端，跨出了作为画家十分关键的一步。画名后人初定《双松图》，近年有识之士以为所画乃桧树而非松树，遂更名《双桧平远图》，系吴镇传世巨迹。

(3) 吴镇时作大幅绢本山水，包括临摹巨然的《秋山图》，此图传世，论家每以为巨然所作，近年傅熹年先生始驳正。

1329 天历二年 己巳

(1) 吴镇五十岁。开始思考并尝试将山水、渔夫和隐逸题材，统一到画面上来。一边继续欣赏家藏历代名迹，或加以临摹，仔细体会巨然笔法、墨法。

(2) 继续与高僧交往。

1330 至顺一年 庚午

(1) 吴镇五十一岁。顷此作绢本双拼巨幅山水《清江春晓图》，传世，此图或有蓝本，故画就并未落款，多年后补款。此图将真山水感受开始体现于画面。

(2) 倪瓒过浙江，至魏塘访吴镇，而后道归梅里。

(3) 江南大水。

1331 至顺二年 辛未

(1) 吴镇五十二岁。顷此作绢本双拼巨幅《关山秋霁图》，传世。吴镇此一时期作品特点是画本幅无款，均为绢本，非全本原创，工致，不题句，非渔夫题材。

(2) 八月大水成灾。

1332 至顺三年 壬申

(1) 吴镇五十三岁，是年吴镇进入山水画原创期，不受蓝图束缚。

1333 元统一年 癸酉

(1) 吴镇五十四岁。继续以太湖风光为题材作画。

(2) 顷此吴镇作《烟汀雨渡图》，绢本。失传。

1334 元统二年 甲戌

(1) 吴镇五十五岁。进入山水画创作的黄金时期，找到了以"太湖渔隐"为一系列绘画的共同主题。

(2) 顷此，吴镇作绢本双拼巨幅《秋江渔隐图》轴，且在画面上题诗，从此开创了融诗、书、画为一体的、充分显示文人画特征的元代绘画。这种画风影响了有明一代，至清乾隆年间，绘画由纯观赏属性进入观赏与商品双重属性，文人画延绵四百余年，时至今日，文人画的某些笔墨技法尚在使用。

1335 至元一年　乙亥

(1) 吴镇五十六岁。

(2) 十月，吴镇为德翁作《源头活水图》，失传。

(3) 十一月吴镇游云洞归来，作绢本双拼巨幅《曲松图》轴，传世。

1336 至元二年　丙子

(1) 吴镇五十七岁。

(2) 春二月，吴镇为可久（葛乾孙）作纸本《中山图》卷，传世。

(3) 秋八月，吴镇作绢本四条屏"渔父四幅"，两幅传世，一幅今名《枫叶渔父图》，另一幅今名《芦花寒雁图》。其余两幅未见传世。

(4) 吴镇作《一叶竹图》失传。

(5) 吴镇作《墨竹图》轴，失传。

1337 至元三年　丁丑

(1) 吴镇五十八岁。

(2) 吴镇作《水墨山水》册，失传。

1338 至元四年　戊寅

(1) 吴镇五十九岁。

(2) 吴镇五月六日为子洲作《山水》卷，失传。

(3) 吴镇五月作绢本双拼巨幅《高节凌云图》轴，传世。

(4) 吴镇夏至日为子渊作纸本《松泉图》轴，传世。

(5) 吴镇冬十月二十七日为竹叟讲师作《一叶竹》图，墨本未见传世，刻石今置梅花庵。

(6) 柯九思与倪云林会于清闷阁。

(7) 黄公望作《听泉图》《富春山居图》《秋山幽寂图》。

1339 至元五年　己卯

(1) 吴镇六十岁。

(2) 吴镇冬十月作《苍松古柏图》，失传。

(3) 吴镇作《钓隐图》，失传。

1340 至元六年　庚辰

(1) 吴镇六十一岁。

(2) 夏四月,吴镇作草书《心经》卷,纸本,传世。

(3) 王蒙与陆友仁、陆明本、张雯、葛可久等游苏州虎丘山。

1341 至正一年　辛巳

(1) 吴镇六十二岁。

(2) 九月,吴镇作《洞庭渔隐图》,纸本,传世。

(3) 秋九月,吴镇作《竹木》卷两幅,失传。作《林峦古刹图》册,失传。

1342 至正二年　壬午

(1) 吴镇六十三岁。

(2) 吴镇为周元真创作《平林野水图》。平林为太湖实景,此图为日后渔隐题材开了先河。周元真,字元初,嘉兴人,道士,后于至正中居吴县(今属江苏苏州)葑门外报恩道院,自号鹤林先生,多与文士交游,得吴镇诗画甚多。此图失传。嘉善博物馆所藏纸本《平林野水图》镜片,为清同治、光绪年间赝品。

(3) 春二月,吴镇为陶庄陆子敬作《渔父图》轴,绢本双拼巨幅,传世。

(4) 顷此,吴镇作《清溪垂钓图》卷,今名《维本渔父图》卷,纸本,传世。

(5) 吴镇作《在竹图》,失传(《式古堂书画汇考》著录)。

(6) 吴镇作《秋山古寺图》轴,失传。

(7) 吴镇作《墨山水》卷,失传。

(8) 吴镇作《山水》小幅,失传。

(9) 倪瓒与柯九思同观苏东坡《题文与可画竹》卷。王蒙作《秋山溪馆图》。

1343 至正三年　癸未

(1) 吴镇六十四岁。

(2) 吴镇作《竹梢图》纸本,小幅,失传(吴其贞《书画记》著录)。

(3) 吴镇作《墨竹图》轴,失传(《三秋阁书画录》著录)。

（4）吴镇作《山水》卷，纸本，失传（《式古堂书画汇考》著录）。

（5）吴镇为若虚作《墨竹》卷，失传（《梦园书画录》著录）。

（6）吴镇为平林居士作《涧松图》轴，绢本巨幅，失传。吴其贞《书画记》著录云："题七言绝句一首。款'至正三年春三月八日。为平林居士作于遽庐之雨窗。梅花道人戏墨。'"

（7）吴镇作《修竹幽居图》轴，纸本，失传（《石渠宝笈》著录）。

（8）吴镇作《江山渔乐图》轴，绢本，失传（《十百斋书画录》著录）。

（9）吴镇作《古木竹石图》轴，绢本，失传（《十百斋书画录》著录）。

1344 至正四年　甲申

（1）吴镇六十五岁。

（2）吴镇作《墨竹图》，后人将其与王冕《墨梅图》合装，曰《梅竹双清图》卷。传世。

（3）二月二十一日，吴镇为似之作《墨竹》册页二开，失传。吴其贞《书画记》著录："梅道人竹稍图，纸画，大横幅，册子二本。纸墨如新，一为倒垂竹，枝叶繁盛，浓淡二重，是法于文与可也，题七言绝句一首，识十有八字曰：'梅花人吴镇顿首。至正四年春二月廿一日也。'二为悬崖竹，叶只有数片，崖亦只有数笔，气韵绝伦，使人观之不倦。题七言古风一首。识五十有五字，曰：'至正三年十月十日，似之来游武塘下访，出此帙索拙作，匆匆行意，秉烛而为之，草率聊塞其请，俟他日泛竹溪、造竹所再作也。梅花老镇顿首。'二图皆梅花庵、九字图书。"

（4）吴镇作《一叶竹》轴，失传（《吴越所见书画录》著录）。梅花庵刻石或即此。

（5）吴镇作《松石图》轴，失传。《郁氏书画题跋记》著录云："题七言律诗：'砚池漠漠吐墨汁，苍髯呼风山鬼泣。涛声破梦铁骨冷，露影濡空翠毛湿。徂徕千树老云烟，湖山九里甘萧瑟。何当阅此明窗下，长对诗人弄寒碧。'款至正四年夏四月雨窗。梅花道人戏墨。"

（6）吴镇八月三日作《江村渔乐图》轴，绢本设色，失传。《大观录》著录："绢本，高二尺八寸，阔一尺五寸。浮滩浅渚，错杂如犬牙，人家傍岸结屋，渔舟两两，依泊于松根葭草间，对岸一山横江，下萦砂碛。林峦树石俱设青绿色。短麻皴，全是巨然神髓。仲圭画山水，不轻作，着色尤不可得。此殆盛年渲染，诸品中仅见者也，惜绢素稍暗，未尽酣畅之致，然托寄高远，正以荒率见天趣耳。诗歌颓毫运藏真体，书右角，书法亦自可观。"（存疑）

(7) 吴镇作《六月松风图》轴，失传（《三秋阁书画录》著录）。

(8) 吴镇作《远山含翠图》存世与否不详（《元明清画家年表》著录）。

(9) 吴镇作《竹石》轴，存世与否不详（《历代流传书画作品编年表》著录）。

(10) 吴镇作《墨竹》（集册之一）失传（《好古堂书画记》著录）。

(11) 吴镇冬十一月阳生日作《嘉禾八景图》卷，跋识云："于嘉兴春波门外橡林旧隐。"橡林在梅花庵，吴镇称橡林在嘉兴春波门外，未尝不可。春波门是嘉兴城东城门，魏塘在东门外三十里。

(12) 倪瓒散资财，泛舟五湖三泖间。

(13) 黄公望作《秋山无尽图》。为陶宗仪作《南村草堂图》。

(14) 盛懋作《秋江钓槎图》。

(15) 王渊在西湖寓舍作《花鸟图》。

(16) 吴直方未几以疾辞官。

1345 至正五年　乙酉

(1) 吴镇六十六岁。

(2) 吴镇作《西湖钓艇图》载《宋元六家册》之一，失传（《岳雪楼书画录》著录）。

(3) 吴镇为大无炼师作《山水图》轴，绢本，失传（《郁氏书画题跋记》著录）。

(4) 吴镇作《苍松古柏图》轴，绢本，失传（《大观录》著录）。

(5) 吴镇作《瑾本渔父图》卷，画本幅并无吴镇名款和记年，据吴瑾跋文确定。

(6) 吴镇十月四日于梅花庵橡林旧隐梦复窗下为景德教寺古泉禅师作《四友图》卷，未完成（《石渠宝笈》《大观录》著录）。

(7) 杨维桢游太湖。

1346 至正六年　丙戌

(1) 吴镇六十七岁。

(2) 吴镇为景德教寺古泉禅师续作《四友图》卷，至冬至日成。失传。

(3) 王冕作《梅花》卷。

1347 至正七年　丁亥

(1) 吴镇六十八岁。是年秋末冬初起侨寓嘉兴，住春波门外春波客舍。

(2) 吴镇冬十月为元泽作《草亭诗意图》卷，纸本，传世。

(3) 吴镇初冬于"槜李（嘉兴古称）春波之客舍"作《竹石图》轴，纸本，传世。

(4) 顷此吴镇作《墨山水》轴，失传（《古缘萃录》著录）。

(5) 顷此吴镇作《松石图》轴，纸本，传世（《寓意录》记载）。

(6) 吴镇作《曲彴孤亭图》，载《集古名绘册》之五，存世与否不详（《石渠宝笈》著录）。

(7) 顷此吴镇作《枯木竹石图》卷，又名《竹木》卷，绢本，今藏北京故宫博物院，因无年款，且定是年。吴镇在嘉兴四年，一色纸本，此件因是绢本，当在去嘉兴之前所作。吴镇作《枯木竹石图》多本，著录所记，怕另有所本。

(8) 黄公望归富阳，作《九珠峰翠图》。

(9) 唐明远与杨维桢等十数人游横泽（汾湖南北阔三里，东西长十二里，横泽即此）。

(10) 诏征隐士。

(11) 赵雍作《挟弹游骑图》。

(12) 王渊作《松亭会友图》。

1348 至正八年　戊子

(1) 吴镇六十九岁。客居嘉兴。

(2) 秋九月吴镇为吴直方（行可）作《墨竹册》二十开，纸本，传世。

(3) 冬十月，吴镇应钱塘唐明远索，作《梅花》卷并题，纸本，传世。

(4) 吴镇作《远山疏林图》轴，影本刊台北故宫博物院《故宫文物月刊》

十七期。

(5) 吴镇作《墨竹》卷，失传（《郁氏书画题跋记》著录）。

(6) 吴镇作《秋江濯足图》轴，失传（《石渠宝笈》著录）。

(7) 吴镇作《水竹居图》，《式古堂书画汇考》著录："自题七言律诗：'结茅山阴溪之曲，最爱轩窗对修竹。四时谡谡动秋风，三径萧萧戛寒玉。也知一日不可无，彼且恶乎免尘俗。夜深飞梦绕湘江，廿五清弦秋水绿。'诗后跋语曰：'梅道人戏作水竹山居，至正戊子。'"（又：笔者近见吴镇款《水竹幽居图》，其画面与嘉善博物馆馆藏《平林野水图》基本相同，《式古堂书画汇考》著录者不知是否即此《水竹幽居图》，待考）

(8) 吴镇作《山水图》轴，浅设色，失传（《古缘萃录》著录）。

1349 至正九年　已丑

(1) 吴镇七十岁。客居嘉兴，但三月间曾回魏塘梅花庵小住。

(2) 有客自天申（松江）来，持小坡（苏东坡之子苏迈——此吴镇原注）竹石图让吴镇鉴赏。

(3) 三月十六日，会稽杨维桢、甫里陆宣、大梁程翼、金陵孙焕、云间王佐、吴郡陆恒、汝南殷奎，并伎珠帘氏、金粟氏同游汾湖。

(4)《式古堂书画汇考》记云："吴镇三月二十九日于魏塘橡林精舍书录鲜于枢诗并跋：'凉阴生砚池，叶叶秋可数。东华客梦醒，一片江南雨。此鲜于学士题纸上竹，爱之，故录于此耳。至正九年三月二十九日，梅道人广与可笔于橡林精舍。'"

(5) 吴镇作《竹石图》轴，失传（《过云楼书画记》《吴越所见书画录》著录）。

(6) 吴镇作《墨菜图》轴，纸本，失传（《书画鉴影》著录）。

(7) 吴镇作《墨竹图》卷，绢本，失传（《书画鉴影》著录）。

（又，2001年笔者曾经在杭州某拍卖会，见同鉴楼藏本，绢地，款"至正九年四月廿七日作于橡林下。至正九年秋九月梅花老戏笔。"疑明代伪作，笔墨与吴镇不类。《书画鉴影》著录未知是否即指此件，不详。）

(8) 吴镇作《竹稍图》小幅，纸本，失传。（吴其贞《书画记》云其款为：".至.正己丑冬十一月一日书于生意窗"。)

(9) 十一月，陶宗仪至嘉兴，会吴镇于精严寺僧舍，出示《竹居诗》轴。吴镇为其作《野竹居图》卷，纸本，传世。时李德元（景先）亦在。

(10) 王冕为陶宗仪作《三竹图》。

1350 至正十年　庚寅

(1) 吴镇七十一岁。小住嘉兴第三年。

(2) 吴镇自五月一日起为佛奴作《墨竹谱》册，至六月十五日成，共二十开，复作序二开。

(3) 吴镇作《溪山高隐图》轴，失传。（《过云楼书画记》著录）

（又，今北京故宫博物院藏吴镇《溪山高隐图》绢本，又名《溪山草阁图》，当属吴镇早年作品，《过云楼书画记》著录即此？）

(4) 吴镇为松岩和尚作《墨竹》卷，失传。张定，法号松岩，嘉兴人，善画花卉翎毛。

(5) 吴镇作《仿巨然江雨泊舟图》轴，绢本，未传。（《大观录》著录）

（按：吴镇在嘉兴作山水极少，且多为纸本，故此件存疑）

(6) 顷此，吴镇作《墨竹》轴，画本幅无年款，据徐邦达著《历代流传书画作品编年表》且定是年。影本刊《中国古代书画精品录》图七，庋藏不详。（《古代书画过目汇考》著录）

(7) 顷此，吴镇作《古木竹石图》轴，画本幅无年款，据徐邦达著《历代流传书画作品编年表》且定是年。庋藏不详。（《古代书画过目汇考》著录）

(8) 顷此，吴镇作《墨竹坡石图》轴，画本幅无年款。今藏北京故宫博物院。

(9) 吴镇作《竹石》轴，绢本，失传。（《穰梨馆过眼录》、吴其贞《书画记》著录。存疑）

(10) 吴镇为许有孚（可行）作《竹谱图》卷，纸本，传世。

(11) 吴镇作《晚风阁写墨竹图》轴，失传。（《郁氏书画题跋记》著录）

(12) 吴镇作《横塘泛舟图》轴，失传。（吴其贞《书画记》著录）

(13) 吴镇作《筼筜清影图》轴，纸本，传世。

⒁ 顷此，吴镇作《竹枝图》轴，纸本，传世。

⒂ 吴镇作《仿东坡风竹图》轴，纸本，传世。

⒃ 吴镇作《新凉透寒图》，题古风诗一首，传世。

⒄ 吴镇作《墨竹图》卷，绢本。(《十百斋书画录》著录)

(又，今台北故宫博物院藏吴镇款绢本《墨竹图》卷多本多为绢本，皆存疑。)

⒅ 黄公望作《富春山居图》卷。

⒆ 盛懋，五月望日为竹溪作《秋林渔隐图》。

⒇ 吴镇在嘉兴为堂弟吴汉贤作《竹外烟光图》，传世。无年款，且定是年。

1351 至正十一年　辛卯

⑴ 吴镇七十二岁。是年结束在嘉兴旅居，返回魏塘。

⑵ 吴镇作《竹》卷，失传。(《虚斋名画录》著录)。

⑶ 吴镇为王蒙之父王国器作《山水十二段》卷，失传。

1352 至正十二年　壬辰

⑴ 吴镇七十三岁。顷此，营造生圹。

⑵ 吴镇于九月二十一日，在魏塘慈云寺僧舍，为十年前所作《渔父图》卷落款题跋云："昔喜关仝山水清道可爱，原其所以，出于荆浩笔法。后见荆画唐人《渔父图》有如此制作，遂仿为一轴，流散而去，今复见之，乃知物有会遇时也。一日维中持此卷来命识之，吁! 昔之画，今之题，殆十余年矣! 流光易得，悲夫! 至正十二年壬辰秋九月廿一日，梅花道人书于武塘慈云之僧舍。"

⑶ 吴镇作《万峰幽壑图》卷，失传。(《石渠宝笈》初编著录)

⑷ 吴镇作《横塘垂钓图》册页，《宋元七家册》之一。传世与否不详。(《岳雪楼书画录》著录)

⑸ 吴镇作《墨竹》卷，绢本，失传。(《书画鉴影》著录)

⑹ 吴镇作《山水》轴，绢本，失传。(《石渠宝笈》三编著录)

⑺ 吴镇作《乔林萧寺图》，绢本。《宋元集绘册》之十(《石渠宝笈》三

编著录）

(8) 朱德润作《秋林读书图》。

(9) 王蒙与黄公望合作《竹趣图》。

(10) 陶宗仪避难湖州。

(11) 二月，郭子兴起兵破濠州。秋七月，徐寿辉破杭州。八月，方国珍攻台州。

1353 至正十三年　癸巳

(1) 吴镇七十四岁。

(2) 秋九月，吴镇为沈彦实（元用）作《南陵四幅》册页，纸本，其中《红叶村西图》传世。吴其贞《书画记》著录云："梅道人小景图纸画四页为一册子。纸墨尚新，一为南陵水面图，题七言绝句一首，识十四字曰：'梅老戏墨作，时至正癸巳秋九月也。'用梅花庵、一梅二图书，而一梅图书尚未见有。二为红叶村西图，题辞一首，识四字曰：'梅老戏墨。'三为《寒林重汀图》，题识三十有九字曰：'董元画《寒林重汀》，笔法苍劲，世所罕见其真迹，因观是图，摹其万一，与朋友共，元用当为着笔。梅老顿首。'四为《野竹图》，题有古诗一首，识十字曰：'老梅戏墨。元用以为如何。'以上四图画法潇洒气韵苍秀，为梅道人绝妙之作。"

(3) 葛乾孙卒。

(4) 黄公望作《秋山图》。

(5) 盛懋作《渊明爱菊图》。

(6) 杨维桢五月撰《南楼记》。

1354 至正十四年　甲午

(1) 吴镇，九月十五日（1354 年 11 月 1 日）卒于梅花庵，享年七十五岁。嗣后下葬庵侧自选墓地，坟山拥土，墓坐北朝南，墓前树立吴镇自书"梅花和尚之塔"石碑。

(2) 黄公望卒，享年八十六岁。

(3) 倪瓒年四十九岁，居苏州。

(4) 王蒙年四十七岁，居黄鹤山。

吴镇世系

1961年，供职于浙江省平湖县（今平湖市）文化馆的美术干部潘康生，在深入农村至胜利公社吴家栅大队吴顺观家调查宅基地时，偶然发现手抄本《义门吴氏谱》，随手翻阅，梅花道人吴镇赫然在焉，于是征得主人同意，借来研究数月，并临摹了吴镇全身像，吴镇谜一般的家世终于撩开面纱，世人得以重新认识吴镇。

此谱公开发表于20世纪80年代。中国美术史对吴镇家世，从此不再迷茫。历来一些含混不清甚至以讹传讹的吴镇生平传略，可望得以纠正。

吴顺观，农民，其父早年在平湖城关当湖镇一布匹店当店员，识字。《义门吴氏谱》一共三本，内容完全相同，其中一本绣像是彩色的。彩色本与另一黑白本，于民国年间借给他人阅读，一直未见归还，不知下落。

《义门吴氏谱》始修于北宋初年，历代增修，延绵三十三代，入录四百零三人，男性为主，个中不少人士为两宋台阁重臣，吴廷祚、吴元扆、吴革、吴玠、吴璘、吴皇后（南宋高宗）、吴柔胜、吴渊、吴潜等皆入《宋史》。至元、明、清则多见地方名流。最后一位续修者为蛰居乡间之三十一世吴光瑶，时在清康熙七年（1668）。

《义门吴氏谱》共分三卷。首卷注曰："悉遵宋刻原谱所载，今稍订商山抄本之误。"看来此家谱宋时曾有刻本传世，入元后则多为手写续谱，"商山抄本"应是其中之一。

第一卷《义门吴氏谱·宗源图·吴氏开天之源》白描自宋初历代著名人物绣像总计四十三幅，多为半身胸像，唯吴镇为全身像，且注明系吴镇自绘，此吴光瑶摹本，仍能窥见吴镇人物画笔致。

第二卷包括《吴氏得姓流源》《吴氏开姓之源》《吴氏开国之源》和《吴氏因国为氏之源》四章。

第三卷《义门吴氏谱·宗枝图》。

平湖吴家栅《义门吴氏谱》手抄本，已由吴顺观长子吴新田捐赠平湖图书馆。前人将吴氏分为十二大宗，义字宗为其中之一，故称"义门"。

平湖县（今平湖市）城关镇原名当湖镇，宋元时该镇归属海盐县。元代大德四年（1300）或稍后，吴镇胞兄吴瑱自嘉兴县魏塘镇吴氏竹庄迁往当湖镇北之北庄桥，置别业，名曰南竹庄。后裔又迁海盐县澉浦镇，长房一枝复归当湖，居镇南，其地遂名"吴家栅"。

吴氏后裔聚居地，除吴家栅外，今嘉善县陶庄镇陶家池村，即吴镇祖父吴泽发祥地，今全村四十二户一色吴姓，皆为吴泽次子吴秣一支传下，陶庄镇南胜村1948年分出八户也属吴秣一支。陶庄镇北庄村吴氏，早年也从陶家池村分出，是否吴秣一支，尚须考证。

今嘉善县天凝镇渔雪村（原名"吴薛村"，现今村名为民国以后文人据吴语"吴薛"谐音雅化而来）吴氏、嘉善县杨庙吴氏、嘉善县魏塘镇吴氏、平湖市钟埭古镇吴氏和来自钟埭的嘉善惠民新润村吴氏皆为吴泽之后。

今将《义门吴氏谱宗枝图》吴镇直系一支摘录。旁系，凡至关重要者选录。括号内系笔者根据其他史料补充。□，为原缺。

一世　天全　字宣和，（五代，后）汉乾祐中征聘不就，隐居教授，宋追封侍中。（河南汝南人）

二世　璋　字子贵。

三世　廷祚　（918—971）（字）庆之，宋贤相，元勋，侍中，枢密使，东京留守，同中书门下平章事，太原公。（宋代并州太原人，两为东京留守，统掌枢务。）

四世　元扆　宋太宗四公主蔡国公主驸马都尉，七州节度使，检校太傅，赠中书令，谥忠惠。

五世　守严　内殿崇班。

六世　承嗣　贤。

七世　世勋

八世　用劢　武经郎，因官居华阳。

九世　革　字义夫，博学知兵，钦宗授武功大夫，阁门宣赞舍人。讨张邦昌被执，骂贼死节，颜色不变。（宋钦宗靖康二年（1127），金

人犯京师，欲立张邦昌，革谋诛张失败，不屈死）

十世 祐 字天宝，殉父难，自焚，赠奉义大夫。

十一世 玖 字汉卿，宣和中仕武经郎至武义大夫。

十二世 掟 字伯纶，武经郎。

十三世 望 字公高。

　　　煜 （旁支，革→祈→璘→抡→煜）字公亮，号思贤，仕武义大夫，奉母刘居嘉兴市泾（王江泾）东，人名思贤乡，载志。（吴煜是思贤乡陶家池村吴氏发祥始祖）

十四世 衢 行狽二囗，一名丕囗，字囗囗，教授宁国，因居宣州，讲伊洛持敬之学，人号宁国先生。墓在中山。

十五世 柔胜 字胜之，淳熙八年（1181）进士。（历太学博士）直文华阁，工部（郎）中。秘阁修撰。谥正肃公，配享孔子庙。公倡崇朱晦庵（朱熹）集注文行表率伊洛之学。晦而复明。判河北，知鄂州，救大荒。尝为嘉兴府学教授。志卜居焉。详墓志。赠少师学士丞相尚书，金陵侯庆国公。（葬宣州城东小劳山）（吴柔胜因力倡朱熹理学，被打成"伪学逆党集团"成员，遂辞去嘉兴府学教授，于庆元二年（1196）移家嘉兴以西一百里之浙江德清新市镇，课子，终老是处。于庆元三年（1197）"逆党"五十九人名单公布，嘉泰二年（1202）解除"逆党"籍，诸员重新启用）

十六世 潜 字毅（一作义）夫，（1196—1262）号履斋（南宋）嘉定丁丑（1217）状元。左右丞相。吏、兵、工三部尚书。枢密使。封金陵郡侯，金陵郡开国公，崇国、相国、庆国公，改封许国公。与兄渊同居相府，称贤。忠谏忤贾似道、丁大全，贬循州（今广东惠阳）。知死期，作遗表，题诗坐化，雷风大作。后（德祐初）复官。赠少师。有《履斋诗余》及《奏议》行世。（历官江东安抚留守，淮东总领，兵部尚书，丞相，封许国公。葬宣州城南潢山）

十七世　寔　字寔之，以国多难，弃文习武，仕进义校尉，水军上将，（居建康龙湾，今南京之龙潭）元兵南下，公力战死，赠濠州团练使。先是许公（吴寔父吴潜）自以勋戚裔，忠鲠招嫉，见世将变，托公于族弟坚携养汝南（今属河南）。后海运公（吴寔子吴泽）惧祸，故义士（指吴寔孙吴森）墓表直托称"曾大父坚"云。（吴森殁后，赵孟頫作墓志铭，言吴森曾祖父为吴坚而未言吴潜）

十八世　泽　行庆八秀，字伯常，（中武举）仕承信郎，因官居汴梁，继与杨宣慰同职。后与吕文德守襄阳有功，同故将李曾伯（著名画家李衎之父。李氏靖康之变南迁，居海盐苞溪）移家嘉兴思贤乡（陶家池村，吴煜→吴龙→吴位胜→吴洙、吴泗。吴洙→吴㩦荣；吴洙→吴㩦华。传五世至此绝嗣。吴泽早年继嗣入主吴㩦荣、吴㩦华府第）号雪樵居士。宋亡不臣元，航于海，葬澉浦（浙江海盐），因名吴家山。（配沈氏，生子七）

十九世　禾　字君嘉，号正心（泽长子），性至孝，随父航海，归庐父墓，因居澉浦继志（设大舟于赫山，济渡行人）。□□□家航海，后大定，寄籍山阴、萧山二县。今赫山船渡尚存。性至孝，庐守父墓，因居澉浦，家巨富，人号"大船吴"。（卒葬澉浦）

　　　　秌　（旁支）字君秀，号养心，配唐氏。（泽次子留守思贤乡陶家池村）

　　　　森　（旁支，系吴镇三叔父）（1250—1313）字君茂，号静心，至元间授"管军千户"力辞□□□□思贤乡，先是□□□□元以□□□□□自思贤迁武塘。建义塾，赈大荒，奉敕表"义士"。太（泰）定（1324—1327）中赠奉训大夫，嘉兴县男，原配陈氏，封嘉兴县太君，生子七，详本传。……□训大夫□□等处□□□省理问□相副官，飞骑尉。封嘉兴县男。原配陈氏，封嘉兴县太君。载志。有墓志诗。（吴森为魏塘吴氏发祥始祖。与赵孟頫至交，随赵游京师。酷爱古书画，购之千金不惜）

二十世　瑱　字元璋，一字伯圭（禾长子），以世沐国恩，义不仕元，征聘不赴。治别业于魏塘，今名"竹庄"。又治别业于当湖北之云津，植修竹，亦名"竹庄"，今遗址在庄桥右。自号竹庄老人。闻毗陵（今武进）柳天骥讲天人性命之学，与弟仲圭往师之，得孔明、康节之秘。精易理奇门之数，尝卖卜于崇德，日止一课，得钱米酒肉与人。吕翁授丹金四十万，散宗戚乡里之贫者。迹遍四海，言多验，天下驰名玄都吴先生。本字元璋，临化，将生平所著之书，凡记"元璋"二字者，特改"元"为"原"，改"璋"为"璋"，人无解者，至今乃知公予避吾明太祖御讳也。有《奇门大易》《天文地理》《医方》诸秘传。后予示死期，竟尸解。至今里人香火祀之，祷必应，有南北"竹庄"、锦川御书堂、玄都书院、吴家桥、竹庄桥及养丹处、义塾处、义赈处。详载碑记志传。

（长于医，弱冠，与三叔吴森同时，携胞弟吴镇迁居魏塘别业，即后来之"竹庄"，明宣德五年（1450）在此建县治，民国二十六年（1937）被侵华日寇敌机轰炸成为废墟，今称人民广场）

镇　字仲珪（珪一作圭，禾次子），至正辛卯（1351）举朵列图榜进士。公以家世宋勋戚，隐居不仕，以诗酒自娱。善泼墨画，贵介求之不与，唯赠贫士，使取值焉，海内珍之。其诗字画名三绝，推元代四大家。与兄元璋师事柳毗陵，尤邃奇门先天易言，机祥多中，众信服之。能与父言慈，与子言孝。史称有君平风。结庵前后，载梅花数百株，自号梅花道人。手题墓碣曰："梅花和尚之塔"，又予推死期于碣曰："生于至元十七年庚辰七月十六日子时，卒于至正十四年甲辰（甲辰当为甲午，系吴光瑶书录笔误）九月十五日子时。"后，果至期坐化。其改道人为和尚，呼墓为塔，当时无解者，后元僧杨琏真珈兵发各家，疑此为僧塔舍去，其仙灵显应。（笔者按：杨琏真珈发墓事在元初，陈继儒《修梅道人墓记》一文失考，此谱沿用陈说，与史实不符)今锦川三仙堂等处奉祀。墓在武塘东花园弄之右，墓侧有橡林古梅。公尝墓上吟曰："老子生平学蓟丘，晚年笔法似湖州。画图自写梅花号，荒草空存土一抔。"（清《嘉善县志》指此为元明间邑人黄鲁德诗）吟罢笑谓兄元璋曰："百年内有官人住吾宅，居民侵吾园矣。"元璋曰："二百年内有人学汝画，三百年内官人稍葺汝墓，后人稍读吾与汝书，后当以吾汝术济世者，嘻！"宣德中，以公宅为嘉善县治，墓在治东二百五十步许，为市店所迫。今士大夫摹公画甚众，其言不爽。余详载公传中。有小词行世。（未及弱冠，与三叔吴森及兄长伯圭自思贤乡陶家池村迁居魏塘镇。诗、书、画三绝，传世画迹有《双桧平远图》《秋江渔隐图》《中山图》《洞庭渔隐图》《竹谱》以及草书《心经》等）

万六　（吴秝子）以先世宋勋戚，义不仕元，晦其名字，隐居，博学，以德望为世所尊。载志。（吴秝一房留守思贤乡陶家池村，繁衍至今。该村二〇〇一年共有四十二户，全部吴姓。又，南胜村吴氏、北庄村吴氏均从陶家池村分出）

汉英　（吴森长子）字彦良，号樗。少隐。随祖航海，后归武塘。仕财赋提举。配王氏。家世宋勋（戚）不臣于元，随祖父航海，□□□□山阴、萧山，因父（吴森病重）归嘉兴，遂老武塘（即魏塘），娶王氏，合葬顺宁墓。（家人）惧祸，不得意延祐中仕从仕郎，秀州、嘉兴、平江（苏州）等处财赋提举，有惠政。载《志》。

廿一世　坦　（吴瑱长子）字坦之，隐居继志。娶陆氏。墓在麟瑞（乡）三十七都灵塔泾义士（吴森）穴左。（字坦之，娶陈氏，博学好古，通天人性命之学，精易理、医理，施药、施棺，出粟赈饥，仁惠及于里党者甚多。隐居继志，山水自娱。当道荐辟，屡征不就）

瑾□　（吴万六长子）字信之，配蒋氏，隐居不仕，以德望为时所尊，生子濯。

瓘 （吴汉英长子）字伯阳，一字莹之，号知非。嗜古玩，善写梅、
竹、山水，海内宝之。精易理奇门之术。授嘉兴路崇德州安
邱巡检，至常州武进县尉□都水司致仕。治别业有嘉林、吴园、
竹庄等处。墨迹海内珍重，有画谱传世，其墓志，竹庄嘉林
诗文存卷首。（自号竹庄人。多藏法书名画，能作窠石墨梅，
学扬补之。画寒雀爪喙生动，不下钱玉潭）（按：《竹庄嘉林诗文》
一书未见传世）

理 （吴汉英次子）字纹之，号崆峒处士。

珂 （吴汉英季子）字荣之。

宣 （吴汉英四子）字泰然，性豪侠，善医。兄弟析居，宣能以义让。
元季苗兵将屠邑境，宣独扣军门，乞贷民命。主帅怜之，获免。
晚游苕雪间，终于四安山中。所著有《道德经注》《子午流注
通论》等书。子宏道能世其业，疗疾辄愈，洪武初召为御医。

瑄 （吴汉英五子）字春煦，工玄理。

廿二世 金粟 （吴坦长子）行圣一，号石钟先生。时称孝义一门。博通五
经，不就征辟。尝治别业于嘉禾钟宣使里。

麟粟 （吴坦次子）行圣四，号石谷隐士。娶张氏。葬澉浦吴家山。
巨富，因祖名，人号"大船吴圣四房"。

大本 （吴坦季子）行圣五，原名雨粟，号石磬。山阴籍。中洪武
甲戌（1394）进士，巡按湖广、福建御史。娶钱氏，即宁福
夫人。时号"大船吴圣五房"。

观音奴 （吴森→吴汉杰→吴珏→观音奴，行圣十一）佛奴？

（下略）

笔者按：

关于吴镇子嗣，手抄本《义门吴氏谱》吴镇传略写于第十九张，有子嗣线
通下一张，这表明吴镇有子嗣，然而下一张子嗣线中断，更未见吴镇子嗣之记载。

笔者与徐君耀祖 1990 年 11 月 22 日，在平湖图书馆对该谱审视良久，徐君终于在装订线处发现第二十张已被撕去，残角尚在，何人何时为何撕去已无从查考。据潘康生说，60 年代观此谱时已觉"此处不甚连贯"。史以吴镇曾画墨竹谱给"佛奴儿"认定"佛奴"为吴镇之子，不足凭。

明人董其昌《容台集》中写道："梅道人吴仲圭……本与盛子昭比门而居，四方以金帛求子昭画者甚众，而仲圭之门阒然，妻子颇笑之……"，"妻子"或作"妻"与"子"解。然董晚镇三百年，不知有何根据，难做定论。又，佛奴《义门吴氏谱》未见记载，但有名"观音奴"者，或者即《墨竹谱》受赠者"佛奴"，然"观音奴"乃吴汉杰之孙，也就是吴镇之侄孙，非子也。

吴镇子嗣扑朔迷离，从墓葬形制属单人葬来看，似终身未娶。

记载吴镇的两部吴氏族谱

按：成书于清康熙年间的手抄本《义门吴氏谱》和成书于清光绪年间的手抄本《吴张氏世系图》，均涉及吴镇，《吴张氏世系图》以《义门吴氏谱》作蓝本，但在抄录时删节颇多，所补充的内容，往往与史实相出入。

两部族谱均为手写本。

一曰《义门吴氏谱》，为清代康熙七年（1668）吴光瑶根据《商山抄本》等续修，之后，一直为吴光瑶子孙保存，也无人续修。1987 年 7 月，由吴新田捐给平湖图书馆。吴新田居住平湖市胜利乡六里桥吴家栅。吴家栅吴氏，为吴镇胞兄吴瑱（平湖吴氏始迁祖）后裔。

另一曰《吴张氏世系图》成书于清代光绪年间，今藏浙江省图书馆。

一般来说，家谱每三十年一续修，将最近三十年间家族的人事变迁从实一一记录在案。三十年前所记有遗漏者，适当补充，以不更动原文为原则。这样，后人阅读时可感知传主的历史面目，其不足处是补充的内容，由于续谱执笔者文字表达能力的原因，往往有重复之嫌。也有续谱者将前辈们的小传大加删节，抄录他认为需要保留的部分文字，添加一些新近获得的有关先人行状的内容。其不足处是，一些重要史实被无情删掉。《义门吴氏谱》属于前者，《吴张氏世系图》属于后者。

康熙本《义门吴氏谱》在先，光绪本《吴张氏世系图》在后，时隔二百多年，但《义门吴氏谱》是《吴张氏世系图》的蓝本则是毫无疑义的。《吴张氏世系图》在《义门吴氏谱》的基础上作了增删，这种增删也可能是从康熙本到光绪本中间的过渡本所为。由于无法得见过渡本（过渡本当有若干），因此，笔者把增删的责任不得不算在光绪本身上。

光绪本的一些补充，具有史料价值。例如十五世吴柔胜，出生安徽宣州，卜居浙江德清新市镇，终老该镇，葬于何处，康熙本失记，光绪本曰“葬宣州城东小劳山”。吴柔胜魂归故里，当是可信的。但也有某些补充，显然是错误的。如十八世吴泽，康熙本未见其配偶姓氏之记载，光绪本曰“配邱氏”，显然与赵孟頫所撰《义士吴公墓铭》一文中“妣沈氏”不合。邱氏在嘉善无显贵门第，而麟溪沈爚于北宋年间因营造大规模园林“北山草堂”而名闻遐迩，延誉十九代。吴镇曾作《渔父四幅》馈赠沈爚后人沈彦实，其中之一今藏美国克利夫兰艺术博物馆。2020 年，笔者得以翻看麟溪沈氏家乘，沈彦实赫然在焉。

吴、沈两家联姻是情理中事。再则，赵孟頫为吴森写墓志铭，尽管二人交往极深，至于吴森母亲的姓氏，不见得清楚，因此，这个“妣沈氏”当是吴森家属所提供，绝非赵孟頫杜撰。由此看来，光绪本云吴泽“配邱氏”不足信。

又如《义门吴氏谱》吴泽小传曰：“行庆八秀，字伯常，仕承信郎，因官汴梁，继与杨宣慰同职，后与吕文德守襄阳有功，同故将李曾伯移家嘉兴思贤乡，号雪樵居士。宋亡不臣元，航于海，卒葬澉浦，因名吴家山。”《吴张氏世系图》吴泽小传，据《义门吴氏谱》小传重新行文，并加以发挥。全文如下：“字伯常，行庆八秀，初仕承信郎，因官汴梁，后与吕文德同守襄阳，被谗罢职，随家嘉兴思贤乡，号雪樵居士。元兵入临安，幼主南奔，公率一子一孙航海追随，不得遇，悲不自胜，竟卒于海舟，还葬澉浦。配邱氏，生子七，详见本传。”

《吴张氏世系图》吴泽小传中"元兵入临安……还葬澉浦"这一段话，显然是根据《义门吴氏谱》吴泽小传中"宋亡不臣元，航于海，卒葬澉浦"衍化而来。吴泽航海，是经商，故《义门吴氏谱》称其为"海运公"。《吴张氏世系图》言吴泽入海是为了追随幼主，显然属后人妄加，欲显吴泽对大宋的忠诚。

《吴张氏世系图》所说"一子"即长子吴禾，"一孙"即三房吴森长子吴汉英。因为孙辈中只有他随祖父吴泽航海。他们入海之年月该《谱》定为"元兵入临安，幼主南奔"时期。元兵入临安是在1276年三月。吴汉英当时的年龄，没有任何记载。但是，可以作一些推断。从赵孟頫所撰《义士吴公墓铭》得知吴森生于1250年。再按照吴氏男性一般在十七岁成婚的惯例，假定吴森1266年结婚，假定次年得长子吴汉英。那么，1276年吴汉英还只是个不足十岁的孩子，吴泽航海将他带在身边，恐怕不合乎情理。

因此，《吴张氏世系图》之"元兵入临安，幼主南奔，公率一子一孙航海追随，不得遇，悲不自胜，竟卒于海舟"此说不可信。《义门吴氏谱》吴禾的小传是这样的："字君嘉，号正心。至孝，随父航海，归庐父墓，因居澉浦继志。□□□□□家航海，后大定，寄藉（籍？）山阴、萧山二县。今赭山船舵尚存。性至孝，庐守父墓，因居澉浦，家巨富，人号大船吴。"由于《商山抄本》虫蠹朽损，吴光瑶抄录时只好留空。

《吴张氏世系图》吴禾的小传被修改为这样："字君嘉，号正心。至孝，随父航海，归庐父墓，因居澉浦继志。设大舟于赭山，济渡行人。有传。"将《义门吴氏谱》因蠹朽而空缺及以下文字，全部删去。这样，就把"家巨富，人号'大船吴'"这一史实给划掉了，代之以"设大舟于赭山，济渡行人"句。赭山在澉浦，隔钱塘江与南岸之龛山相望，直线距离近三十公里，是名闻天下海宁潮生发处，风急浪高，惊心动魄。当年秦始皇南巡欲渡不能而沿江上溯至富阳，故有能力在此设义渡者，绝非寻常人家。只有"家巨富，人号'大船吴'"的吴禾才有可能。不过，这样一改，总不及原文"家巨富，人号'大船吴'"的直接明了。

《义门吴氏谱》吴镇小传全文如下：

"镇，字仲圭。至正辛卯举朵列图榜进士。公以家世宋勋戚，隐居不仕，以诗酒自娱。善泼墨画，贵介求之不与，唯赠贫士，使取值焉，海内珍之。其诗、字、画名三绝，推元代四大家。与兄元璋，师事柳毗陵，尤邃奇门先天易言，机祥多中，众信服之。能与父言慈，与子言孝，史称有君平风。结庵前后栽梅花数百株，自号梅花道人，手题墓碣曰'梅花和尚之塔'。又予推死期于碣曰'生于至元十七年庚辰七月十六日子时，卒于至正十四年甲辰（午）九月十五日子时'。后果至期坐化。其改道人为和尚，呼墓为塔，当时无解者，后元僧杨琏真珈兵发各冢，疑此为僧塔，舍去，其仙灵显应。今锦川三仙堂等处奉祀。墓在武塘东花园弄之右，墓侧有橡林，古梅。公尝墓上吟曰：'老子生平学蓟丘，晚年笔法似湖州。画图自写梅花号，荒草空存土一抔。'吟罢笑谓兄元璋曰：'百年内有官人住吾宅，居民侵吾园矣。'元璋曰：'二百年内有人学汝画，三百年内官人稍葺汝墓，后人稍读吾与汝书，后当以吾汝术济世者。嘻！'宣德中，以公宅为嘉善县治。墓在治东二百五十步许，为市店所迫。今士大夫摹公画甚众，其言不爽。余详载公传中（费解，未见另有传）。有小词行世。"

《吴张氏世系图》吴镇小传全文如下："字仲圭，号橡隐。举至元（应为'至正'而非至元，至元无辛卯年，笔者）辛卯朵列图榜进士，辞职隐居。善书画、吟咏，与（为？）元季四大家。精易理，爱梅花，晚号梅花道人。筑生墓，自题六字碑预刻，终后皆应。无子。详见传。"

《义门吴氏谱》吴琪长子吴坦小传全文如下："字坦之，隐居继志。娶陆氏。墓在麟瑞三十七都灵塔泾义士穴左。"

《吴张氏世系图》吴坦小传全文如下："字坦之，娶陈氏。博学好古，通天人性命之学，精易理医理。施药施棺，出粟赈饥，仁惠及于里党者甚多。隐居，志山水自娱。当道荐辟屡征不就。墓麟瑞乡三十七都雪火塔（泾），在义士公穴左。"

一说吴坦娶陆氏，一说吴坦娶陈氏，"陆"字错为"陈"字，当属笔误。

两谱皆说吴坦墓在义士公穴左。义士公即吴森，因办义学、修路、筑桥、赈灾等多种慈善活动被元廷旌表为"义士"。

吴森墓方位，清光绪《嘉善县志》卷首《嘉善县城外图》有标示，魏塘西门神道弄（又名吴公巷）正北，今属魏塘庄港村，豆腐浜浜口东去二百米，沪杭铁路以北，公路三二〇国道线以南。吴森墓石廓至今尚在，墓上堆土，1990 年因铺设沪杭铁路双轨，被民工挑去填路基。1993 年笔者访问当地农民，被告知，东边原先还有一座大墓，已完全被挑平了。这个墓墓主便是吴坦。清光绪《嘉善县志》载，因安桥港南来之水直冲吴森墓，堪舆家（相地者，俗称风水先生）以为不利，吴森后人于是在安桥港西岸建灵塔庵，以镇水势，安桥港遂易名为灵塔泾。

《吴张氏世系图》把"灵塔"误读为"雪火塔"。这是怎么回事呢？

原来康熙本《义门吴氏谱》抄写者吴光瑶，常常使用一些在民间流传的非规范简化字，如"吴瑱"的"瑱"字，他写作"王"字偏旁加一"贞"字。此处"靈塔泾"的"靈"字，他用了个简体字"灵"，又因为竖行书写，以致被后人误读为"雪火"二字。在民间，是有人将"雪"字的"雨"字头省略，仅以一个横过来的"山"字作为"雪"的简化字流通，但从未被历代官方认可。

从"灵"字误读误书为"雪火"，足以证明《吴张氏世系图》的最早蓝本是《义门吴氏谱》。平湖吴氏始迁祖吴瑱是吴镇胞兄，《义门吴氏谱》对弟兄俩的传略，写得特别详细，超过该谱中其他任何一位传主。对研究吴镇而言，《义门吴氏谱》绝对优于其他任何谱牒。

吴静康　2008 年 1 月 8 日 秀溪草堂

吴镇家世再探（节录）[①]

《赵孟頫集》卷八《义士吴公墓铭》乃为吴森所作。吴森，字君茂，是"元四家"吴镇的三叔父，与赵孟頫为知交。元皇庆癸丑（1313）五月二十日卒。子汉英等"不远数千里来京师求铭"。

宋末元初，社会动荡不安。吴氏居无定所，墓铭多有涉及。吴潜之父

---

① 原载北京《故宫博物院院刊》2001 年第五期。

吴柔胜，宣州（今属安徽）人，家谱列第十五世，登淳熙八年（1181）进士，历太学博士，"尝为嘉兴府学教授"（《家谱》），寄籍嘉兴西去百里之德清新市镇。明天启四年（1624）吴潜十二世孙吴伯与《吴履斋祠堂记》云："吾吴氏世居宣城，自正肃公（笔者按：柔胜，卒谥正肃）游学德清，生履斋（笔者按：吴潜号履斋）公于新市镇，及第以至拜相，侨居在焉。"据德清地方史料显示，新市镇状元坊、东岳祠、吴家园、吴丞相祠、三贤祠等古迹尚可辨认，状元桥依然完好。吴潜祖籍宣州生于德清新市镇当为史实。

吴潜次子吴宣"字宣之，以国多难，弃文习武，仕进义校尉，水军上（《墓铭》作"正"）将"（《家谱》）。《墓铭》称吴宣"始寓建康之龙湾"，建康，今江苏江宁，龙湾处江宁东北，濒临长江。《家谱》说："元兵南下，公（吴宣）力战死，赠濠州团练使。"吴宣生德清新市镇，长于汝南，带兵始寓建康，有可能战死于濠州。

吴宣长子吴泽，受荫仕承信郎。《墓铭》曰："父讳泽，承信郎，移戍盱眙（今属江苏），事淮东帅李公曾伯。"《家谱》未提戍盱眙事，只说"因官居汴梁"（今河南开封）。吴泽约生于1231年，若如《家谱》所言，吴泽曾以外交官身份，出使蒙古军占领下的开封城的。

关于吴宣、吴泽的出生年份，是据下述方法估定的。吴潜→吴宣。吴宣→吴泽。吴泽→吴禾、吴秋、吴森等。

已知吴潜生于宋庆元二年丙辰（1196），吴森生于"淳佑庚戌"（墓铭），即1250年，两者隔54年，其间必须完成三次生育。不妨设定吴潜十七岁完婚，十八岁得长子吴定，十九岁（1214）得次子吴宣。吴宣十七岁完婚，十八岁（1231）得长子吴泽。吴泽十七岁完婚，十八岁（1248）得长子吴禾，十九岁得次子吴秋。这样方有可能于1250年即二十岁时得季子吴森。由于上限下限年份的不可更变，根据民族传统婚配习俗，上述估定应该与历史事实基本符合的。

义士吴公墓铭 [①]

君讳森,字君茂,姓吴氏,其先汝南人。曾大父讳坚,妣朱氏。大父讳寔,仕宋为进义校尉、水军正将,始寓建康之龙湾,妣潘氏。父讳泽,承信郎,移戍盱眙,事淮东帅李公曾伯。李公归嘉禾,遂与偕来。乐武塘风土饶沃,因定居焉。妣沈氏。

李公移镇沿海,(辟君承信郎、沿海)制置使司准备差遣。至元辛巳(1281)征东省,右丞范文虎与承信府君在李公幕府有旧,故举君为管军千户。师还,隶高邮万户府,移屯扬州,告闲得请,淡然家居。

性雅素,好礼而尚义,喜怒不见于面。无声色之娱,唯嗜古名画,购之千金不惜。延师教子,捐腴田二顷,建义塾以淑乡里子弟。创佛宇以便云水,前后甃衢路数千百丈,累桥凿井,死施棺,病施药,凡周急之事,不间亲疏,乐与无倦,人以厚德称之。

至大庚戌(1310),廉访司以名闻于朝,表其门曰"义士"。

晚自号静心,益留意内典,与二三高僧为友。疾病,遗令家人毋厚敛,毋过哀泣,种户逋米三千余石悉免之。

临终神识不挠,从容而逝。生淳祐庚戌(1250)六月癸亥,卒皇庆癸丑(1313)五月己酉,享年六十四。

初赘费氏,早卒。再赘陈氏(武塘承信陈公女)。男四人:汉英、汉贤、汉杰、汉臣。女四人。(志纯事夏禹锡,志淑事陈良辅,嗣胜为尼,志柔事陈昌。汉英、汉杰、志纯嫡出也)。孙男八人。(瓘、玘、理、瑗、珂、琼、珏、瑄)。

汉英等卜以九月丙午奉柩葬所居西北三里麟瑞乡之原,以余尝与其父游,深知其为人,不远数千里书来京师求铭。不可辞,乃为铭曰:呜呼,孰有为善其后弗昌者乎?观义士之行事,可谓积善者矣,则子孙之蕃昌,其可必也夫!(注:任道斌点校,文中括号、注解,均为原有)

---

① 《赵孟頫集》卷八《义士吴公墓铭》,浙江古籍出版社,1986年版。

后 记

吴镇的史料极少，以至存在四大谜团：一、家境；二、出生地；三、有否家眷；四、传世墨迹几何。

1990年我50岁，入职博物馆，关注吴镇。一日，嘉善书画名家潘康生先生来访，先生曾供职平湖文化馆，他告诉我："1961年，吴家栅吴顺观求拆自家大厅，事归我批。批前到现场察看。交谈间，他取出手抄本家谱，我随手一翻，发现有吴镇，于是向他借来看了几个月，还临摹了吴镇像。"

自打20世纪60年代在平湖发现《义门吴氏谱》后，方知吴镇出身乃"大船吴"巨富之家，绝非史料所言穷困潦倒之辈；其出生地，因2001年在陶庄镇陶家池村发现"义"字碑初显端倪；是否成家，因家谱的子嗣线被撕去，难以判断；传世墨迹，经数百年研究之积累，尤其是近年黄涌泉、王伯敏等的精辟论述，凭借现代高超的摄影、印刷技术，已不难分辨真迹或赝品。

我县重视发展文化事业，编撰嘉善历史文化丛书，我十年前出版的《吴镇传》有幸忝列其中。趁此再版，近十年发现之新史料得以补充，原有舛误得以纠正。特别感谢开封宋开罗、许大钧，他们连每一个标点符号都不放过。

2010年发行数量有限。这次希望有更多读者通过阅读本书，了解我国元代四大画家之一梅花道人吴镇。

吴静康

2021年5月

图书在版编目（CIP）数据

吴镇传 / 吴静康著. — 上海：上海三联书店，
2021.6
ISBN 978-7-5426-7451-7

Ⅰ.①吴… Ⅱ.①吴… Ⅲ.①吴镇（1280-1354）—
传记 Ⅳ.①K825.72

中国版本图书馆CIP数据核字（2021）第101320号

吴镇传

著　　者 / 吴静康

责任编辑 / 程　力　陆雅敏
特约编辑 / 孙　嘉
装帧设计 / 长　岛
监　　制 / 姚　军
责任校对 / 丁　实

出版发行 / 上海三联书店
　　　　　（200030）中国上海市漕溪北路 331 号 A 座 6 楼
邮购电话 / 021-22895540
印　　刷 / 苏州市越洋印刷有限公司

版　　次 / 2021 年 6 月第 1 版
印　　次 / 2021 年 6 月第 1 次印刷
开　　本 / 787×1092 毫米　1/16
字　　数 / 200 千字
印　　张 / 16.5　插页 8 面
书　　号 / ISBN　978-7-5426-7451-7 / K·645
定　　价 / 78.00 元

敬启读者，如发现本书有质量问题，请与印刷厂联系：0512-68180638